MAÎTRISER LE NUCLÉAIRE

Sortir du nucléaire après Fukushima

JEAN-LOUIS BASDEVANT

MAÎTRISER LE NUCLÉAIRE

Sortir du nucléaire après Fukushima

Deuxième édition revue et augmentée

EYROLLES

ÉDITIONS EYROLLES
61, boulevard Saint-Germain
75240 Paris cedex 05
www.editions-eyrolles.com

ISBN : 978-2-212-13436-0

TABLE DES MATIÈRES

AVANT-PROPOS

C E LIVRE a pour origine le désastre nucléaire survenu à Fukushima le 11 avril 2011, qui a bouleversé les idées et les discours sur l'utilisation de l'énergie électronucléaire. La première édition, parue le 13 mai 2011, reposait sur un ensemble de données et d'informations assez restreint, qui n'a cessé de grossir avec le temps. On a pu constater que quantité de phénomènes et d'accidents avaient été ignorés, voire cachés, dans les premiers temps. Neuf mois après, l'information est beaucoup plus importante. Elle permet de comprendre plus clairement le déroulement de la catastrophe et ses conséquences. Elle permet aussi de tirer des conclusions plus amples sur le futur des technologies électronucléaires. Elle permet, enfin, de confirmer que des informations comme la fusion des cœurs et le *melt-out* gravissime était connues de Tepco dès les premiers jours, même si l'on a tenté de les dissimuler.

Dans cette deuxième édition, j'ai également tenté d'amener le texte à un niveau accessible à un public plus large que dans la première.

Quelques changements plus conséquents sont les suivants. J'ai consacré un chapitre entier (le chapitre 1) à la question de l'énergie en général, avec notamment des données sur la consommation et les ressources mondiales. J'y ai notamment inclus un développement sur les énergies alternatives. On peut, bien sûr, sauter tout ou partie de ce chapitre.

Les trois chapitres suivants portent sur des généralités de physique nucléaire – noyaux atomiques, radioactivité, fission – que l'on peut parfaitement sauter si l'on veut aller à l'essentiel sur les problèmes du nucléaire et la catastrophe de Fukushima.

Le chapitre 8 sur le désastre de Fukushima a été entièrement revu, c'est évident. J'y ai incorporé toutes les données dont je disposais en donnant le bon à tirer. De même, mes conclusions, exposées au chapitre 9, sont considérablement développées par rapport à la première édition.

La partie générale du livre, qui s'applique à toute la technologie nucléaire et électronucléaire, a pour origine deux cours que j'ai enseignés à l'École polytechnique : « Énergie nucléaire » et « Énergie et environnement ». Je dois beaucoup à James Rich et Michel Spiro. Ils ont joué un rôle primordial dans la conception de ces enseignements. Nous avons écrit deux livres ensemble :

- *Énergie nucléaire*, paru aux Éditions de l'École polytechnique en 2002 ;

- *Fundamentals in Nuclear Physics. From nuclear structure to cosmology*, Springer, New York, 2005.

Qu'ils trouvent tous deux ici l'expression de ma reconnaissance et de ma profonde amitié.

Je remercie Michel Gonin – qui a magistralement repris le cours « Énergie et environnement » à l'École polytechnique – pour toute l'aide qu'il m'a apportée.

Je remercie mes élèves de l'École polytechnique, notamment ceux des promotions X 1994 à X 2004, pour ce qu'ils m'ont apporté par leurs remarques et leurs travaux de recherche tant sur l'énergie nucléaire que dans les enseignements qui lui étaient reliés sur les thèmes « Énergie et environnement » et « Cosmologie ». Plusieurs passages de ce livre leur sont dus.

Georges Charpak, disparu le 29 septembre 2010, était un ami proche de longue date. Il a écrit avec Richard Garwin un livre beau et complet sur le sujet de l'énergie nucléaire : *Feux follets et champignons nucléaires*, Odile Jacob, Paris, 1997. Il m'a terriblement manqué dans la rédaction de ce petit livre destiné au plus large public possible. Je connaissais ses opinions et je les partageais. Avec la catastrophe de Fukushima, il aurait été d'un grand secours pour clarifier les choses et me conforter dans l'évolution, importante, de mes propres idées.

Jean-Louis Basdevant
Paris, décembre 2011

INTRODUCTION

Le début ne laisse pas présager la fin.
HÉRODOTE

DÉCOUVERTE DE FAÇON INOPINÉE, ou presque, par Henri Becquerel au crépuscule du XIXᵉ siècle, la physique nucléaire aura profondément marqué le XXᵉ siècle. La formule d'Einstein $E = mc^2$ la symbolise dans l'imaginaire collectif[1]. Cette formule est associée autant au génie d'un homme qu'à la capacité que l'humanité a acquise de s'autodétruire. L'humanité s'est enfin interrogée sur son futur collectif. Le retraitement et le stockage des déchets nucléaires, par exemple, nous portent à nous préoccuper de ce que nous aurons laissé à nos descendants dans des milliers d'années.

La physique nucléaire a marqué le monde dans le domaine militaire et politique. L'arme nucléaire qui, à la différence de l'arbalète ou de la poudre à canon, n'a été utilisée que deux fois en août 1945, moins de cinquante ans après sa découverte, a bouleversé l'échiquier mondial et la politique internationale depuis lors.

Dans le domaine technologique, bien entendu, la production d'énergie et les innombrables utilisations pratiques de la radioactivité, dans la médecine comme dans l'art, l'archéologie ou la recherche fondamentale, sont devenues des éléments familiers de la vie humaine. Mais ces technologies suscitent une indiscutable méfiance. On préfère voir leur résultat plutôt que les manipuler.

En 1903, le troisième prix Nobel de physique a été décerné pour moitié à Henri Becquerel, pour moitié à Pierre et Marie Curie, pour la découverte de la radioactivité. Henri Becquerel avait découvert le phénomène, Pierre et Marie Curie en avaient montré l'importance et l'étendue.

---

1. À tort, on le sait ; cette formule vaut pour la cuisson d'un œuf aussi bien que pour l'explosion d'une supernova.

C'est Rutherford, Prix Nobel de chimie 1908, qui, en s'intéressant à ces phénomènes à partir de 1899, doit être considéré comme le fondateur de la physique nucléaire proprement dite. On trouvera plus bas un récit de la découverte de la radioactivité et des premières questions qu'elle a suscitées.

QUELQUES POINTS DE REPÈRE HISTORIQUES

L'histoire de la physique nucléaire commence en 1896 avec la découverte de la radioactivité par Becquerel. Elle s'étend jusqu'à aujourd'hui. Cette histoire peut être divisée en trois parties : la découverte du noyau et de ses propriétés fondamentales jusqu'en 1939, le développement de la spectroscopie nucléaire et des modèles nucléaires de 1947 à 1960, l'émergence d'une théorie microscopique unificatrice et l'identification de mécanismes fins de 1958 à nos jours.

Depuis la fin de la Deuxième Guerre mondiale, la science nucléaire a connu un essor considérable, mais même si elle s'était arrêtée en 1960 (voire en 1939), pratiquement toutes ses applications, aussi bien technologiques qu'astrophysiques, existeraient aujourd'hui. En effet, elles ne font appel qu'aux phénomènes connus à cette époque et peuvent se contenter d'interprétations élémentaires.

La chronologie des principales étapes de cette première phase est la suivante.

1868 Classification périodique de Mendeleïev.

1895 Découverte des rayons X par Röntgen.

1896 Découverte de la radioactivité par Becquerel.

1897 Identification de l'électron par J.J. Thomson.

1898 Séparation des éléments polonium et radium par Pierre et Marie Curie.

1911 Découverte du noyau par Rutherford, modèle « planétaire » de l'atome.

1924-1928 Théorie quantique (de Broglie, Schrödinger, Heisenberg).

1928 Théorie de la pénétration des barrières de potentiel par effet tunnel, application à la radioactivité α, par Gamow, Gurney et Condon.

1929-1932 Premières réactions nucléaires avec le cyclotron de Lawrence à Berkeley, et l'accélérateur Van de Graaff par Cockcroft et Walton.

1932 Identification du neutron par Chadwick.

1934 Découverte de la radioactivité artificielle par F. et I. Joliot-Curie.

1934 Découverte de la capture neutronique par Fermi.

1938 Bethe et Weizsäcker comprennent que l'énergie des étoiles provient de réactions de fusion thermonucléaire.

Décembre 1938 Découverte de la fission par Hahn et Strassman.

1939 Interprétation théorique de la fission par N. Bohr et Wheeler.

1942 Le premier réacteur, construit par Fermi, diverge à Chicago.

1953 Salpeter comprend la réaction fondamentale de fusion de deux protons en un noyau de deutérium dans le Soleil.

ÉTENDUE DE LA PHYSIQUE NUCLÉAIRE

La physique nucléaire a engendré en un siècle une série inimaginable de retombées techniques, économiques, politiques et, bien entendu, scientifiques jusqu'à la physique des particules élémentaires et des interactions fondamentales, dont on a, paradoxalement, une théorie plus complète que de la physique des noyaux elle-même[2].

Les noyaux atomiques sont des systèmes de protons et de neutrons, de masses voisines, liés par les forces nucléaires. Il existe des milliers de noyaux différents : 260 sont stables, 325 existent dans la nature, on en a fabriqué 6 000 artificiellement, alors qu'il n'existe qu'une centaine d'atomes, différents isotopes d'un même élément ayant les mêmes propriétés chimiques. Une des courses aux records du monde actuelles consiste à synthétiser des noyaux lourds instables (on est arrivé en 1999 à la région, « mythique » pour les physiciens nucléaires, des éléments $Z = 114$ et 126 que la théorie prévoit être particulièrement stables).

La physique des noyaux proprement dite est un domaine de recherche en plein renouveau depuis une dizaine d'années avec la mise en service de nouvelles machines : les accélérateurs à ions lourds, notamment les machines de Berkeley, de Caen (le grand accélérateur national à ions lourds GANIL), de Darmstadt, de Dubna, et le LHC du CERN à Genève. La physique des noyaux atomiques reste une science fondamentale. C'est en soi un problème de mécanique quantique complexe, un véritable

---

2. C'est évidemment un faux paradoxe : la structure de l'ADN découle, en principe, entièrement de l'équation de Schrödinger et de l'électrodynamique quantique. Ce n'est pas sous cet angle qu'on l'étudie.

problème à N corps, avec un nombre N à la fois beaucoup trop grand (16, 56 à 240) pour qu'on puisse le résoudre exactement sur ordinateur, et trop petit pour qu'on puisse utiliser les méthodes de la physique statistique. Avec les accélérateurs d'ions lourds, on découvre des effets très subtils, par exemple de superfluidité locale lors du choc frontal de deux noyaux lourds.

La physique nucléaire a eu comme sous-produit la physique des particules, des interactions fondamentales et des constituants fondamentaux de la matière : quarks et leptons.

Elle est essentielle pour comprendre l'origine et la structure du monde dans lequel nous vivons. La naissance de l'astrophysique nucléaire a constitué un pas en avant considérable en astronomie et en cosmologie. Bien entendu, les technologies nucléaires jouent un rôle de premier plan dans la société contemporaine. Nous en verrons plusieurs exemples.

Ce livre est principalement un document d'ouverture à des sciences et technologies d'une grande diversité. Il a été suscité par la réflexion qu'ont fait naître les événements dramatiques survenus en mars 2011 au Japon : tremblement de terre de degré 9, tsunami, catastrophe sinon désastre de la centrale nucléaire de Fukushima. Cette catastrophe n'est pas terminée à l'heure où ces lignes sont écrites.

Henri Becquerel : la découverte de la radioactivité

L'Académie des sciences se réunit le lundi.

La séance du 24 février 1896 est animée. Arsène d'Arsonval présente la communication hebdomadaire de Gustave Le Bon sur la lumière noire. Ce médecin proclame depuis quatre lundis qu'il a établi que des formes de lumière traverseraient les corps opaques. L'opacité, dit-il, n'existe que pour notre œil imparfait ; construit un peu différemment, celui-ci pourrait voir à travers les murailles. Sonder l'invisible ! Un grand fantasme. Gustave Le Bon dit avoir photographié cette lumière noire. L'Académie a appelé au secours Auguste et Louis Lumière, qui savent ce que photographier veut dire. L'entreprise familiale produit quinze millions de plaques photographiques par an. Ce 24 février 1896, la note des frères Lumière est polie, mais ferme : « La mauvaise fermeture des châssis photographiques, leur défaut d'étanchéité, sont encore des causes d'erreurs fréquentes, dans les expériences du genre de celles qui nous préoccupent. Nous croyons pouvoir conclure que la lumière noire, dont il a été plusieurs fois question dans les *Comptes rendus*, ne serait que de la lumière blanche, à l'abri de laquelle on ne se serait pas placé d'une façon suffisamment rigoureuse. »

Et puis, ce même lundi 24 février 1896, on trouve une brève communication d'Henri Becquerel [3], aussi attendue que laconique ! Il a soigneusement enveloppé dans du carton noir des plaques photographiques achetées à l'usine Lumière, il a recouvert le tout de sels d'uranium, et l'a exposé au soleil sur le bord de sa fenêtre. Cinq heures plus tard, en développant ses plaques, il s'est aperçu qu'elles étaient impressionnées. Un rayonnement invisible avait traversé le carton. Si l'on interposait des objets métalliques entre le sel d'uranium et la plaque, on voyait leur silhouette se dessiner sur les clichés.

Henri Becquerel a 43 ans. C'est un homme modeste et doux. La communauté scientifique apprécie sa culture, la finesse de son jugement et ses talents d'expérimentateur, mais il apparaît davantage comme un continuateur que comme un créateur. On le connaît surtout comme le troisième membre de la dynastie des Becquerel qui, depuis le début du siècle, se succèdent tant à l'Académie qu'au Muséum.

Son grand-père Antoine-César (1788-1878), après avoir combattu pendant la guerre d'Espagne, s'était lancé dans la physique. Il y a laissé une œuvre considérable, notamment sur l'électricité. Il s'était pris de passion pour la phosphorescence lors d'un voyage à Venise, en découvrant la lagune illuminée par des algues luminescentes. Cette passion l'avait mené jusqu'à élever des vers luisants et à faire une collection de minéraux fluorescents, dont des cristaux d'uranium. Son père, Alexandre-Edmond (1820-1891), avait préféré démissionner de l'École normale supérieure et de l'École polytechnique pour devenir l'assistant de son propre père au Muséum. Il a laissé une œuvre considérable. Passionné par la photographie, il a, le premier, mis en évidence la partie ultraviolette du spectre solaire. C'était l'expert mondial en matière de phénomènes de luminescence, fluorescence et phosphorescence.

À vrai dire, lorsque l'Académie prend connaissance des observations de Becquerel, elle est en effervescence depuis plusieurs semaines. La découverte de la radioactivité est indissociable de celle des rayons X. Le quotidien parisien *Le Matin* du 13 janvier 1896 a, le premier, annoncé au public parisien la découverte faite par Wilhelm Conrad Röntgen, le 8 novembre 1895 à Würzburg, de rayonnements invisibles et pénétrants, qu'il nomme

---

3. H. Becquerel, « Sur les radiations émises par phosphorescence », *Compt. rend. Acad. sc.*, Paris, **122**, 420 (1896).

de la lettre de l'inconnu : *X-Strahlen*. Röntgen a rédigé une communication provisoire le 28 décembre 1895 pour la « Physikalische-Medizinische Gesellschaft » de Würzburg. La communication paraît le 2 janvier 1896. La *Frankfurter Zeitung* annonce en même temps l'événement au public allemand.

Röntgen a découvert ces rayonnements en s'intéressant aux étranges rayons cathodiques qui se propageaient dans le vide à l'intérieur d'un tube de Crookes (ancêtre du tube de télévision). On s'interrogeait beaucoup sur la nature de ces rayons électriques. En 1894, Lenard, constatant que les rayons cathodiques peuvent traverser un hublot métallique placé sur la paroi du tube, décide de les étudier en eux-mêmes, à la sortie. Pour protéger la zone expérimentale de tout rayonnement, il barde le tube et le hublot de feuilles opaques de plomb et d'étain. Röntgen répète ces expériences en suivant la procédure expérimentale de Lenard à un détail près. On ne sait pourquoi, c'est avec du carton noir et non du plomb qu'il enveloppe le tube (on saura plus tard que les rayons X sont arrêtés par le plomb, mais pas par le carton !). Il y a là, loin du tube, un écran enduit sur une de ses faces de platino-cyanure de baryum fluorescent. À sa stupéfaction, à chaque décharge du tube cet écran devient luminescent. Un rayonnement inconnu semble filtrer au travers du carton noir pour aller exciter la fluorescence de l'écran. Röntgen devient fébrile : « C'est une chose tellement extraordinaire qu'on va dire que je suis devenu fou ! » En interposant sa main entre le tube et l'écran, il voit se dessiner les os de ses phalanges, entourés de la pénombre de ses chairs. Les corps sont plus ou moins opaques à ces rayons X. Il enregistre les images sur des plaques photographiques. « J'ai des photos de l'ombre des os de la main, d'un ensemble de poids enfermés dans une boîte... » écrit-il. Ces radiographies frappent l'esprit. C'est une révolution inimaginable pour la médecine et le diagnostic médical. En quelques années, les hôpitaux seront équipés. Le Kaiser s'en fera faire une démonstration personnelle.

Revenons à l'Académie. L'effervescence s'y est déclenchée le lundi 20 janvier. Après s'être confortablement assoupis pendant un long exposé de Gabriel Lippmann sur « L'entretien du mouvement des pendules sans perturbations », suivi d'un autre sur « La circulation de l'air dans les sols agricoles », les Illustres sont brusquement arrachés à leurs songes en fin de séance par une intervention du mathématicien Henri Poincaré, sollicité par Alfred Cornu, président de l'Académie, et ses deux secrétaires perpétuels, Joseph Bertrand et Marcelin Berthelot. Poincaré, qui parle couramment l'allemand, a reçu un exemplaire de l'article de Röntgen avec la photographie. Arsène d'Arsonval lui a confié d'autres photographies envoyées par deux médecins, Paul Oudin et Toussaint Barthélemy, qui ont pu reproduire l'expérience de Röntgen. Il fait circuler ces clichés que les Illustres n'ont jamais imaginés ! On y voit les os à l'intérieur d'une main vivante ! Sur le cliché de Röntgen, la main est celle de sa femme !

En découvrant les photos, l'Académie s'anime. Henri Poincaré est un passionné de physique. Les interrogations fusent. Il y a là Henri Becquerel, qui, fasciné comme son ami Poincaré, se pose quantité de questions, notamment : d'où viennent ces rayons invisibles ? Le soir venu, Poincaré constate que Röntgen le précise dans son article : « Il résulte d'un grand nombre d'essais que les points du tube à décharges où apparaît la phosphorescence la plus brillante, sont le siège principal d'où les rayons X naissent et se propagent dans toutes les directions, c'est-à-dire que les rayons X partent de la région où les rayons de cathode frappent le verre. Que l'on déplace les rayons de cathode dans le tube à l'aide d'un aimant et l'on verra les rayons X partir d'un nouveau point, c'est-à-dire encore de l'extrémité des rayons de cathode. Les rayons X sont émis à l'extrémité opposée à la cathode, là où les rayons cathodiques atteignent le verre et provoquent une vive fluorescence. »

Dans son « Éloge historique d'Henri Poincaré », lu le 15 décembre 1913 à l'Académie, Gaston Darboux insistera sur le fait suivant. « Notre regretté secrétaire perpétuel, Henri Becquerel, se plaisait à répéter que, s'il avait entrepris les travaux qui lui ont valu l'honneur d'être lauréat du prix Nobel, et qui ont ouvert aux physiciens tout un ordre de recherches, c'est à la suite de la lecture d'un article de la *Revue générale des Sciences*, de Poincaré. » Dans cet article, paru le 30 janvier 1896, on lit : « Ainsi, c'est le verre qui émet les rayons Röntgen et il les émet en devenant fluorescent. Ne peut-on alors se demander si tous les corps dont la fluorescence est suffisamment intense n'émettent pas, outre les rayons lumineux, des rayons X de Röntgen, quelle que soit la cause de leur fluorescence ? »

Fluorescence, le mot clé est prononcé ! La phosphorescence, qui persiste plus longtemps, et la fluorescence, d'une durée très brève, sont des émissions lumineuses que certains corps produisent après avoir eux-mêmes été illuminés. Becquerel et Poincaré veulent savoir s'il y a ou non un lien entre les rayons X et la fluorescence.

Ils ne sont pas les seuls. Mais Henri Becquerel est bien placé pour mener à bien cette analyse. Si ses premiers essais sont des échecs, au bout de quelques jours, il pense à utiliser des sels d'uranium. Pourquoi de l'uranium ? Chance, intuition, la tradition familiale y est pour beaucoup. « Les résultats de Röntgen ne justifiaient pas vraiment cette idée, dira-t-il en recevant le prix Nobel, mais les sels d'Urane possédaient des propriétés de luminescence très extraordinaires, et il était véritablement tentant de procéder à cette investigation. » Il possède une quantité notable de ces composés d'uranium, qui n'étaient jusque-là que des curiosités, sans grande application [4].

D'où la note du 24 février. Pour qu'un corps devienne luminescent, on doit l'exposer à la lumière. Il faut exposer au soleil l'uranium, mais pas la plaque photographique qui doit détecter les rayons X. Becquerel place, par conséquent, ses plaques photo dans du carton noir, et met les cristaux de sel d'uranium dessus. Après exposition, il constate que les plaques ont été impressionnées, alors que des plaques témoins, sans sels, ne le sont pas. Tout semble confirmer l'idée que les sels d'uranium émettent effectivement des rayons X pendant leur fluorescence.

Pourtant, sa découverte n'est pas là. Sa découverte se produit une semaine plus tard. Il veut répéter son expérience le 26 et le 27 février. Hélas ! Paris est recouvert de nuages. Becquerel abandonne ses échantillons dans un tiroir, remettant son expérience à plus tard. Avant de reprendre ses travaux, le dimanche 1er mars, il développe par acquit de conscience ses plaques photo, dont tout laisse à penser qu'elles sont vierges puisque l'uranium était à l'abri du soleil. À sa stupéfaction, elles sont, au contraire, fortement impressionnées !

Sa communication à l'Académie, le lundi 2 mars [5], est un coup de théâtre pour ses collègues. Becquerel y laisse percer son émotion. L'impression de ses plaques est totalement indépendante de la fluorescence de l'uranium. Le sel d'uranium émet spontanément des rayons pénétrants, qu'il ait ou non été exposé à la lumière solaire.

Becquerel sent qu'il y a là « un phénomène d'un ordre nouveau ». C'est, en effet, un nouvel ordre de phénomènes. Becquerel prendra progressivement conscience que sa découverte est celle d'un phénomène majeur de la nature ! En deux mois, il parvient à démontrer que les composés d'uranium non fluorescents donnent le même effet, et que les matériaux fluorescents sans uranium ne donnent pas d'effet. Le lundi 18 mai, Henri

---

4. L'uranium avait été découvert en 1789 par le chimiste allemand Martin Klaproth. On utilisait ses sels comme colorants dans les céramiques. Il acquit une certaine célébrité en occupant la 92e place du tableau de Mendeleïev.

5. H. Becquerel, « Sur les radiations invisibles émises par les corps phosphorescents », *Compt. rend. Acad. sc. Paris*, **122**, 501 (1896).

Becquerel annonce que la source de ces « rayons uraniques » pénétrants, comme il les baptise, l'agent « radioactif » (le terme viendra de Marie Curie), c'est l'uranium lui-même.

Becquerel est un expérimentateur. Il a peu de goût pour les théories, les siennes ou celles des autres. Il y a peu de formules dans ses articles. En revanche, la rigueur et la créativité de sa démarche sont étonnantes. Il a en permanence une attitude critique sur ses résultats et ses idées. Il est prêt à abandonner toute spéculation, aussi enthousiasmante soit-elle, face à la réalité des faits.

Au départ, il agit de façon rationnelle pour vérifier une idée logique. Il suppose que les rayons X accompagnent la fluorescence et veut le prouver. Ça marche d'abord admirablement, ce qui, sans sa persévérance, serait resté un exemple, oublié parmi tant d'autres, de la confirmation expérimentale d'une idée fausse.

Et sa découverte survient lorsqu'il démontre que le phénomène qu'il a imaginé n'existe pas ! La première découverte de Becquerel est qu'un phénomène n'existe pas. Il en découvre alors un autre : la radioactivité. Il a tourné le dos à la phosphorescence familiale.

On se pose évidemment la question de savoir pourquoi il a éprouvé le besoin de développer des plaques vierges. Pourquoi ce geste ? Goût du détail, inspiration géniale ? Crookes, qui était venu lui rendre visite ce dimanche 1er mars, est admiratif, comme il l'écrira en 1910 dans les comptes rendus de la Royal Society : c'est le réflexe d'un grand physicien. Becquerel s'attendait à trouver un faible effet : la phosphorescence disparaît progressivement, c'était une bonne occasion d'estimer l'émission évanescente. On mesure combien ce geste heureux a pu être jalousé par certains contemporains qui, sans doute, se jugeaient plus dignes de bénéficier de la main de la Providence. Mais la découverte des rayons X par Röntgen n'avait-elle pas été aussi chanceuse, lorsque le carton noir avait remplacé du plomb ? Ces deux découvertes imbriquées de la physique sont peut-être celles dont les répercussions ont été les plus fortes sur le monde du XXᵉ siècle avant la découverte du transistor.

Entre le printemps 1896 et la fin de 1897, Becquerel perd progressivement son intérêt pour ses rayons. Le deuxième souffle vient, à partir de 1898, lorsque Pierre et Marie Curie s'intéressent à leur tour au phénomène et découvrent et isolent le polonium et le radium, dont les rayonnements sont un million de fois plus intenses que ceux de l'uranium. Henri Becquerel se lie aux Curie. Il les aide, présente leurs communications à l'Académie des sciences, leur apporte son appui. Pierre et Marie Curie lui prêtent du radium, avec lequel il fait de nouvelles expériences. Deux résultats sont à retenir.

À la fin de 1899, ayant en tête ses premiers travaux, il veut étudier l'effet d'un champ magnétique sur les rayonnements du radium. Une fois encore, il fait volte-face par rapport à son idée de départ. Il constate qu'une partie des rayonnements radioactifs sont porteurs d'électricité, ce qu'aucun rayonnement spontané n'a jamais manifesté. Avec un collimateur, il fabrique des faisceaux de rayons et mesure leur déflexion par un champ magnétique. C'est ce qu'a fait Thomson deux ans plus tôt quand il a prouvé que les rayons cathodiques étaient des faisceaux d'électrons. Le 26 mars 1900, Becquerel démontre que les rayons du radium sont déviés de la même façon que les rayons cathodiques de Thomson. Il vient de réaliser la première détection moderne d'une particule élémentaire en identifiant le rayonnement bêta comme une émission d'électrons.

Le second point concerne l'énergie dégagée. Depuis ses premières découvertes, Becquerel s'est posé la question de savoir quelle était la source d'énergie responsable de ce nouveau rayonnement. Pierre Curie est le premier à voir que cette énergie est considérable ; il mesure que le radium dégage une énergie colossale, un million de fois supérieure à toute énergie de combustion connue. C'est la première reconnaissance de l'énergie nucléaire. Cela attirera l'attention du public et des médias. En 1904, le *St Louis Post Dispatch* écrit : « Un grain du mystérieux radium sera montré à l'Exposition universelle. Sa puissance est inimaginable. Avec ce métal, tous les arsenaux du monde pourraient être détruits. Il pourrait rendre la guerre impossible ! »

Les effets biologiques de ce dégagement d'énergie sont d'abord observés par Becquerel, encore une fois par « chance ». Pierre Curie lui a prêté un échantillon de radium, dans une ampoule scellée ; Becquerel met l'ampoule dans sa poche. Au bout de quelques heures, il constate une rougeur, qui se transforme en quelques jours en une plaie, semblable à une brûlure. La blessure tarde à cicatriser ; il y a une nécrose des tissus. Lorsqu'il fait part de cette observation à Pierre Curie, ce dernier fait l'expérience, sur lui-même et sur son épouse, et procède à des expériences plus avancées sur des cobayes. Bientôt, tous les physiciens du domaine se livreront à ce jeu dangereux. La radiothérapie vient de naître ; Becquerel et Curie publieront ensemble sur ce sujet en 1901.

En 1903, le prix Nobel de physique est décerné pour moitié à Henri Becquerel, pour moitié à Pierre et Marie Curie, pour la découverte de la radioactivité. Becquerel avait découvert ce phénomène majeur, les

Curie en avaient montré l'importance et l'étendue. Henri Poincaré fut proposé plusieurs fois pour le prix Nobel, notamment pour la relativité, avant sa mort prématurée en 1912. Le destin de la radioactivité a associé Poincaré, immense mathématicien passionné de physique, et Becquerel, exceptionnel expérimentateur.

Le destin a placé Henri Becquerel à plusieurs charnières de l'histoire. Tout d'abord, la découverte de la radioactivité est un tournant exceptionnel parce qu'elle ouvre la voie à la physique nucléaire, à l'énergie nucléaire, à la structure intime de la matière et à la physique des particules élémentaires. C'est Rutherford, Prix Nobel de chimie 1908, qui, en s'intéressant à ces phénomènes à partir de 1899, sera le fondateur de la physique nucléaire proprement dite. En 1911, Rutherford établit l'existence des noyaux atomiques, et nomme proton, « premier », le noyau d'hydrogène, le plus léger. Il comprend qu'il doit exister un « proton neutre » ou neutron, identifié par Chadwick en 1932. En 1934, Fermi découvre la capture des neutrons par les noyaux.

Charnière de la physique, c'est aussi une charnière de l'histoire du monde. En décembre 1938, quelques mois avant le déclenchement de la Seconde Guerre mondiale, Hahn et Strassman découvrent la fission nucléaire. Frédéric Joliot, au début de 1939, comprend les réactions en chaîne, la possibilité de produire de l'énergie nucléaire et de fabriquer des armes nucléaires. En 1939, Joliot dépose, avec von Halban et Kowarski, une série de brevets sur la production et l'utilisation de l'énergie nucléaire. Il obtient l'achat par la France du stock mondial d'eau lourde en Norvège ; elle sera emmenée à Londres en juin 1940 par von Halban et Kowarski. Le 2 décembre 1942, le premier réacteur nucléaire, construit par Fermi, diverge à Chicago. La réussite de cette expérience marque le démarrage, au plan scientifique, de ce que l'on devait appeler le « projet Manhattan », décidé par le président Roosevelt le 16 décembre 1941. Le 16 juillet 1945, le premier engin atomique de l'histoire, une bombe au plutonium, était testé près d'Alamogordo dans l'État du Nouveau-Mexique. Les deux bombes suivantes, l'une à l'uranium et l'autre au plutonium, furent larguées respectivement sur les villes japonaises d'Hiroshima, le 6 août, et de Nagasaki, le 9 août 1945.

CHAPITRE 1

L'ÉNERGIE : BESOINS, RESSOURCES, EXPLOITATION

1.1 L'ÉNERGIE

QU'EST-CE QUE L'ÉNERGIE ? Lorsque l'on pose cette question à un physicien en demandant une réponse concise, on est toujours surpris par la complexité. Ce concept familier, dont on parle si facilement dans les médias, est subtil. L'énergie est une propriété des corps et des systèmes physiques qui revêt des formes multiples, et qui peut être échangée. Dans tout échange, l'énergie totale d'un ensemble de systèmes est *conservée*, il n'y a aucune disparition, aucune création de cette quantité que, bien entendu, on sait mesurer de façon universelle, quelle qu'en soit la forme.

Par ailleurs, tout changement physique, toute évolution d'un système, implique des échanges d'énergie. Sans échange d'énergie, un système ne peut se transformer au cours du temps. De fait, s'il n'y avait pas d'échanges d'énergie, le temps lui-même n'existerait pas ! Le temps est, lui aussi, un concept terriblement mystérieux [1]. Mais le plus étonnant est que, si les notions de temps et d'énergie sont en elles-mêmes indéfinissables, la physique a découvert qu'elles sont totalement liées. Il n'y a pas d'évolution, pas de changement d'un système ou d'un être, pas d'apparition de structure, sans un échange d'énergie !

L'énergie du Soleil est indispensable à la vie sur Terre.

La mise en valeur des sources d'énergie et leur emploi sont indispensables au développement humain.

L'énergie est une nécessité, elle est multiforme, elle a un prix.

Par ailleurs, les trente dernières années ont vu les préoccupations environnementales et écologiques prendre de l'ampleur. Parce que la

---

1. « Qu'est-ce donc que le temps ? Si personne ne me le demande, je le sais. Si quelqu'un pose la question et que je veuille l'expliquer, je ne sais plus » Saint Augustin, *Les Confessions*, Livre XI, chap. XIV, 17.

détérioration de notre planète provient du développement, et parce que celui-ci est inséparable de la consommation d'énergie, les deux sujets de l'énergie et de l'environnement se sont retrouvés indissociables. Les répercussions de l'activité humaine sur l'environnement sont au premier plan de nos préoccupations.

UNITÉS DE MESURE

Diverses unités de mesure de l'énergie sont employées suivant le secteur d'activité. Un groupe pétrolier n'emploie pas les mêmes unités qu'un physicien des particules élémentaires.

En nous limitant aux énergies consommées par le grand public, les unités courantes sont les suivantes :

– le joule, J, est l'unité légale, définie comme « le travail d'une force d'un newton dont le point d'application se déplace d'un mètre dans la direction de la force ». C'est approximativement l'énergie requise pour élever un kilogramme de dix centimètres dans le champ de pesanteur terrestre. Si vous préférez, lorsqu'un bocal d'un kilo vous tombe sur les pieds d'une hauteur d'un mètre, vous encaissez 10 joules (en fait, seulement 9,81 ; c'est la faute à Newton et à la valeur du champ de pesanteur sur Terre, à quoi il a soudain pensé en courant dans un verger la nuit et en se prenant une pomme sur la tête !). Mais il faut être physicien pour faire une chose pareille ;

– la calorie, cal, 1 calorie = 4,1855 joules ; 1 kcal = 1 000 cal, 1 thermie = 1 000 kcal. Ces unités sont communément employées en thermique et en nutrition ;

– le kilowatt-heure, kWh, 1 kWh = 3 600 000 J. Le kWh est l'énergie fournie par une puissance d'un kilowatt pendant une heure. Unité employée en électricité et dans quantité d'applications industrielles. On rencontre parfois le watt-seconde : 1 Ws = 1 joule ;

– la tonne-équivalent pétrole, tep, 1 tep = 12 000 kWh = 42 gigajoules.

Mentionnons deux autres unités rencontrées çà et là, dont nous ne ferons pas usage : le British Thermal Unit, Btu, 1 Btu= 1 055,055 85 joules, une unité d'énergie anglo-saxonne égale à la quantité de chaleur nécessaire pour élever la température d'une livre anglaise d'eau d'un degré Fahrenheit, et le quad (abréviation de « quadrillion ») qui vaut 10^{15} Btu, soit $1,055\ 10^{18}$ joules.

1.2 L'ÉNERGIE DE COMBUSTION CHIMIQUE

Dans ce livre, nous allons nous préoccuper de l'énergie nucléaire. Nous verrons notamment, à partir du chapitre 2, ce qui différencie radicalement cette forme d'énergie des autres formes de notre vie courante.

Considérons quelques exemples plus familiers pour nous fixer les idées. L'énergie apparaît sous diverses formes. Les plus communes sont, pour nous, la chaleur et le travail, mécanique ou physique. En y regardant de plus près, la source de ces formes d'énergie se ramène souvent à des *combustions*, accompagnées ou non de flammes.

Les combustions chimiques familières consistent en des réactions entre des molécules qualifiées de « combustibles » avec de l'oxygène (appelé « le comburant »). Ces réactions conduisent à la formation d'autres molécules et à un dégagement de chaleur.

On est habitué à la combustion du gaz butane, du bois ou du charbon, à celle l'essence dans le moteur d'une automobile. Ces combustions transforment ces substances en du dioxyde de carbone, CO_2, et de l'eau, H_2O.

Mais il y a toute une classe de combustions encore plus proches de notre quotidien : celles qui se passent dans notre propre corps.

Notre organisme est une formidable machine, c'est même un gigantesque écosystème avec d'innombrables mécanismes de régulation de la température, des équilibres chimiques. On connaît l'effort musculaire, mais songeons-nous en permanence à l'effort régulièrement répété du cœur ?

Notre consommation énergétique, qui assure le bon fonctionnement de tout ce système, est, on le sait, de 8 500 à 10 000 kilojoules, kJ, par jour (ou encore de 2 000 à 2 400 kilocalories, une calorie valant 4,18 joules). Et notre cerveau consomme le quart de cette énergie à lui seul. Faites le calcul, vous verrez que notre cerveau a une puissance d'environ 25 watts !

Cette énergie provient des molécules des aliments que nous ingurgitons. Elles peuvent être transformées en travail des organes et des muscles ou être stockées sous diverses formes : sucres, glycogène du foie et des muscles, et graisses. Le métabolisme est un ensemble ininterrompu de transformations de molécules dans l'organisme qui gère ces dépenses énergétiques. Nous absorbons l'oxygène nécessaire à ces combustions (sans flammes) et nous évacuons le dioxyde de carbone produit dans l'air de notre respiration.

Si l'on ne fait pas d'effort physique trop intense, la consommation quotidienne de l'organisme humain est d'environ 8 à 10 millions de joules. Sur les paquets de biscuits, on peut lire que manger 100 grammes de biscuits vous donne un apport énergétique de 2 000 kJ (deux millions de joules[2]). Normalement, si on ne fait pas d'exercice physique trop intense, on évacue les déchets de cette consommation d'énergie. Donc, en une journée, il ne faut pas manger trop de ces biscuits-là, attention à la ligne : l'excès devient de la graisse ! Les biscuits et autres aliments sont notre combustible. Et nous venons d'apprendre qu'en *consommant* 1 gramme de biscuits, on peut *brûler* 20 kJ.

Eh bien, figurez-vous que c'est à peu près la même quantité si on brûle un gramme de bois dans sa cheminée, et seulement deux fois plus si c'est un gramme d'essence dans son automobile ! Le tableau 1.1 donne le pouvoir calorifique moyen par gramme de divers combustibles usuels.

Il est étonnant de constater que toutes ces combustions chimiques, apparemment très diverses, produisent, à masse égale, des quantités d'énergie voisines.

Tableau 1.1 – Pouvoir calorifique de quelques combustibles usuels.

Combustible	kJ/g
Essence	47
Éthanol	30
Butane	50
Bois	15
Charbon	15 à 30
Biscuits	20

Toutes ces valeurs sont voisines. La grosse différence entre ces divers combustibles réside dans les dispositifs où on les emploie. C'est là que réside l'énorme différence entre l'énergie nucléaire, qui ne figure pas dans ce tableau, et les autres formes d'énergie, comme nous le verrons !

---

2. Toutes ces valeurs sont « à peu près ». Sur le paquet de biscuits que j'ai devant moi en écrivant, il est écrit « 1 916 kJ ». Ce n'est pas si différent ! De toute façon, c'est moins désagréable de manger un biscuit de 20 grammes et d'encaisser 400 000 joules que de recevoir un kilo de plomb sur les pieds et d'en encaisser seulement dix.

Notons, en revenant à nos dix joules du bocal d'un kilo, que les énergies *thermiques* de ces combustibles sont très grandes par rapport à l'énergie *mécanique* du bocal qui chute d'un mètre. Les énergies mécaniques qui apparaissent dans notre vie courante ont, en effet, des valeurs très faibles par rapport aux énergies calorifiques. Un kilogramme d'eau tombant de 100 m ne fournit que 981 J, de sorte qu'il faut faire chuter 3,67 tonnes d'eau de 100 m pour libérer 3,6 millions de joules, ou encore 1 kWh (kilowatt-heure). Les centrales hydroélectriques sont peu efficaces de ce point de vue. L'énergie cinétique d'une voiture d'une tonne roulant à 100 km/h n'est que de 386 kJ, ce qui n'empêche pas de dramatiques accidents. Mais il est impressionnant de comparer cette valeur avec les 8 360 kJ qu'on dépense pour échauffer l'eau d'un bain de vingt degrés, chaleur dont ensuite on se débarrasse. L'énergie du bain équivaut à celle de vingt et une voitures d'une tonne lancées à 100 km/h !

C'est un point de départ possible à une réflexion sur les économies d'énergie.

1.3 QUELQUES CARACTÉRISTIQUES

ÉNERGIE PRIMAIRE, ÉNERGIE FINALE

On nomme « énergie primaire » une forme d'énergie disponible avant toute transformation : un minerai de charbon ou d'oxyde d'uranium, ou un gisement de pétrole. Elle peut être utilisée directement (sucre d'un fruit, bois sec), sinon on la transforme en ce qu'on appelle une source d'énergie secondaire, susceptible d'être stockée et transportée pour, *in fine*, être employée par les consommateurs.

L'énergie secondaire est transformée en énergie finale lors de son utilisation. Ainsi l'énergie mécanique primaire d'une chute d'eau, transformée en électricité puis transportée sous cette forme, peut-elle produire chez l'utilisateur de l'énergie électrique finale destinée à différentes utilisations (chauffage, éclairage, réfrigération, appareils électriques). La distinction entre ces utilisations n'est pas faite au niveau du compteur électrique, elle est néanmoins essentielle lorsque l'on en vient à optimiser le coût de sa consommation. L'utilisateur n'emploie souvent qu'un petit nombre de formes d'énergie (électricité, gaz, essence pour ce qui concerne les usages domestiques).

La transformation d'une énergie primaire en une énergie finale constitue une chaîne. Nous verrons que l'énergie nucléaire laisse place, dans une centrale, à de l'électricité et de la chaleur. De même, la chaîne pétrolière est constituée par l'extraction, le transport, le raffinage, la distribution et enfin l'utilisation.

Il y a de multiples formes d'énergie primaire : l'énergie humaine et animale, l'énergie mécanique des éléments naturels (énergie hydraulique, énergie éolienne, énergie chimique transformée en chaleur par combustion – charbon, gaz naturel, pétrole) l'énergie nucléaire de la fission, l'énergie du Soleil, les sucres des végétaux, la géothermie, etc.

ORDRES DE GRANDEUR

1. L'énergie de gravitation n'est appréciable que si des masses importantes sont en jeu. Un kilogramme d'eau tombant de 100 m de hauteur ne fournit que 981 J, de sorte qu'il faut faire chuter 3,67 tonnes d'eau de 100 m pour libérer 1 kWh. Les centrales hydro-électriques sont peu efficaces de ce point de vue. Les énergies mécaniques qui apparaissent dans la vie courante ont aussi des ordres de grandeur très faibles. L'énergie cinétique d'une voiture d'une tonne roulant à 100 km/h n'est que de 0,1 kWh, nous l'avons déjà fait remarquer, ce qui est l'équivalent de l'énergie thermique de cinq litres d'eau échauffés de vingt degrés.

   L'organisme humain consomme à peu près 2 000 kcal par jour. Monter de trois cents mètres représente un travail mécanique de 200 kJ=50 kcal, c'est-à-dire très peu par rapport aux 2 000 kcal consommées par jour.

2. Dans la catégorie intermédiaire figurent les énergies calorifiques (électrique, radiative et chimique) qui, pour leurs usages courants, se mesurent en nombres de l'ordre du kWh par kg de matière. Il faut fournir 0,1 kWh pour faire fondre 1 kg de glace, 0,7 kWh pour vaporiser 1 kg d'eau à 100 °C. Les appareils électroménagers consomment une puissance électrique située entre 0,1 et 5 kW. La combustion d'un kilogramme de pétrole ou de gaz fournit environ 12 kWh. L'organisme humain élabore de l'énergie biochimique, qui provient des aliments digérés et de l'air respiré. Il l'utilise pour maintenir sa température à 37 °C et exercer ses activités ; la puissance correspondante est de 2 000 kcal par jour, soit 100 W, au repos, de 500 W en pleine activité.

3. Comme nous le verrons au chapitre 2, l'énergie nucléaire est de loin l'énergie la plus concentrée, puisque 1 kg d'uranium naturel fournit

une énergie de 100 000 kWh dans une centrale électrique courante, alors que 1 kg de charbon fournit en brûlant 8 kWh. C'est pourquoi on ne manipule que d'assez faibles masses de combustibles nucléaires pour la production d'électricité. Une centrale électronucléaire d'une puissance de 1 000 MW électriques consomme par an 27 tonnes d'uranium enrichi, alors qu'une centrale thermique de même puissance consomme par an 1 500 000 tonnes de pétrole. En fait, on ne sait extraire industriellement qu'une faible part de l'énergie nucléaire emmagasinée dans la matière. Dans le Soleil, 1 kg d'hydrogène produit, par les réactions nucléaires qui le transforment en hélium, 180 millions de kWh.

Dégradation

La chaleur est une forme dégradée de l'énergie. Au niveau moléculaire, la chaleur d'un gaz provient du mouvement désordonné de ses molécules. Pour transformer de la chaleur en travail, il est toujours nécessaire de faire appel à deux sources de chaleur à des températures différentes (principe de Carnot) et de faire passer une partie de la chaleur de la source chaude dans la source froide, le restant étant converti en travail, énergie « noble » et ordonnée. La chaleur apparaît souvent comme une perte lorsqu'on manie d'autres formes d'énergie (à moins que l'on ait en vue le chauffage domestique ou industriel direct). Afin d'exploiter l'énergie nucléaire ou l'énergie chimique dans une centrale électrique ou dans une automobile, on commence par produire de la chaleur par réaction nucléaire ou chimique. Seule une partie de cette chaleur peut ensuite être reconvertie en énergie électrique ou en énergie mécanique. La situation la plus favorable est celle de la conversion directe d'énergie mécanique en énergie électrique, et vice-versa. Même dans ce cas, il est difficile en pratique d'éviter de détourner une (petite) part de ces énergies nobles vers de la chaleur.

Stockage

L'énergie ne se prête au stockage en quantité appréciable que sous certaines de ses formes. Sa mise en réserve et sa récupération impliquent donc des transformations et, par suite, des dissipations. L'énergie électrique peut être emmagasinée dans des accumulateurs, sous forme d'énergie chimique. Mais la décharge d'un accumulateur fournit moins d'énergie électrique que sa charge n'en a coûté, car les réactions électrochimiques s'accompagnent d'un fort dégagement de chaleur. De plus, les accumulateurs sont coûteux et lourds, puisqu'ils n'emmagasinent que 0,1 à 0,3 kWh (lithium-ion manganèse) par kg, ce qui est la principale entrave au développement d'automobiles électriques. Ces accumulateurs sont l'objet d'intenses recherches industrielles.

Nos besoins en puissance électrique varient avec l'heure ; ils croissent rapidement le soir. Les centrales nucléaires, qui sont conçues pour fonctionner à un rythme constant, ont du mal à suivre ces changements. Étant donné la faiblesse des pertes de chaleur dans les échanges électriques et mécaniques, on utilise les barrages non seulement comme sources d'énergie hydroélectrique, mais aussi comme réservoirs d'énergie. En heures creuses, l'eau est pompée du bas du barrage vers la retenue par l'emploi d'énergie électronucléaire. En heures de pointe, cette eau redescend, actionne les turbines de l'usine, et on récupère de l'électricité. Puisque cette forme de stockage passe par de l'énergie mécanique, elle nécessite de brasser de fortes masses d'eau, plusieurs tonnes par kWh emmagasiné.

Les carburants chimiques ou nucléaires emmagasinent efficacement l'énergie, mais on ne sait la récupérer que sous forme de chaleur.

TRANSPORT DE L'ÉNERGIE

La relative facilité de stocker et aussi de transporter sur de grandes distances le charbon, le pétrole et le gaz a été l'un des facteurs primordiaux du développement de l'industrie depuis deux siècles. L'essor des transports, de l'aviation, de l'automobile, repose sur la possibilité d'emporter avec soi assez de carburant pour parcourir plusieurs centaines ou milliers de kilomètres. Mais l'électricité est la seule forme d'énergie susceptible d'être à la fois transformée en quasi-totalité en n'importe laquelle des autres formes, et d'être transportée au loin en grande quantité à un coût relativement faible. Les pertes de chaleur dans les lignes à haute tension et les transformateurs atteignent 8 %.

RÉSERVES

On distingue les énergies fossiles des énergies renouvelables. Les premières reposent sur l'exploitation des minéraux formés durant l'histoire de la Terre et n'existant qu'en quantités limitées. En tenant compte de l'évolution des consommations et de la découverte constante de nouveaux gisements, on peut estimer les réserves mondiales à plusieurs dizaines d'années pour le pétrole et pour le gaz, à quelques centaines d'années pour le charbon et pour le nucléaire de fission (surtout si la technique des surgénérateurs est maîtrisée), à beaucoup plus pour le nucléaire de fusion (si toutefois on parvient à le domestiquer à un prix abordable).

Les énergies renouvelables sont celles qui nous parviennent directement ou indirectement du Soleil, qui nous envoie en permanence son rayonnement. Il s'agit des énergies solaire, hydraulique, éolienne, et de la biomasse, énergie chimique qui s'accumule dans les végétaux utilisables comme combustibles (bois, déchets, alcool). La puissance totale que l'on peut tirer de ces énergies est cependant limitée : on ne peut pas brûler les forêts à un rythme plus rapide que celui de leur croissance si l'on souhaite préserver leur caractère « renouvelable ».

Par ailleurs, la synthèse chlorophyllienne présente l'avantage considérable de consommer naturellement le dioxyde de carbone CO_2 et de produire de l'oxygène grâce à l'apport énergétique solaire. C'est là un argument extrêmement fort en faveur d'une politique de reboisement.

Nuisances

La manipulation de toutes les formes d'énergie produit sur notre environnement des effets plus ou moins néfastes qu'il importe de savoir apprécier au cas par cas. Certains résidus de combustion du charbon, du pétrole, de l'essence ou du gaz mal brûlé sont nocifs. Le principal gaz dégagé, le dioxyde de carbone, s'accumule dans l'atmosphère, ce qui influe sur le climat, notamment par réchauffement climatique. Les réactions nucléaires génèrent des déchets radioactifs, qu'il est essentiel de traiter ou d'éliminer. Les centrales hydroélectriques noient des vallées. Les éoliennes sont disgracieuses et n'assurent pas une production continue ; en outre, elles occupent beaucoup d'espace pour assez peu de puissance. Les photopiles solaires ont le même défaut. La transformation d'énergie solaire en électricité est toutefois bien adaptée à l'alimentation d'habitations isolées ou au fonctionnement de petits appareils portables comme les calculatrices, ou de systèmes isolés comme les balises maritimes. La fabrication des photopiles, encore coûteuse, fait d'importants progrès.

La dégradation de l'énergie entraîne une conséquence commune à toutes les énergies renouvelables : la pollution thermique. La majeure partie des énergies fossiles que nous utilisons se transforme, au bout du compte, en chaleur. Même si la pollution thermique est trop faible pour influer sur le climat, elle peut avoir des effets locaux. Une centrale thermique ou nucléaire refroidie par l'eau d'une rivière augmente la température de cette eau en aval et peut modifier son équilibre écologique. D'importantes économies pourraient être réalisées en récupérant cette chaleur perdue. La moitié de l'énergie que nous utilisons est, en effet, destinée au chauffage domestique ou industriel, réalisé à l'aide de charbon, de gaz, de fioul ou d'électricité. Ce type de consommation pourrait être réduit par un meilleur emploi de la chaleur issue des centrales (c'est le cas dans les pays de la CEI). En fait, la consommation moyenne d'énergie par habitant reflète non seulement un niveau de vie, mais aussi un niveau de gaspillage. Cet exemple illustre un point essentiel : la multiplicité des sources d'énergie répond à la diversité des usages, et une approche globale des problèmes énergétiques est indispensable.

1.4 RESSOURCES ÉNERGÉTIQUES

À l'exception de l'énergie nucléaire et de la géothermie, les autres sources d'énergie sont le résultat de transformations naturelles de l'énergie solaire recueillie sur la Terre[3].

La Terre absorbe l'énergie solaire à raison de 235 W/m^2 en moyenne. Par bon ensoleillement, ce chiffre monte à 1 000 W/m^2. La puissance solaire totale absorbée par la Terre et réémise sous forme d'infrarouge principalement, est de 10^{17} W[4]. À titre de comparaison, l'énergie consommée par les habitants de la Terre a une puissance de 10^{13} W.

Les ressources ou réserves énergétiques mondiales – conventionnelles et prouvées – d'énergies non renouvelables (fossiles et uranium) pouvaient être estimées en 2008 à 965 milliards de tonnes d'équivalent pétrole (tep), soit 85 ans de production actuelle. Cette durée est très variable selon le type d'énergie : 44 ans pour le pétrole conventionnel, 183 ans pour le charbon. Les données correspondantes sont contenues dans le tableau (1.2).

Dans le tableau (1.2), le « pétrole supputé » est celui de l'offshore profond et super profond, de l'Arctique, des sables et schistes bitumineux. Pour l'uranium, il s'agit de gisements pronostiqués encore hypothétiques.

---

3. Les besoins et la consommation sont en rapide évolution. On peut se référer à : http://www.iea.org/about/indexfr.asp ou, en anglais, à *Key World Energy Statistics*, IEA, édition 2011, http://www.iea.org/publications/free_new_Desc.asp?PUBS_ID=1199.

4. Dans ce processus, chaque photon visible ($E \sim 2$ eV[5]) est transformé en une vingtaine de photons infrarouges ($E \sim 0,1$ eV). L'accroissement correspondant de l'entropie du rayonnement permet, entre autres, à la vie d'exister et de se perpétuer.

Tableau 1.2 – Réserves mondiales d'énergies primaires selon le type.

	Réserves mondiales (Gtep)	Réserves mondiales (%)	Production annuelle (Gtep)	Nombre d'années de production
Pétrole actuel	172	18 %	3,9	44
Gaz naturel	185	19 %	2,9	64
Charbon	578	60 %	3,2	183
Uranium actuel	30	3 %	0,62	48
Hydraulique	2,7		0,72	
Éolien	8,8		0,03	
Solaire	92 000		0,0007	
Biomasse	70			
Pétrole supputé	410	33 %	3,9	105
Uranium supputé	65	5 %	0,62	105
Total conventionnel	965		11,3	85
Total non conventionnel	1 228		11,3	109

1.5 Consommation d'énergie

Selon l'Agence internationale de l'énergie, la consommation énergétique mondiale (énergie finale) était de 8,2 milliards de tep en 2007 (4,7 en 1973), pour une production énergétique mondiale (énergie primaire) de 12 milliards de tep.

Sa croissance en dix ans est représentée sur le tableau (1.3).

La situation évolue rapidement en raison, notamment, du développement de la Chine, qui a atteint, en 2010, 20,1 % de la consommation énergétique mondiale, qui possède les plus grandes ressources de gaz naturel et dont la consommation de charbon a augmenté de 10 % en un an.

En 2010, la Chine est devenue le leader mondial des investissements en énergies renouvelables, avec un total de 48 milliards de dollars (en augmentation de 28 % par rapport à l'année précédente). D'après l'agence Bloomberg New Energy Finance, le prix des modules photovoltaïques par mégawatt a diminué de 60 % depuis 2008 et a mis pour la première fois l'électricité photovoltaïque à un niveau compétitif dans les pays à bon ensoleillement.

La Chine a ainsi pu attirer des investisseurs dans les énergies renouvelables pendant deux années consécutives, pour un total de 49 milliards de dollars. Cela comprend un accroissement massif dans l'éolien. La Chine

Tableau 1.3 – Production annuelle énergétique mondiale entre 1998 et 2008 selon la source d'énergie.

	Production en 1998 (Mtep)	Production en 2008 (Mtep)	Augmentation 2008/1998	Part dans la production
Pétrole	3 530	3 928	11 %	34 %
Gaz naturel	2 131	2 768	35 %	24 %
Charbon	2 227	3 325	49 %	29 %
Nucléaire	550	620	13 %	5 %
Hydraulique	587	696	19 %	6 %
Éolien	5	60	1 120 %	1 %
Solaire photov.	0,02	0,68	3 275 %	0,04 %
Total	9 035	11 402	27,1 %	100 %

a ainsi installé 17 gigawatts supplémentaires de sources d'énergie renouvelables, autrement dit l'équivalent de dix à douze centrales nucléaires. À l'heure actuelle, la Chine possède le parc éolien le plus important du monde, dix fois plus important que celui du Danemark, un pionnier de cette technologie [6].

La figure (1.1) montre l'évolution de la consommation des divers types d'énergies primaires dans la décennie 2000-2010. Le charbon a une part proche de 50 % de l'augmentation totale.

Toutes les recherches sur la diversification des sources d'énergie sont porteuses d'espoirs. Il serait absurde de couvrir le Sahel de milliers de kilomètres de lignes à haute tension porteuses d'électricité nucléaire. En revanche, on trouve sur le marché des kits solaires photovoltaïques pour alimentation autonome de 220V et 500Wh par jour, pour moins de 1 000 euros. De telles installations permettraient à des villages de s'équiper tant de pompes à eau que d'éclairages et de moyens de télécommunication, Internet, télévision etc. En tant que tels, ces équipements sont trop onéreux pour les habitants du Sahel, mais une aide internationale raisonnable, liée à une baisse du coût de tels kits due à une augmentation de la production, constituerait un apport considérable à la qualité de vie de ces populations.

---

6. Syed Mansur Hashim, « China leads in renewable energy », *The Financial Express*, 25 novembre 2011

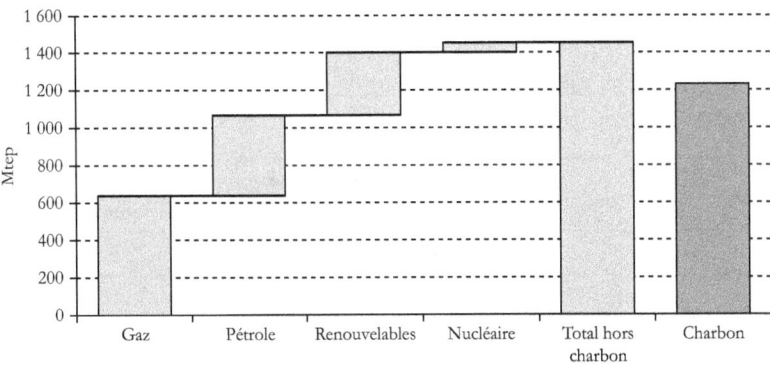

Figure 1.1 – Évolution de la consommation des divers types d'énergie primaire et de celle du charbon dans la décennie 2000-2010. Le charbon a une part proche de 50 %.

Depuis plusieurs années, des travaux importants se développent pour exploiter le potentiel géothermique du sous-sol de la vallée du Rift, lié à l'activité volcanique. Énergie propre capable également de produire de la chaleur ou de l'eau chaude, la géothermie est moins chère que l'énergie éolienne et – à la différence de celle-ci – disponible en permanence. Le Kenya a installé pour 170 MW d'énergie électrique d'origine géothermique, soit 11 % de sa capacité électrique. Le gouvernement kenyan envisagerait de porter cela à 5 000 MW dans les prochaines années. De même, l'Éthiopie a placé de gros espoirs sur le site de Tendaho, à environ 650 km au nord-est d'Addis-Abeba, dont la puissance serait d'entre 75 et 100 MW, ce qui serait considérable pour ce pays.

CONSOMMATION PAR TYPE D'ÉNERGIE SECONDAIRE

Le tableau (1.4) montre la part de consommation d'énergie secondaire suivant le type d'énergie considéré, et le tableau (1.5) la répartition suivant les secteurs de consommation.

La figure (1.2) représente la consommation d'énergie en 2010 par habitant dans les principales régions économiques et géographiques du monde, ainsi que la population de chacune de ces régions. Nous avons séparé le Japon et la Corée du Sud, de l'Asie, pour des raisons évidentes d'état de développement, ainsi que la Chine, atypique tant par sa population que par la rapidité de sa croissance économique actuelle. En revanche, l'Inde est incluse parmi les pays du groupe de l'Asie du Sud.

Tableau 1.4 – Consommation mondiale d'énergie secondaire en 2006 selon le type d'énergie.

(Mtep)	Production 2006	Consommation 2006	Part de la consommation
Pétrole	4 030	3 470	43 %
Gaz naturel	2 440	1 233	15 %
Charbon	3 070	698	9 %
Nucléaire	728		
Hydroélectrique	261		
Électricité		1350	17 %
Déchets combustibles	1 185	1 040	13 %
Chaleur	10	293	3 %
Total	11 724	8 084	100 %

Tableau 1.5 – Consommation mondiale d'énergie finale en 2006 selon le type d'utilisation.

(Mtep)	Consommation 2006	Part dans la consommation
Transport	2 180	27 %
Industrie	2 226	28 %
Résidentiel	1 958	24 %
Tertiaire	643	8 %
Agriculture	181	2 %
Autres	156	2 %
Usages non énergétiques	740	9 %
Total	8 084	100 %

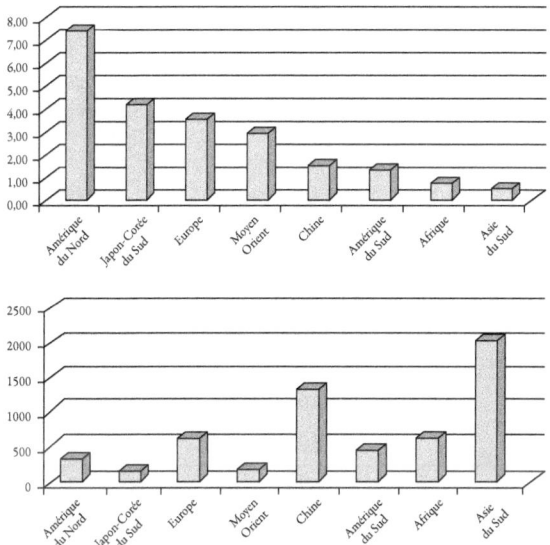

Figure 1.2 – Haut : Demande d'énergie par habitant en 2010 par région économique en tep/habitant. Bas : population de ces mêmes régions en millions d'habitants.

La consommation annuelle d'énergie par habitant est très variable selon les pays, comme on le voit sur la figure (1.2) et le tableau (1.6). Ces chiffres parlent d'eux-mêmes. Un autre aperçu des données mondiales est présenté sur le tableau (1.6), où les données de l'Afrique sub-saharienne sont présentées séparément de celles de l'Afrique du Sud, pays « émergent » comme le sont l'Inde et le Brésil, et qui, par la richesse de sa production, alimente une large partie de l'Afrique.

La consommation annuelle d'énergie par habitant est en France de 4,2 tep, aux États-Unis de 7,75 tep, alors qu'en Afrique sub-saharienne (hormis l'Afrique du Sud), elle est de 0,47 tep et en Amérique du Sud de 0,5kW. Il y a un facteur 16 entre la consommation moyenne d'un Africain et celle d'un habitant de l'Amérique du Nord, un facteur 9 par rapport à celle d'un Français.

ÉVOLUTION

L'évolution de la demande suivant les types d'énergie primaire au cours des trente dernières années est montrée sur la figure (1.3), avec son extrapolation jusqu'en 2020. La demande totale croîtra d'environ 20 % entre

Tableau 1.6 – Consommation mondiale d'énergie finale en 2010 suivant les régions ou pays.

Région ou pays	Consommation totale Gtep/an	Population Mhab.	Consommation tep/hab.
Amérique du Nord	2 684	362	7,4
Japon-Corée du Sud	735	176	4,2
Europe et Russie	2 408	681	3,6
Chine	1 964	1 327	1,5
Afrique du Sud	135	48	2,8
Brésil	236	192	1 2
Inde	595	1 123	0,5
Asie du Sud-Est	629	902	0,7
Afrique sub-saharienne	208	440	0,5

2010 et 2025. Le pétrole demeurera la source principale, mais le gaz naturel subira la plus forte hausse.

L'électricité a une part croissante dans l'énergie secondaire au fur et à mesure du développement économique.

En 2010, après un déclin de 1 % observé en 2009, la consommation d'énergie mondiale a progressé de 5,5 %, ce qui s'est traduit par une croissance de près de 6 % des émissions de CO_2 liées à l'énergie, qui ont atteint un niveau sans précédent.

Les pays émergents contribuent pour les deux tiers à cette augmentation globale, avec environ 460 Mtep, la Chine représentant à elle seule un quart de la croissance de la consommation énergétique mondiale en 2010. Le pétrole, le gaz et le charbon ont contribué de manière égale à cette augmentation de la demande d'énergie en 2010, largement liée à la reprise industrielle. Dans cette production, 80 % provenait de la combustion d'énergies fossiles, et le reste du nucléaire et des énergies renouvelables (bois de chauffage, hydroélectricité, éolien, agrocarburants, etc.), comme on le voit sur la figure (1.3).

Le protocole de Kyoto est un traité international visant à la réduction des émissions de gaz à effet de serre, dans le cadre de la convention-cadre des Nations unies sur les changements climatiques dont les pays participants se rencontrent une fois par an depuis 1995. Signé le 11

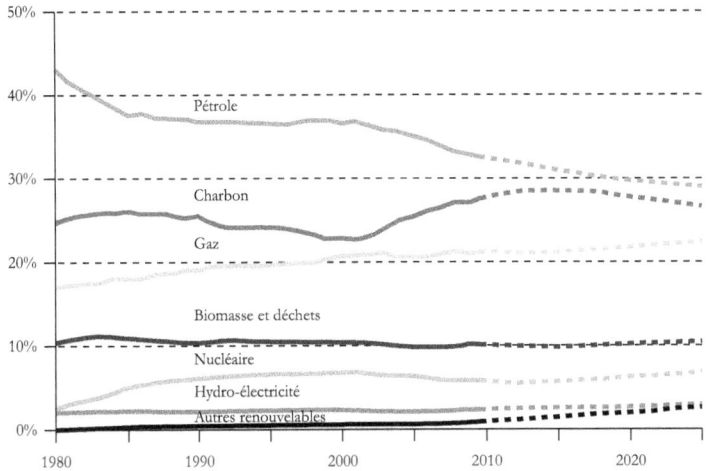

Figure 1.3 – Évolution de la consommation des sources primaires dans le monde et perspectives jusqu'en 2020. Le pétrole reste en tête, mais le gaz naturel subit la plus forte croissance.

décembre 1997 lors de la 3ᵉ conférence annuelle à Kyoto, au Japon, il est entré en vigueur le 16 février 2005 et, en 2010, a été ratifié par 141 pays. La récente conférence sur le changement climatique qui s'est tenue à Durban, en Afrique du Sud, du 28 novembre au 9 décembre 2011, s'est déroulée avec beaucoup de difficulté.

1.6 SITUATION DE LA FRANCE

Le bilan énergétique global de la France est donné dans le tableau (1.7). La France a eu, en 2010, une consommation totale, hors consommation de la branche énergie, de 157,7 Mtep qui se répartissent par agent en 24,1 % d'électricité, 41,5 % de pétrole, 21,6 % de gaz naturel, 3,5 % de charbon et 9,1 % d'énergies renouvelables n'entrant pas dans les précédents (bois, déchets).

La branche énergie correspond à l'énergie nécessaire pour la production d'énergie secondaire. En raison du rendement, il faut environ 3 tep d'énergie nucléaire, ou thermique, pour produire 1 tep d'énergie électrique. Il y a, enfin, l'énergie nécessaire à la purification de l'uranium naturel et les pertes lors du raffinage des produits pétroliers. La branche non énergétiques comprend principalement l'exploitation d'énergies fossiles comme matières premières.

La consommation par secteurs est de 25 % dans l'industrie et l'agriculture, 31,7 % dans les transports, 43 % dans le résidentiel et le tertiaire. La France consomme 60 % de son énergie au travers des diverses formes de carburants, y compris des combustibles renouvelables, et 40 % sous forme d'électricité. L'électricité provient pour les trois quarts du nucléaire, pour 12 % de l'hydraulique, pour 11 % du thermique classique et pour 1,5 % des éoliennes.

Tableau 1.7 – Bilan énergétique de la France en 2010 (en millions de tep).

Nature (Mtep)	Charbon	Pétrole	Gaz	Électricité Nucléaire et renouvelables	Renouvelable Bois, déchets solaire therm.	Total	Part
Approvisionnement							
Production d'énergie primaire	0,1	1,8	0,6	118,4	17,6	138,6	
Importations	11,8	104,5	41,9	1,7	0,4	160,2	59 %
Exportations	-0,2	-21,45	-2,5	-4,3	-0,1	-28,5	
Total disponible	11,5	83,0	42,3	115,7	17,9	270,3	
Taux d'indépendance	1,0 %	2,2 %	1,5 %	102,3 %	98,4 %	51,2 %	
Utilisation							
Consommation branche énergie	5,8	5,9	4,6	77,1	2,7	96,1	36 %
Consommation finale d'énergie	5,6	65,5	34,1	38,0	14,4	157,7	59 %
Industrie, agriculture	5,3	8,5	12,5	11,1	2,2	39,5	15 %
Résidentiel, tertiaire	0,3	10,8	21,6	25,9	9,6	68,1	26 %
Transports		46,3	0,1	1,1	2,6	50,1	19 %
Consommation non énergétique	0,1	10,7	1,3			12	5 %
Consommation totale d'énergie primaire	11,4	82,0	40,1	115,1	17,1	265,8	100 %

CHAPITRE 2

QU'EST-CE QUE LA PHYSIQUE NUCLÉAIRE ?

Nous donnons ici les notions, conventions et unités simples qui sont nécessaires pour aborder l'essentiel de ce livre, sur la radioactivité, l'énergie nucléaire, les centrales et les accidents.

2.1 LES ATOMES ET LEUR NOYAU

COMME TOUTE MATIÈRE, nous sommes faits d'atomes, groupés dans des molécules : à 70 % d'eau H_2O et 22 % d'édifices moléculaires complexes, dont l'ADN. Les atomes sont très petits. Leur taille est à peu près d'un nanomètre, c'est-à-dire un milliardième de mètre. Si un milliard d'atomes faisaient la queue en ligne droite, la longueur totale serait d'un mètre. Pourtant, avec une technique étonnante mise au point il y a une vingtaine d'années – le microscope à effet tunnel –, on a pu réaliser de véritables photographies d'atomes, comme le montre la figure (2.1).

Cette photo a été obtenue par Donald Eigler en 1989 chez IBM [1]. Remarquons toutefois que sur une rangée, on voit sept atomes. Par conséquent, si l'on voulait obtenir l'image complète d'une pièce d'un euro (2,2 cm) de cette façon, il faudrait une photo de 200 kilomètres de côté (un peu monotone à regarder.)

Les atomes sont eux-mêmes constitués de cortèges d'électrons, de charge électrique négative (dont on voit le contour sur la photo : chaque bosse est l'extérieur du cortège d'un atome), qui gravitent par attraction électrique, à une distance comprise entre un dixième de nanomètre et un nanomètre (millionième de millimètre) autour d'un *noyau*, lui-même d'une taille cent mille fois plus petite que celle du plus petit atome, et de charge électrique positive. Le noyau porte pratiquement toute la masse de

---

1. On peut en voir d'autres sur le site : http://www.almaden.ibm.com/vis/stm/gallery.html.

Figure 2.1 – Atomes sur la face d'un cristal de nickel vus au microscope à effet tunnel, par Donald Eigler en 1989 (© IBM).

l'atome (les électrons ont une masse très faible). Entre les électrons et le noyau : du vide! Cette structure est esquissée sur la figure (2.2).

L'attraction ou la répulsion électriques sont semblables aux forces magnétiques. Si on rapproche les deux pôles sud (ou nord) de deux aimants, ils se repoussent. Si ce sont un pôle sud et un pôle nord, ils s'attirent. De même, des corps de charges électriques de même signe se repoussent, ceux de charges électriques de signe opposé s'attirent.

Autrement dit, un noyau voit la vie comme le ferait une tête d'épingle en plomb autour de laquelle graviterait une bulle nuageuse toute légère mais gigantesque, de la taille de la place de la Concorde.

2.2 PROTONS ET NEUTRONS

Les noyaux atomiques sont des agrégats de *protons*, que nous désignerons par leur initiale *p*, de charge électrique positive unité (égale à la charge élémentaire, l'opposé de la charge de l'électron), et de *neutrons n*, de

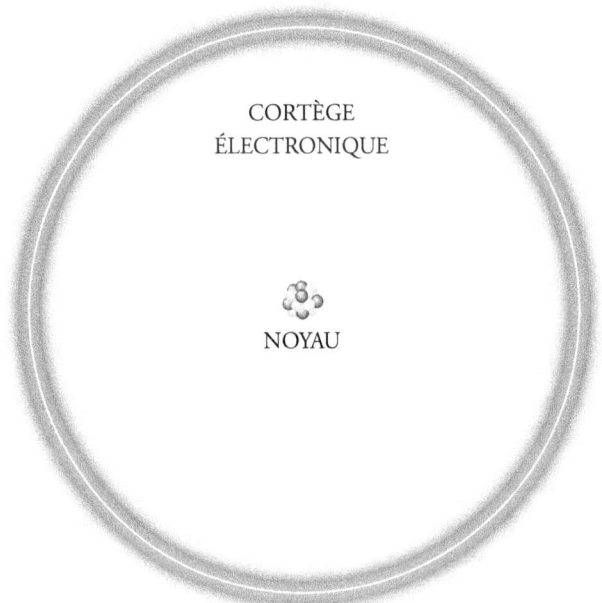

Figure 2.2 – Représentation de la structure interne d'un atome. En réalité, la taille du noyau, formé de protons et de neutrons, est cent mille fois plus petite que celle du cortège électronique. C'est l'extérieur des cortèges électroniques d'atomes de nickel que l'on voit sur l'image précédente.

charge nulle. (Décidons, au passage, de désigner l'électron par son initiale *e* lorsque ce sera commode.)

Le proton et le neutron ont une taille très faible, cent mille fois plus petite que celle du plus petit atome : un millionième de milliardième de mètre, ce que l'on nomme un *fermi* ou femtomètre d'initiale fm : 1 fm=10^{-15} m. Autrement dit, si on faisait faire la queue à un milliard de protons, cette queue-là serait singulièrement courte : un millième de millimètre ! C'est la taille d'un microbe !

On comprend qu'on n'ait pas pu, jusqu'à présent, faire des dispositifs semblables au microscope à effet tunnel pour photographier les protons et neutrons. Il y a encore du travail dans ce secteur.

Le proton et le neutron sont appelés collectivement des *nucléons*. Ils ont des masses voisines, que nous noterons m_p et m_n. Ces masses sont extrêmement faibles par rapport à la nôtre. La masse du proton est de $1,67262 \times 10^{-27}$ kilogramme et celle du neutron de $1,67492 \times 10^{-27}$ kilogramme. Les électrons sont environ 2 000 fois plus légers : $m_e = 9{,}1094 \times 10^{-31}$ kilogramme. On a du mal à s'en souvenir ! Deux choses sont plus intéressantes :

1. ces deux masses, m_p et m_n, sont voisines, et le neutron est un peu plus lourd que le proton ;

2. pour revenir à notre échelle, il faut multiplier par le nombre d'Avogadro N_A, nombre d'atomes de carbone dans 12 grammes de carbone. La mesure donne $N_A = 6{,}022 \; 10^{23}$. En faisant cette multiplication, on obtient à peu près un gramme pour N_A protons ou neutrons (ce que savent les lycéens). À partir de cette quantité, nous pourrons peut-être mieux évaluer les choses. Par la suite, nous choisirons une unité appropriée à la physique nucléaire.

C'est toujours barbare, mais gardons courage ! Il y a sept milliards d'êtres humains sur la Terre, c'est-à-dire autour du Soleil. Il y a deux cents milliards d'étoiles dans la Voie lactée, notre galaxie, et le Soleil n'est qu'une d'entre elles. Imaginez que chacune de ces étoiles héberge autant d'êtres (comme nous) que le Soleil, ça ferait au total mille quatre cents milliards de milliards d'êtres comme nous dans la Voie lactée. Faites le calcul si ça vous amuse : dans quatre cents galaxies comme la Voie lactée, il y aurait autant de monde que de nucléons (protons et neutrons) dans un gramme d'eau. Nous voilà enfin revenus sur Terre, si je puis dire.

Avant de régler la question des masses, examinons d'abord ce qui se passe du point de vue de l'énergie. En physique nucléaire, l'unité d'énergie courante n'est pas le joule, mais le MeV : million d'électron volts. Sa valeur en joules est de

$$1 \text{ MeV} = 1{,}602 \; 10^{-13} \text{ joule}$$
(1,602 dix millièmes de milliardième de joule).

Le MeV est l'énergie caractéristique qui intervient dans les réactions nucléaires élémentaires.

Revenons maintenant aux masses m_p du proton p, et m_n du neutron n. Là, nous allons faire appel à ce cher Albert Einstein. La seule formule de physique que tout le monde connaisse, c'est $E = mc^2$. Petite explication : dans cette formule, c est la vitesse de la lumière, E est une énergie et m la masse correspondante. Si vous préférez, m est une masse et E l'énergie correspondante. Mais quelle masse et quelle énergie ?

Précisément, à cette échelle, il est plus commode d'exprimer les masses par leur équivalent en énergie :

$$m_p \times c^2 = 938,27 \text{ MeV} \qquad m_n \times c^2 = 939,56 \text{ MeV}$$

et non en kilogrammes ! L'énergie de masse de l'électron est de $m_e \times c^2 = 0,511$ MeV.

2.3 ÉDIFICES NUCLÉAIRES, ÉNERGIE DE LIAISON

Les noyaux sont des édifices de protons et de neutrons, leurs dimensions nucléaires sont de l'ordre de quelques fermis.

Il existe dans la nature 92 atomes différents et 325 noyaux différents. On a fabriqué 6 000 noyaux artificiels instables.

Les protons et les neutrons sont liés par les forces nucléaires, de courte portée (elles s'estompent rapidement au-delà de quelques fermis, alors que l'attraction gravitationnelle du Soleil et de la Terre s'exerce à 150 millions de kilomètres), mais extrêmement intenses et attractives.

Les forces électriques repoussent les protons les uns des autres, mais n'affectent pas les neutrons. Les protons et les neutrons diffèrent à l'évidence pour ce qui est de ces forces, mais leurs interactions nucléaires, plus intenses, sont parfaitement semblables. Ce fait, comme la proximité de leurs masses, justifie l'appellation commune de « nucléons » pour ces deux « jumeaux » nucléaires.

On désigne par N le nombre de neutrons d'un noyau, par Z le nombre de protons (sa charge électrique) et par $A = N + Z$ le nombre total de nucléons, qu'on appelle *nombre de masse*. Un atome électriquement neutre dont le noyau a Z protons, aura donc Z électrons ; Z est le *numéro atomique* de cet atome. Tous les atomes dont les noyaux ont le même Z ont le même cortège électronique et les mêmes *propriétés chimiques*. Il y a plusieurs façons savantes de noter les noyaux. Par exemple, mettre la valeur de A en haut à gauche et celle de Z en bas à droite : le symbole ^{4}He désigne le noyau d'« hélium 4 », formé de deux protons et de deux neutrons, c'est-à-dire $N = 2$ et $Z = 2$, $N + Z = 4$, nommé, pour des raisons historiques, particule alpha ; le symbole $^{56}Fe_{26}$ désigne le fer 56 qui est constitué de 26 protons et de 30 neutrons.

Pour la clarté de l'exposé, nous nous efforcerons ici d'appeler un noyau par le nom de son espèce chimique (hélium, fer, uranium, etc.) suivi de son nombre de masse et, si nécessaire, de sa charge (nombre Z). Ainsi, nous parlerons de l'uranium 238 et de son *isotope* l'uranium 235, tous deux de charge $Z = 92$.

ISOTOPES On nomme isotopes des noyaux qui ont même charge Z, donc même numéro atomique de l'atome correspondant, mais N différent, comme l'uranium 238 et l'uranium 235 ci-dessus, ou l'hélium 3 (deux protons et un neutron) et l'hélium 4 (deux protons et deux neutrons). Les atomes correspondants ont les mêmes propriétés chimiques, car celles-ci proviennent du cortège des Z électrons. Des isotopes ont des propriétés *nucléaires* complètement différentes : c'est le cas des deux isotopes de l'uranium ci-dessus.

En ce qui concerne la *taille* d'un noyau, caractéristique qui ne nous occupera guère dans ce qui suit, notons un phénomène très étonnant. Le *volume* d'un noyau, que l'on détermine en le sondant avec des faisceaux d'électrons, est *grosso modo* proportionnel au nombre $A = N + Z$ de nucléons qui le constituent. C'est là un phénomène simple mais un peu subtil à expliquer de façon savante avec la mécanique quantique. Par conséquent, en bonne approximation, le rayon d'un noyau est proportionnel à la racine cubique du nombre de nucléons : $R \sim r_0 \times A^{1/3}$ avec $r_0 \sim 1,2$ fm.

ÉNERGIE DE LIAISON

Les forces nucléaires sont, nous l'avons dit, intenses et de courte portée. Leur description, assez compliquée, n'est d'aucun intérêt ici. Un concept beaucoup plus simple est celui d'*énergie de liaison*. En physique comme dans la vie, lorsque des partenaires sont liés par diverses attractions subtiles, il faut, pour les séparer, déployer d'autant plus d'énergie que leur liaison est forte.

L'énergie de liaison d'un nucléon donné dans un noyau est l'énergie qu'il faut fournir pour arracher ce nucléon au noyau. Si la force était constante sur une distance donnée et nulle ailleurs, cette énergie serait le produit de la force par cette distance.

On appelle *énergie de liaison B* d'un noyau (A, Z) l'énergie qu'il faut fournir à ce noyau pour séparer *tous* ses constituants, autrement dit l'énergie qu'il faudrait donner à un marteau pour le briser complètement.

Encore une fois, on observe une propriété remarquable. Dès que le nombre de masse A dépasse la vingtaine, les énergies de liaison des noyaux sont *grosso modo* proportionnelles au nombre de nucléons A :

Tableau 2.1 – Énergie de liaison, en MeV, de l'état fondamental de quelques noyaux. On note que l'énergie de liaison par nucléon B/A varie lentement à partir du carbone 12.

Nom	Symbole	Z	N	A	$B(A,Z)$	B/A
neutron	n	0	1	1	0	0
proton	$^1H_1$ (p)	1	0	1	0	0
deutérium	$^2H_1$ (d)	1	1	2	2,225	1,112
tritium	$^3H_1$ (t)	1	2	3	8,492	2,83
hélium 3	$^3He_2$	2	1	3	7,728	2,57
hélium 4	$^4He_2$	2	2	4	28,30	7,1
carbone 12	$^{12}C_6$	6	6	12	92,16	7,68
azote 14	$^{14}N_7$	7	7	14	104,66	7,48
oxygène 16	$^{16}O_8$	8	8	16	127,62	7,98
magnésium 24	$^{24}Mg_{12}$	12	12	24	198,26	8,26
chlore 35	$^{35}C\ell_{17}$	17	18	35	298,20	8,52
fer 56	$^{56}Fe_{26}$	26	30	56	492,28	8,79
fer 57	$^{57}Fe_{26}$	26	31	57	499,9	8,77
or 197	$^{197}Au_{79}$	79	118	197	1559,4	7,92
plomb 208	$^{208}Pb_{82}$	82	126	208	1636,4	7,92
uranium 235	$^{235}U_{92}$	92	143	235	1783,2	7,59

$B \sim A \times 8$ MeV. Les énergies de liaison par nucléon (énergie de liaison totale divisée par le nombre de nucléons) sont de quelques MeV. Cette additivité, rapprochée de celle des volumes, évoque une structure nucléaire relativement simple : celle d'une pièce montée où chaque élément est lié à un nombre donné de voisins (ou un mur en briques, chacun ses goûts).

L'énergie de liaison *par nucléon* B/A en fonction de A pour les noyaux stables est montrée dans le tableau (2.1) pour quelques noyaux. On constate que B/A croît avec A dans les noyaux légers, avec un pic prononcé pour l'hélium 4. À partir du carbone, elle varie lentement autour de 8 MeV. Elle augmente puis atteint un maximum très large vers $A \simeq 55 - 60$ dans la région du fer, et redescend doucement en fonction de A au-delà.

Cette brusque montée et cette descente douce jouent un rôle important dans l'exploitation de l'énergie nucléaire.

On constate sur cette table que les énergies de liaison de l'hélium 3 (deux protons et un neutron) et celle du tritium (deux neutrons et un proton) diffèrent de 1, 12 MeV, l'hélium 3 étant moins lié. Cela corrobore le fait que la répulsion électrique des deux protons de l'hélium 3 diminue l'énergie de liaison par rapport au tritium. Cet effet est comparativement faible par rapport à l'énergie de liaison totale, forte et nucléaire, de l'hélium 3, sans être totalement négligeable (9 %).

2.4 RÉACTIONS, ÉNERGIE NUCLÉAIRE

Lorsque deux noyaux entrent en collision, ou lorsqu'un noyau reçoit l'impact d'un projectile, il peut se produire une réaction nucléaire, semblable à une réaction chimique, menant à deux ou plusieurs espèces nucléaires, accompagnées parfois d'autres particules, et à un dégagement d'énergie.

Dans de telles réactions, certaines sont conservées. Deux sont essentielles pour notre propos :

1. le nombre total de nucléons est conservé ;
2. l'énergie totale est conservée. (C'est une propriété générale de l'énergie dans tout phénomène physique.)

Citons deux types de réactions qui présentent un certain intérêt ici en raison de l'énergie produite.

RÉACTIONS DE FUSION

La fusion de deux noyaux légers en un noyau plus lourd est fréquemment un processus qui dégage de l'énergie. Une réaction extrêmement importante dans la *fusion thermonucléaire* dont nous décrirons les caractéristiques au chapitre (10) est :

(deutérium + tritium)   donne   (hélium 4 + neutron),

avec un dégagement d'énergie de 17, 5 MeV.

Cette réaction de fusion est schématisée sur la figure (2.3).

En supposant que le noyaux initiaux sont en faible mouvement relatif, on peut calculer l'énergie dégagée de 17,5 MeV à partir du tableau (2.1) : c'est tout simplement la différence entre l'énergie de liaison de l'hélium 4 et celles du tritium et du deutérium. Puisque l'hélium 4 est plus fortement lié, nous disposons, dans l'état final, de la différence entre son énergie de liaison et la somme de celles du deutérium et du tritium.

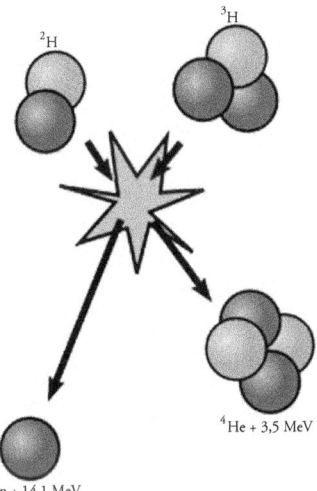

^{2}H

^{3}H

^{4}He + 3,5 MeV

n + 14,1 MeV

Figure 2.3 – Schéma d'une réaction de fusion deutérium-tritium. Le symbole ^{4}He représente l'hélium 4, ^{2}H le deutérium et ^{3}H le tritium.

Une réaction voisine, d'une extrême importance pour notre existence, est celle qui est responsable de l'énergie rayonnée par le Soleil. Dans ce cas, il s'agit d'une chaîne complexe de réactions, mais le bilan global est que l'énergie émise provient d'une réaction où quatre protons s'agglutinent pour fabriquer de l'hélium 4, en libérant une énergie d'environ 28 MeV, soit 7 MeV par proton initial. Et c'est comme ça que la vie est apparue sur Terre, qu'on bronze et que les salades poussent !

Examinons ces énergies de plus près. Dans la réaction de fusion thermonucléaire de la figure (2.3), cinq nucléons entrent en jeu. Par conséquent, l'énergie produite par nucléon est de 3,5 MeV. En multipliant par le nombre d'Avogadro N_A, on obtient l'énergie produite par un gramme de combustible :

$$E_{fusion} = 340 \text{ milliards de joules par gramme.}$$

Pour l'énergie de fusion dans le Soleil, on obtient deux fois plus : 700 milliards de joules par gramme.

Comparons avec les valeurs du tableau (1.1). Ce que l'on constate est à peine croyable. Ces énergies nucléaires de fusion sont de l'ordre de *dix millions* de fois supérieures, à masse égale, aux énergies des combustions chimiques !

RÉACTIONS DE FISSION

Nous étudierons la fission au chapitre (4). En fait, les noyaux lourds, comme l'uranium, ne sont pas véritablement stables. Leur énergie de liaison est inférieure à la somme des énergies de liaison de noyaux plus légers dans lesquels ils pourraient se dissocier. C'est la situation inverse de celle de la fusion. Ils peuvent donc se casser en des noyaux plus légers en dégageant de l'énergie. On pourra voir sur le tableau que l'uranium 235 pourrait se casser pour donner de l'or 197 et du chlore 35, en libérant une énergie de 74 MeV (ainsi que 3 neutrons, 4 positrons et 4 neutrinos). Pour les noyaux naturels, c'est en fait un processus très lent, il faut l'accélérer.

Une réaction de fission typique est celle où un noyau d'uranium 235 absorbe un neutron supplémentaire et devient de l'uranium 236. Cet excès de neutrons accentue l'instabilité de l'uranium 236 et le fait littéralement exploser pour donner lieu à deux noyaux plus légers (de nombres de masse respectifs d'environ 140 et 90) et une série d'autres particules. Ces deux fragments de fission emportent la majeure partie de l'énergie de fission et chauffent le milieu où ils se trouvent. Pour ce genre de noyau, l'énergie de fission est pratiquement indépendante du noyau fissile, elle est de l'ordre de 200 MeV. C'est cette énergie de fission que l'on récupère dans les réacteurs nucléaires.

Ici, il y a 236 nucléons dans l'état initial, si bien que l'énergie par nucléon est d'environ 0,85 MeV, soit, avec la même règle de trois, une énergie 80 milliards de joules par gramme de combustible. Ici, on voit qu'en comparant avec l'énergie de combustion de l'essence, il apparaît *grosso modo* un rapport d'un million entre les deux.

Les nombres ci-dessus expliquent l'attrait de l'énergie nucléaire par rapport aux énergies de combustion chimique. C'est une formule magique pour ceux qui ont découvert et développé l'énergie nucléaire :

Un *gramme* de combustible nucléaire dégage autant d'énergie qu'une *tonne* de combustible habituel (bois, gaz, pétrole) !

C'est la particularité de l'énergie nucléaire que nous évoquions en 1.3, qui différencie complètement cette forme d'énergie des énergies de combustion du tableau (1.1). À masse égale de combustible, l'énergie nucléaire est immensément plus abondante que l'énergie de combustion chimique !

2.5 L'INSTABILITÉ DES NOYAUX, SOURCE DE LA RADIOACTIVITÉ

Tous les noyaux ne sont pas stables, même s'ils sont liés, loin de là. De fait, la majorité sont instables et se cassent spontanément. Sur les quelque 6 000 noyaux identifiés à l'heure actuelle, seuls 255 sont parfaitement stables.

On appelle *désintégration* d'un noyau toute réaction où ce noyau à l'état libre disparaît en laissant la place à d'autres particules. On y inclut le cas où un noyau *excité* se désexcite en libérant des rayons gamma (il garde alors son identité mais pas son énergie). L'ensemble de ces désintégrations constitue l'origine de la radioactivité.

DEMI-VIE OU PÉRIODE

Tous les processus de désintégration ont le même type de déroulement dans le temps. Il s'agit de ce qu'on appelle une loi de désintégration exponentielle. Si l'on fabrique à un instant initial un grand nombre N de ces particules, au bout d'un temps $t_{1/2}$ appelé *demi-vie* ou *période*, la moitié d'entre elles se seront désintégrées. Au bout du temps $2\,t_{1/2}$, il en restera $1/4$; au bout de $3\,t_{1/2}$, il en restera $1/8$, et ainsi de suite : au bout de $N\,t_{1/2}$, il en restera $(1/2)^N$. C'est ce que l'on appelle une loi exponentielle. D'un point de vue élémentaire, si nous partons d'un seul noyau instable de période $t_{1/2}$, la probabilité qu'il se soit désintégré au bout d'un temps $t_{1/2}$ est $1/2$, et ainsi de suite.

Par exemple, à l'état libre, le neutron est instable. Il se transmute spontanément en un proton, un électron et un neutrino, noté ν, de masse presque nulle (en fait, un antineutrino, mais cela n'a pas d'importance ici), en libérant une énergie de $0,78$ MeV. La période du neutron est $t_{1/2} = 925$ secondes, soit à peu près un quart d'heure. On pourra vérifier qu'au bout de deux heures et demie (10 quarts d'heure), il ne reste plus qu'un millième des neutrons initiaux.

On appelle *taux de désintégration* λ l'inverse de la vie moyenne $\lambda = 1/t_{1/2}$ (ce sont des « coups par seconde »).

2.5.1 DÉSINTÉGRATIONS GAMMA

Un noyau X peut être excité dans des états d'énergie supérieurs à l'état de plus basse énergie appelé *état fondamental*.

Cela se passe fréquemment s'agissant d'un noyau fils produit par désintégration radioactive d'un noyau père. Des transformations électromagnétiques entre ces niveaux excités et le niveau de base produisent l'émission de rayons gamma (c'est-à-dire de rayonnement électromagnétique), ou encore de « photons ».

NOTE IMPORTANTE. La lumière jusqu'aux rayons X et au-delà constitue le rayonnement électromagnétique. La partie de haute énergie s'appelle *rayonnement gamma*. Mais en raison de la découverte par Einstein que la lumière de fréquence ν peut également être considérée comme constituée de particules, les *photons* d'énergie $E = h\nu$ où h est la constante de Planck, il est équivalent de parler de rayonnement gamma et d'émission de photons. C'est une question de commodité. Dans un processus élémentaire, on parle de photons, notés γ ; pour une source de matière, on parle de rayonnement gamma.

Cette émission constitue la radioactivité *gamma*. Les énergies des photons nucléaires varient du dixième de MeV à plusieurs MeV. Les énergies correspondantes des rayons gamma (ou des photons) sont caractéristiques du noyau considéré, ce qui permet de l'identifier.

Les demi-vies correspondantes sont *en général assez brèves*. Certaines peuvent être considérablement plus longues.

Par exemple, l'azote 13 a une demi-vie de 10^{-15} s (un millionième de milliardième de seconde) et le xénon 131 de $10^{7}s$ (4 mois).

2.5.2 Désintégrations bêta moins et bêta plus

L'exemple premier d'une *désintégration bêta*, ou désintégration faible, est la désintégration du neutron, mentionnée ci-dessus. On la nomme désintégration bêta moins (le « moins » correspond à la charge de l'électron).

Cette réaction se place dans le cadre de la radioactivité bêta des noyaux, dont Fermi donna une première théorie remarquablement efficace dès 1933. La structure de cette théorie acquit une profondeur considérable en 1968 avec l'unification de la théorie des interactions faibles et de l'électromagnétisme par Glashow, Salam et Weinberg.

Cette désintégration peut se produire dans un noyau, ce que l'on nommera désintégration bêta moins du noyau. Son nombre de protons Z augmente alors d'une unité, son nombre de neutrons N diminue d'une unité et son nombre de masse $A = N + Z$ reste le même.

À l'état libre, le proton ne peut pas se désintégrer par la réaction symétrique en un neutron, un *positron* (*anti-électron*) et un neutrino. Cependant, dans un noyau, ce processus est possible. On appelle cela une désintégration bêta plus. Ce type de considération s'applique de façon générale aux noyaux, pour lesquels on distingue *désintégrations* bêta moins et bêta plus, qui mènent aux radioactivités bêta moins et bêta plus.

De façon générale, la similitude des interactions nucléaires provoque une tendance à ce que les noyaux contiennent des nombres voisins de protons et de neutrons. Cela est tempéré par le fait que la répulsion électrique entre protons doit être compensée, à partir d'un certain nombre, par un excès de neutrons pour assurer une liaison optimale. Nous en verrons l'effet plus bas. En tenant compte de ce fait, les désintégrations bêta plus se produisent dans les noyaux possédant un excès de protons, et les désintégrations bêta moins dans ceux qui ont un excès de neutrons.

Les demi-vies de désintégrations bêta sont de l'ordre de la seconde, de la fraction de seconde ou de la minute. L'énergie des électrons (ou positrons) de radioactivité bêta est de l'ordre du MeV ou de la fraction de MeV.

2.5.3 Désintégrations alpha

Lorsque le nombre de nucléons dépasse une certaine valeur, la répulsion électrique qu'ont entre eux les protons, tous de charge positive, finit par l'emporter sur les forces nucléaires. Les noyaux deviennent instables par désintégration alpha ou, plus généralement, par fission spontanée en deux noyaux de charge plus faible. Des protons individuels pourraient être éjectés. Mais il est beaucoup plus fréquent que ce soit des particules alpha, noyaux d'hélium 4, car ces objets, très solidement liés, ont tendance à former des sous-structures à l'intérieur des noyaux plus gros.

Dans une désintégration alpha, on assiste à la transformation d'un noyau (A, Z, N) en un noyau $(A-4, Z-2, N-2)$ et un noyau d'hélium 4 $(A = 4, Z = 2, N = 2)$.

Par exemple, le thorium 232 (charge 90) donne du radium 228 (charge 88) et une particule alpha.

Seuls les noyaux de nombre de masse A plus grand que 209 le font appréciablement, et les durées de vie de désintégration alpha varient très rapidement avec l'énergie de la particule alpha émise.

Les demi-vies peuvent varier de trente ordres de grandeur ! Depuis des durées supérieures aux temps géologiques, voire cosmiques ($t_{1/2}$ bien supérieur à 10 milliards d'années), jusqu'à des durées nécessitant des techniques de détection électroniques. Ces variations considérables se produisent par-fois pour des noyaux et même des isotopes voisins : l'uranium 238 donne du thorium 234 en des milliards d'années ($t_{1/2} = 1,4\ 10^{17}$s), alors que l'uranium 228 donne du thorium 224 en dix minutes ($t_{1/2} = 5,6\ 10^2$s). L'explication de telles variations par l'*effet tunnel* quantique a été comprise par Gamow (l'inventeur du big-bang) en 1928.

Ces désintégrations sont la source de la radioactivité alpha. Dans des désintégrations alpha, l'énergie des noyaux d'hélium 4 est de l'ordre de quelques MeV.

TRANSMUTATIONS

Les désintégrations peuvent se produire en chaîne. Un noyau instable peut, en se désintégrant, donner lieu à un noyau lui-même instable, et ainsi de suite. Il faut bien voir que ces réactions sont toutes des *transmu-tations* au sens ancien des alchimistes. On trouve, dans le voisinage d'un minerai d'uranium 238, qui se désintègre par radioactivité alpha avec une période de 4,5 milliards d'années, du thorium 234 qui mène à du protactinium 234 par désintégration bêta moins, qui lui-même donne du thorium 230, puis du radium 226, découvert par Pierre et Marie Curie, et ainsi de suite, jusqu'au noyau stable, le plomb 206. La transmutation de plomb (Z=82) en or (Z=79) est parfaitement possible, mais hélas ! cette richesse est éphémère. Le plomb 186, de demi-vie courte (4,8 secondes), donne, par désintégration alpha, du mercure 182 qui, par une désintégra-tion bêta plus, donne en 10 secondes de l'or 182, qui disparaît, avec une demi-vie de 15 secondes, laissant derrière lui du platine aussi fugace, puis du tungstène.

CHAPITRE 3

RADIOACTIVITÉ : APPLICATIONS ET RISQUES

M AURICE TUBIANA a fait remarquer que « la radioactivité existe depuis le big-bang qui a marqué l'origine de l'Univers, et toutes les espèces vivantes ont vécu dans un bain de radiations dont l'intensité varie notablement d'un point à l'autre du globe ». La radioactivité a donc toujours été présente partout, tout est question de dose.

Ce qui est nouveau depuis le milieu du XXe siècle, c'est l'existence d'une radioactivité artificielle produite par l'homme. Il s'agit évidemment des essais nucléaires atmosphériques, des accidents nucléaires comme ceux de la centrale de Tchernobyl en Ukraine en 1986 ou, en mars 2011, de la centrale de Fukushima au Japon. Il s'agit aussi de celle produite dans les réacteurs nucléaires, dont le combustible nucléaire usé est retraité dans des usines comme la centrale de La Hague. Enfin se pose le problème grave des déchets radioactifs inutilisables, que l'on voudrait stocker dans des sites appropriés.

La double préoccupation de nos sociétés est, d'une part, l'émergence de nombreuses applications de la radioactivité et, de l'autre, un meilleur contrôle de ses effets sur les organismes vivants et sur l'environnement [1]. Il est incontestable que les effets dangereux de la radioactivité issue de l'industrie électronucléaire, que nous examinerons dans les chapitres 6 à 9, est un souci majeur qui motive les appels à l'abandon de cette source d'énergie.

L'utilisation de la radioactivité représente à l'heure actuelle une activité industrielle importante. Il existe en France de nombreuses installations, ateliers, laboratoires de recherches, bureaux d'études travaillant sur le sujet.

---

1. On trouvera un exposé sur la radioactivité, et notamment ses applications médicales, dans *La Radioactivité et ses applications*, M. Tubiana et R. Dautray, Presses universitaires de France, coll. « Que sais-je ? », n° 33, 1996.

3.1 ACTIVITÉ D'UNE SUBSTANCE RADIOACTIVE

Nous avons décrit les processus élémentaires d'instabilité des noyaux dans le chapitre précédent en section 2.5. Ce que l'on appelle ici radioactivité résulte de l'émission de particules et de rayonnements par des quantités macroscopiques de substances radioactives.

Comme nous l'avons vu, la demi-vie $t_{1/2}$ ou période d'une espèce radioactive est le temps au bout duquel la moitié de l'échantillon s'est désintégrée.

L'*activité A* d'un échantillon radioactif contenant N particules est le rapport du nombre N et de la demi-vie $t_{1/2}$:

$$A = \frac{N}{t_{1/2}}.$$

Elle se mesure assez facilement (ce sont des coups par seconde dans un compteur). Si on connaît A et $t_{1/2}$ (dont la mesure est faite une fois pour toutes par ailleurs), on en déduit la concentration N de produit radioactif dans l'échantillon. Les activités se mesurent en becquerels : 1 Bq = 1 coup par seconde (ancienne unité, le curie : 1 curie = $3,7\ 10^{10}$ Bq). L'activité est donc d'autant plus grande qu'il y a beaucoup de particules et que la période est faible. Pour un nombre donné de particules, elle est d'autant plus faible que la période est grande (mais l'irradiation dure plus longtemps).

Suivant la nature des particules émises (particules alpha, électrons ou positrons, photons) on distingue les trois types de radioactivités alpha, bêta et gamma que nous avons décrites précédemment, à laquelle nous adjoindrons l'irradiation par neutrons (ces particules accompagnent souvent les réactions nucléaires).

À la fin des années 1930, on distinguait deux classes de radioactivité : la radioactivité naturelle (celle des éléments naturels) et la radioactivité artificielle, provenant de noyaux fabriqués en laboratoire (découverte par Frédéric et Irène Joliot-Curie). Les conditions d'existence d'un élément sur Terre étant très particulières, et la technologie nucléaire ayant fait apparaître dans l'environnement quantité d'isotopes radioactifs nouveaux, il n'y a plus lieu de faire la distinction.

3.2   EFFETS DES RAYONNEMENTS IONISANTS

On appelle les corps émis par radioactivité des *rayonnements ionisants*, car leurs effets premiers sur la matière, vivante ou inerte, consistent en l'arrachement d'électrons des atomes et molécules de cette matière. Cela provoque l'ionisation de ces constituants, la rupture des liaisons chimiques et la production de radicaux libres qui ont une activité chimique particulièrement forte.

Les neutrons ont une charge électrique nulle et n'interagissent pas directement avec les électrons. Toutefois, ils interagissent fortement avec les protons et peuvent les expulser, comme des boules de billard. Ces protons, chargés électriquement, ionisent la matière. En outre, les neutrons interagissent avec les noyaux atomiques et peuvent ainsi produire des noyaux radioactifs à l'intérieur même de la matière. Les désintégrations ultérieures de ces noyaux causent des dégâts sérieux dans la matière vivante.

Les effets du passage des produits de la radioactivité dans la matière ont de multiples conséquences et applications. Les normes de protection des bâtiments ou matériaux exposés aux rayonnements radioactifs en sont un exemple. La médecine nucléaire en est un autre. Bien entendu, l'effet de l'exposition aux rayonnements issus de diverses sources, naturelles ou artificielles (essais nucléaires, accidents, fonctionnement des réacteurs électronucléaires, déchets nucléaires), a une multitude d'aspects, tous de première importance.

ÉNERGIE DÉGAGÉE

Comme nous l'avons dit dans l'introduction, depuis ses premières découvertes, Becquerel s'était posé la question de savoir quelle était la source d'énergie responsable de la radioactivité. Pierre Curie fut le premier à mesurer cette énergie considérable. Ce fut la première reconnaissance de l'énergie nucléaire.

Les effets biologiques de ce dégagement d'énergie furent observés de façon inattendue par Becquerel. Pierre Curie lui avait prêté un échantillon de radium, dans une ampoule scellée. Becquerel mit l'ampoule dans sa poche. Au bout de quelques heures, il constata une rougeur, qui se transforma en quelques jours en une plaie, semblable à une brûlure. La radiothérapie venait de naître ; Becquerel et Curie publièrent ensemble sur ce sujet en 1901.

Nous reviendrons sur l'énergie dégagée par la radioactivité aux chapitres 4, 5 et 8. Elle joue un rôle fondamental dans le pilotage des réacteurs, dans la gestion du combustible nucléaire après l'arrêt d'un réacteur et dans les causes des accidents nucléaires graves.

PERTE D'ÉNERGIE D'UNE PARTICULE IONISÉE DANS LA MATIÈRE

Lorsqu'une particule chargée, particule alpha, électron, positron, traverse un milieu matériel, elle ralentit, et perd progressivement son énergie en la transférant aux électrons des atomes du milieu.

Cette perte d'énergie de la particule incidente en fonction de la distance parcourue se calcule relativement facilement en étudiant les modifications apportées à l'état des atomes du milieu. On trouve qu'elle est proportionnelle à sa masse et au carré de sa charge électrique, qui sont des nombres donnés, mais elle varie comme l'inverse de l'énergie. Autrement dit, la perte d'énergie, ou encore l'énergie déposée, s'accroît fortement lorsque l'énergie de la particule diminue.

Les produits chargés de la radioactivité ont des énergies de quelques MeV, pour les particules alpha, à une fraction de MeV pour les gamma.

ALPHAS

Les particules alpha sont des noyaux d'hélium doublement chargés, de masse quatre fois celle du proton. Leur énergie est de 3 à 5 MeV. On observe que ces particules sont arrêtées sur une très courte distance. Une feuille de papier suffit à s'en protéger.

Si, toutefois, un flux de rayons alpha atteint la peau, celle-ci est sévèrement brûlée en surface, car toute l'énergie des alphas y est déposée.

Une situation plus grave se produit lors de l'inhalation de substances subissant la désintégration alpha. Un cas courant est celui du radon 222, produit de désintégration du radium 226, qui est présent partout où se trouve de l'uranium 238. Le radon est un gaz rare ; il est présent, à très faible dose, dans l'atmosphère intérieure des bâtiments et immeubles construits avec du béton, lequel contient des traces d'uranium. Une recommandation sanitaire est d'aérer les pièces de tels immeubles. En France, les régions riches en radon sont la Bretagne, le Massif central, les Vosges et la Corse. Selon l'EPA (*Environmental Protection Agency*), c'est la seconde cause de cancer du poumon, après le tabagisme, provoquant 21 000 morts par an aux États-Unis. En Bretagne (socle granitique), 20 %

des décès par cancer du poumon seraient dus au radon, selon l'Institut de radioprotection et de sûreté nucléaire.

ÉLECTRONS

À basse énergie, les électrons suivent une loi voisine de la précédente. Une différence importante est qu'on ne peut évidemment pas considérer leurs trajectoires comme rectilignes. Celles-ci sont des lignes brisées aléatoires, et les parcours individuels ne sont plus distribués symétriquement autour du parcours le plus probable.

Les distances de pénétration sont plus grandes que celles des alphas. Il faut une feuille d'aluminium de quelques millimètres pour arrêter les électrons. Un écran d'un centimètre de plexiglas arrête toutes les particules bêta d'énergie inférieure à 2 MeV.

À plus haute énergie, un processus important se rajoute et prédomine rapidement : le *Bremsstrahlung*, ou rayonnement de freinage. Accéléré par le champ électrique d'un noyau, l'électron peut émettre un photon, c'est-à-dire un rayon gamma.

RAYONS GAMMA, PHOTONS

Les photons interagissent de diverses façons.

1. Par divers effets, dont l'effet photoélectrique ou l'effet Compton, un photon peut directement ioniser un atome.

2. Par interaction avec le champ électrique d'un noyau, un photon suffisamment énergétique (d'énergie supérieure à $2 \times 0,511$ MeV) peut produire une *paire* composée d'un électron et d'un positron. Le positron s'annihile avec un électron du milieu, produisant deux photons de 0,511 MeV, tandis que l'électron subit le destin évoqué ci-dessus.

Les rayons gamma ont des distances de pénétration grandes, qui dépendent de l'énergie du rayonnement et de la nature du milieu traversé. On définit ainsi une « épaisseur dixième », qui ne laisse passer que 10 % du débit de dose, et, en radioprotection, un écran dixième en plomb (matériau très utilisé car très efficace) a une épaisseur de 50 mm.

Au-delà de la dizaine de keV, l'air n'a plus d'absorption significative des rayonnements X et gamma. Le plomb est généralement utilisé comme élément de radioprotection dans le domaine médical. En effet, il a une épaisseur de demi-absorption de l'ordre de 100 micromètres à 100 keV.

Une épaisseur de 1 mm de plomb réduit la dose d'un rayonnement X de 100 keV d'un facteur 1 000. Dans les environnements industriels, on utilise pour la radioprotection des murs en béton (moins absorbants que le plomb, donc plus épais, mais moins coûteux).

GERBES ÉLECTROMAGNÉTIQUES

On voit que le passage dans la matière des photons et des électrons est intimement lié, les photons créant des électrons par collision directe ou par production de paires, les électrons créant des photons par *Bremsstrahlung*. Au fur et à mesure que l'énergie se dissipe, il se crée ce qu'on appelle une « gerbe électromagnétique » de photons et d'électrons.

Ces gerbes déposent de l'énergie dans la matière traversée et modifient sa structure.

3.3 LES PRODIGES DE LA MÉDECINE NUCLÉAIRE

3.3.1 LA THÉRAPIE PAR IONS LOURDS, TUMEURS DU CERVEAU

Il est particulièrement intéressant, et plus rassurant, d'examiner le résultat évoqué ci-dessus pour les particules alpha, dans le cas de protons ou d'ions plus lourds de plus grande énergie, produits dans des accélérateurs de particules à des dizaines ou des centaines de MeV.

La particule incidente suit un trajet linéaire dans le milieu. Sa perte d'énergie en fonction de sa distance de pénétration est proportionnelle à sa masse et au carré de sa charge électrique, qui sont données mais elle varie comme l'inverse de l'énergie. Autrement dit, la perte d'énergie, ou encore l'énergie déposée, s'accroît fortement lorsque l'énergie de la particule diminue.

À la limite, la perte d'énergie serait « infinie » à l'arrêt de la particule. Cela signifie que la particule perd pratiquement toute son énergie à l'endroit où celle-ci faiblit, et elle s'y arrête sur une très courte distance ! C'est un phénomène catastrophique qui présente certaines similitudes avec le décrochage d'un avion. La particule, perdant une importante quantité d'énergie à l'endroit où elle s'arrête, « brûle » littéralement la matière au voisinage de cet endroit. Le point d'arrêt dépend de l'énergie initiale de la particule, il est d'autant plus profond que cette énergie est grande. L'effet est spectaculaire. On en voit un exemple sur la figure (3.1). Cette figure montre l'énergie déposée dans de l'eau, dont nos tissus contiennent une

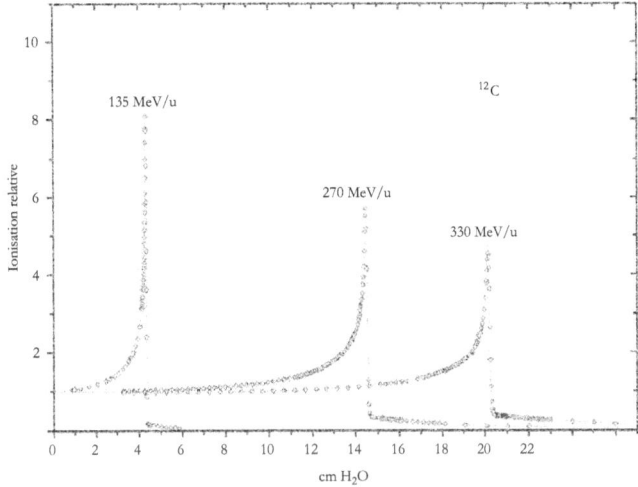

Figure 3.1 – Perte d'énergie d'ions de carbone 12 de diverses énergies incidentes en fonction de la distance parcourue dans de l'eau. (Données provenant de GSI, Darmstadt.)

grande quantité, en fonction de la distance parcourue, par des ions de carbone à l'accélérateur d'ions lourds GSI de Darmstadt, pour diverses valeurs de l'énergie (par nucléon) de ces ions. Pratiquement toute l'énergie est déposée dans un endroit très localisé au voisinage du point d'arrêt des ions.

La figure (3.2) permet de comparer l'effet de faisceaux d'ions et celui de rayonnements gamma. On voit le grand avantage, du point de vue médical, de l'utilisation de faisceaux d'ions lourds, par rapport aux rayons X ou gamma, pour soigner des lésions ou des tumeurs.

Le rayonnement gamma endommage 20 à 30 % de toute la matière sur son passage, il faut donc l'employer en faisant constamment varier sa direction, en visant toujours la région à détruire. Les ions lourds, au contraire, détruisent (brûlent) les tumeurs en des points très bien définis, que l'on localise par une autre technique nucléaire, la tomographie par émission de positrons.

Les résultats sont impressionnants. Les premiers résultats obtenus à partir de 1997 à Darmstadt et portant sur 440 patients ont donné un taux de guérison de 75 % à 90 % (suivant le type et l'origine de la tumeur). Depuis 2009, ce type de dispositif a été développé à Heidelberg et traite

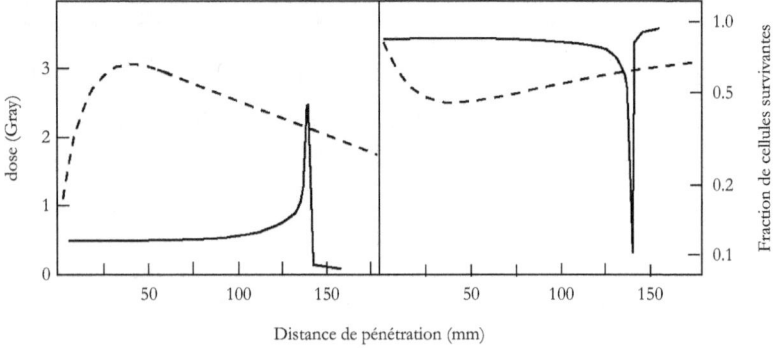

Figure 3.2 – Perte d'énergie d'ions (à gauche) et taux de survie des cellules (à droite) en fonction de la profondeur. La courbe en pointillé correspond aux mêmes quantités pour des photons gamma. On voit l'extrême avantage médical de l'utilisation de faisceaux d'ions lourds.

environ 1 300 patients par an [2]. Cette technique est en pleine essor. Il y a actuellement des installations au Japon (le HIMAC à Chiba et le HIBMC à Hyogo), en Allemagne (le HIT à Heidelberg) et en Italie (le CNAO à Pavie).

Le problème, simple mais coûteux, est de construire des accélérateurs d'ions lourds pour médecins et patients, et non pour physiciens et détecteurs (on ne les manipule pas de la même façon !). Les premiers pas ont été faits à Darmstadt en allouant un accès au secteur médical, parmi les salles de cibles d'un accélérateur fait pour des physiciens.

3.3.2 LA PROTONTHÉRAPIE ET LES TUMEURS OCULAIRES

La protonthérapie repose sur le même principe, mais avec des faisceaux de protons. (Les accélérateurs de protons sont nombreux dans le monde, on en a reconverti plusieurs.) Elle est particulièrement efficace pour le traitement des cancers des yeux. En 2010, on comptait 29 centres de protonthérapie, répartis dans une quinzaine de pays (Chine, Canada, France, États-Unis, Suisse, Afrique du Sud, etc.), capables de traiter environ 70 000 patients par an [3].

---

2. http://www.gsi.de/portrait/forschung/application.html.
3. http://protontherapie.curie.fr/.

Le 1er avril 2011, les autorités scientifiques britanniques ont annoncé la mise en service d'un accélérateur de particules révolutionnaire, EMMA (*Electron Machine with Many Applications*), au laboratoire de Daresbury, au Royaume-Uni, qui devrait constituer une percée majeure dans le domaine médical [4].

3.4 DOSAGE DE LA RADIOACTIVITÉ

1. **Unité de radioactivité**
   L'unité de radioactivité est le becquerel, qui vaut une désintégration par seconde. L'ancienne unité, le curie, valait $3,7\ 10^{10}$ Bq.

2. **Unité de dose**
   Un gray (Gy) correspond à une dose absorbée d'un joule par kg. L'ancienne unité, le rad, était cent fois plus petite.

3. **Unité de dose équivalente**
   Cette notion est utilisée pour mieux percevoir les dommages biologiques comme on le verra en section (3.6). L'unité est le sievert (Sv). La dose équivalente en Sv est égale à la dose en grays multipliée par un facteur de danger w_R qui rend compte du risque à long terme lors d'expositions chroniques à faible dose de chacun des types de radiations mentionnés dans le tableau (3.1). Les risques concernent principalement l'apparition de cancers ou de leucémies.

4. **Dose naturelle annuelle**
   On note mSv le millième de sievert. La dose annuelle reçue varie selon les régions de 0,4 à 4 mSv. Elle peut monter jusqu'à quelques dizaines de mSv (zones granitiques), voire à 100 mSv. En France, l'irradiation naturelle est en moyenne de 2 à 2,5 mSv par an ; dans certaines régions granitiques (Massif central, Bretagne), elle peut atteindre 5 à 7 mSv par an.

   Notons que les habitants de la région de Ramsar, ville du nord de l'Iran, reçoivent une dose naturelle annuelle allant jusqu'à 260 mSv depuis des générations. Pourtant, ces populations ne montrent pas de différence cytogénétique par rapport aux habitants de régions moins exposées, ni de maladies ou handicaps particuliers.

   La dose annuelle provenant de la respiration du radon dans les appartements d'immeubles collectifs est de l'ordre de 2 mSv s'ils

---

4. http://www.news-medical.net/news/20110402/Scientists-celebrate-successful-start-up-of-pioneering-EMMA-accelerator.aspx.

Tableau 3.1 – Facteur de danger des divers rayonnements.

Rayonnement	w_r
Rayons X et gamma, toute énergie	1
Électrons, toute énergie	1
Neutrons, $E < 10$ keV	5
Neutrons, $10 < E < 100$ keV	10
Neutrons, 100 $keV < E < 2$ MeV	20
Neutrons, $2 < E < 20$ MeV	10
Neutrons, $E > 20$ MeV	5
Protons, $E > 20$ MeV	5
Particules alpha, fragments de fission, noyaux lourds	20

sont correctement ventilés. Cette dose peut être dix fois plus grande si l'appartement est peu ventilé. Les rayons cosmiques nous apportent 0,3 mSv/an au niveau de la mer et 40 mSv/an à 12 000 m d'altitude (voyages en avion).

Le tableau (3.2) montre la contribution de diverses sources de rayonnements à la dose moyenne reçue annuellement par tout un chacun (en l'absence d'un événement nucléaire local).

5. **Recommandations en matière d'irradiation**

   La recommandation pour les travailleurs soumis à la radioactivité et soumis à un suivi médical adapté et régulier est que la dose équivalente absorbée par un travailleur doit être inférieure à 20 mSv par an moyennée sur chaque période de 5 ans avec un maximum de 50 mSv sur une année. Pour le public, qui n'est pas soumis à un suivi médical spécialisé, la limite de la dose absorbée est plus faible : elle doit être inférieure à 5 mSv par an en plus de la dose naturelle et des doses médicales éventuelles.

6. **Dose létale**

   La dose létale, définie comme celle qui présente 50 % de risque de mortalité en 30 jours, est de 3 Sv si elle est absorbée en peu de temps et de manière uniforme. C'est la moelle épinière qui pilote ce risque.

7. **La radiotoxicité**

   C'est cette grandeur qui semble s'imposer à l'heure actuelle pour

Tableau 3.2 – Doses annuelles reçues classées en fonction de l'origine des rayonnements et exprimées en microsieverts (millionièmes de sievert).

3 500 μSv		Total annuel
2 400 μSv	soit 68,4 %	Naturel
1 000 μSv	soit 28,5 %	Médical
83 μSv	soit 2,4 %	Activités industrielles (hors électronucléaire)
17 μSv	soit 0,5 %	Retombées des essais aériens des années 1960
4 μSv		Accident de Tchernobyl
2 μSv		Énergie nucléaire (centrales, extraction, retraitement, déchets)

évaluer la toxicité des déchets nucléaires. On suppose l'ingestion ou l'inhalation d'un radionucléide (ce qui correspond à une répartition à peu près uniforme de l'irradiation du corps). Si A est l'activité de l'échantillon du radionucléide absorbé en Bq, la radiotoxicité R en Sv, $R(Sv) = Fd \times A$, exprime un nombre de Sv que l'organisme (les tissus sensibles) va recevoir. La quantité Fd est le *facteur de dose du radioélément*. Il tient compte à la fois de la nature et de l'énergie des rayonnements émis (dose équivalente), mais aussi du métabolisme (temps de résidence dans l'organisme, durée de vie du radioélément) et des tissus touchés. Les facteurs qui ne sont pas pris en compte sont notamment :

- les risques d'absorption du radioélément, la faculté à être introduit dans la chaîne alimentaire ;

- la protection par l'absorption d'isotopes non radioactifs. C'est le cas de l'iode : la thyroïde absorbe l'iode. Si on sature cette glande par de l'iode non radioactif, elle ne peut plus absorber d'iode radioactif, qui est éliminé par l'organisme ;

- la méconnaissance des effets liés aux faibles doses : y a-t-il un seuil en dessous duquel les mécanismes de réparation des dommages sont efficaces au niveau biologique et au-dessus duquel l'organisme ne peut plus suivre ? On n'a pas pour le moment de réponse définitive.

Nous reviendrons ci-dessous sur les effets biologiques de la radioactivité.

3.5 APPLICATIONS DANS LE DOMAINE CIVIL

Donnons ci-dessous une liste, largement incomplète, destinée à montrer la diversité des applications civiles de la radioactivité.

3.5.1 DOMAINE AGRO-ALIMENTAIRE

1. **Ionisation des produits alimentaires**

   Elle consiste à exposer des denrées alimentaires à des rayonnements ionisants pour détruire les insectes et micro-organismes et retarder la détérioration sans nuire à la comestibilité. Cette technique engendre une perte du pouvoir germinatif : on traite ainsi des végétaux, tels que aulx, oignons, pommes de terre, fruits et légumes secs.

   Le traitement est simple et entraîne une moindre altération des principes nutritifs comparativement à des traitements classiques de conservation (stérilisation et traitement chimique). Cette méthode présente d'autres avantages : efficacité, non-toxicité et faible coût de revient. (On sait, en outre, que l'ionisation a pour effet d'attendrir les viandes. Elle favorise la formation de cathepsines, enzymes activant l'autolyse des protéines intracellulaires.) Cette technique est reconnue officiellement sans danger pour la santé depuis plus de vingt-cinq ans.

2. **Amélioration des cultures**

   L'exposition aux rayons gamma des gènes de certaines plantes (blé, orge, riz, canne à sucre, coton...) permet de leur conférer des propriétes nouvelles : meilleure résistance à la maladie, à la chaleur, à l'hiver et aux intempéries, adaptation aux sols défavorables, maturation plus précoce ou tardive, amélioration des rendements.

   La radiomutagenèse, connue depuis plus de quarante ans, est ainsi utilisée en Europe et en Russie pour la culture du blé, aux États-Unis pour celles de l'orge, des haricots et du pamplemousse, au Pakistan pour celle du riz, en Inde pour celles du coton et de la canne à sucre. C'est une façon de fabriquer des organismes génétiquement modifiés, OGM, dont on sait les débats qu'ils suscitent actuellement.

3. **Lutte contre les insectes**

La méthode consiste à exposer des insectes mâles élevés en laboratoire à des doses de rayonnements suffisantes pour les rendre stériles, et à les relâcher en grand nombre dans les zones concernées. Les femelles qui s'accouplent à ces mâles n'ont pas de descendance et la population des insectes nuisibles diminue progressivement. Cette méthode présente l'avantage d'être non polluante, contrairement aux insecticides. Elle a été employée avec succès au Japon contre la mouche du melon, au Mexique, au Pérou et en Égypte contre la mouche des fruits, et en Haute-Volta, en Tanzanie et au Nigeria contre la mouche tsé-tsé.

3.5.2 DOMAINE INDUSTRIEL

1. **La gammagraphie**

Les rayons X couramment utilisés pour la radiographie du corps humain ou de matériaux peu denses, ne sont pas assez pénétrants pour permettre l'exploration des matériaux denses ou épais : on recourt dans ce cas aux rayons gamma.

Orientés vers une pièce métallique elle-même placée devant un film photographique, les rayons gamma impressionnent la pellicule et révèlent la structure interne et les éventuels défauts de la pièce à contrôler. La gammagraphie sert pour la vérification des soudures et le contrôle de l'usure des métaux.

2. **Les traceurs radioactifs**

L'introduction d'un radioélément dans un produit permet de suivre ses déplacements. Grâce au rayonnement émis, les traceurs permettent, par exemple, l'étude du déplacement des produits dans les circuits d'usines chimiques, la détection de fuites sur des barrages ou des canalisations enterrées. Cette technique est utilisée notamment pour la surveillance des oléoducs.

Dès sa découverte, la radioactivité artificielle a permis le développement de *traceurs* en *médecine nucléaire*. On peut fabriquer des noyaux ayant les propriétés chimiques appropriées (pour qu'ils se fixent dans des organes ou dans des fonctions biologiques données) et ayant des durées de vie ni trop brèves (mesurabilité) ni trop longues (danger d'irradiation trop importante du patient). Ainsi, le fer radioactif permet de suivre les étapes de l'hémoglobine (sang, moelle osseuse, globules) ; l'iode est employé pour l'étude de la glande thyroïde, les gaz rares (xénon, krypton) en pneumologie, le phosphore pour le métabolisme, etc.

3. Les détecteurs d'incendie

Une source radioactive (américium 241) entretient l'ionisation de l'air, qui est modifiée par l'arrivée de particules de fumée. Cette modification suffit à déclencher un signal d'alerte. Ces détecteurs, sensibles à de très petites quantités de fumée, sont largement utilisés dans les magasins, les usines, les bureaux.

4. Les batteries nucléaires

L'emploi de sources radioactives telles que le plutonium 238, le cobalt 60 et le strontium 90 permet de construire des batteries de petite taille de plusieurs centaines de watts. La chaleur produite par la radioactivié est convertie en électricité. Ces batteries, montées dans les satellites et les stations météorologiques isolées, peuvent fonctionner sans entretien pendant plusieurs années. La sonde américaine *Voyager*, lancée en 1977, est alimentée par trois générateurs au plutonium 238. Le plutonium 238 a une demi-vie de 90 ans, et une puissance spécifique de 567 W/kg. Ces batteries ont une puissance électrique de 400 watts (qui décroît avec le temps). La sonde a atteint Neptune en août 1989. Elle a maintenant quitté le système solaire et vogue, enfin libre, vers d'éventuels extraterrestres, tout en continuant d'émettre.

3.5.3 Conservation du patrimoine artistique et culturel

L'exposition aux rayonnements gamma d'œuvres d'art et de documents archéologiques permet de détruire les insectes, moisissures et microorganismes qui s'y trouvent, et leur assure une parfaite stérilité. Cette technique a notamment été utilisée pour le traitement de la momie de Ramsès II en 1977 à Saclay. L'imprégnation d'objets altérés en bois ou en pierre par une résine polymérisable sous irradiation gamma est la base du procédé « Nucleart ». Il permet aussi les traitements des bois gorgés d'eau (tels que les pirogues retrouvées à Bercy en 1992) qui constituent l'activité principale de l'Atelier régional de conservation ARC-Nucleart situé au Centre d'études nucléaires de Grenoble (CEN-G).

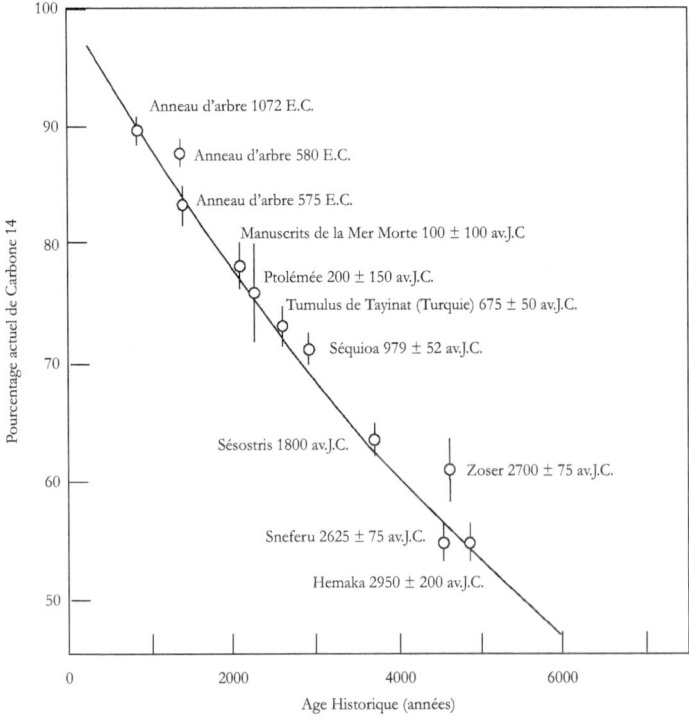

Figure 3.3 – Datation par le carbone 14.

3.5.4 LA DATATION

1. Le carbone 14 (radioactif) est produit de façon continue dans l'atmosphère. Les organismes animaux et végétaux le fixent. Lorsqu'ils meurent, la fixation cesse et le carbone 14 assimilé se désintègre avec une période, ou demi-vie, de 5 730 ans. La quantité de carbone 14 présent dans un objet permet donc de dater celui-ci. On applique généralement cette méthode à des objets dont l'âge est compris entre 5 000 et 20 000 ans. La datation au carbone 14 est utilisée en archéologie, en anthropologie et en zoologie.

On en voit les possibilités et les limites sur la figure (3.3).

Dans 1 gramme de carbone atmosphérique, l'activité du ^{14}C est de 14 désintégrations par minute. Si le linceul d'une momie présente 9,8 désintégrations par minute et par gramme de carbone, son âge est $t = 2\,860$ années. Autre exemple : un échantillon de bois d'un habitat préhistorique a une activité égale à $0,150 \pm 0,001$ fois l'activité d'un échantillon récent du même bois. L'âge de l'habitat est de $t = 15\,800$ années.

2. Des considérations semblables permettent d'estimer l'âge des roches et de dater la nucléosynthèse des éléments. Par exemple, dans un minerai d'uranium 238, le plomb 206 stable provient d'une chaîne radioactive dont le parent est l'uranium 238 de période $t_{1/2} = 4,5$ milliards d'années. Les produits intermédiaires ont des périodes très petites devant $t_{1/2}$, de sorte qu'on peut négliger les corrections apportées par leurs décroissances propres. Si l'analyse donne le rapport de la quantité de plomb sur la quantité d'uranium $r = $ (Plomb 206)/(Uranium 238) $= 0,72$, l'âge du filon est de : $t = 3,52$ milliards d'années. (On a supposé qu'à l'origine, il n'y avait pas de plomb 206 dans l'uranium 238.)

3. On peut ainsi déterminer l'âge de la synthèse des isotopes de l'uranium dans l'explosion de la supernova dont nous provenons. Considérons deux isotopes de l'uranium dans un même minerai et le rapport de leurs abondances $n = $ (Uranium 235)/(Uranium 238) $= 0,00714 \pm 0,00008$. Ce nombre est le même pour tous les échantillons d'uranium, sauf dans le gisement d'Oklo, au Gabon, où un réacteur naturel a fonctionné pendant un million d'années il y a deux milliards d'années – la teneur de l'uranium naturel en uranium 235 était alors de 3 % contre 0,7 % maintenant. En supposant que les deux isotopes, de masse voisine, ont été initialement formés en quantités égales, et compte tenu des périodes $t_{1/2}(235) = 707$ millions d'années, $t_{1/2}(238) = 4,5$ milliards d'années, l'âge de leur nucléosynthèse que l'on calcule est de $t = 6$ milliards d'années. Pour comparaison, l'âge de la Terre est sensiblement inférieur (4,7 milliards d'années).

4. Un des problèmes importants de l'astrophysique est de dresser une cartographie spatio-temporelle de l'Univers. Les explosions de supernovae de type I, véritables bombes thermonucléaires cosmiques, fournissent des repères particulièrement intéressants. Ces explosions, toutes d'une puissance voisine, produisent, par fusion thermonucléaire de deux noyaux de silicium, du nickel radioactif, qui se désintègre en 120 jours en cobalt radioactif, puis en fer. L'évolution temporelle de la luminosité de ces événements est d'une universalité remarquable : c'est un pur phénomène de radioactivité.

La mesure de cette luminosité sur Terre permet de déterminer la distance de l'objet, le déplacement Doppler détermine sa vitesse. C'est une méthode de choix pour évaluer la constante de Hubble qui caractérise le taux d'expansion de l'Univers. C'est là que réside une des grandes découvertes des années récentes couronnée par le prix Nobel de physique 2011 attribué aux astrophysiciens Saul Perlmutter, Brian Schmidt et Adam Riess. Ils ont, en 1998, pu mesurer la distance des « chandelles standard » que constituent les supernovae lointaines de type Ia, et ont pu mettre en évidence l'accélération de l'expansion de l'Univers. Cela constitue une énigme, en même temps que la découverte de l'existence d'une « énergie noire » dont les effets contrecarrent la gravitation et qui représente 70 % de l'énergie de l'Univers.

3.5.5 ÉVOLUTION DU CLIMAT ET DE L'ENVIRONNEMENT

À l'échelle planétaire, le développement des activités agricoles et industrielles conduit à une modification de la composition chimique de l'atmosphère, des océans, des écosystèmes continentaux et marins. L'étude des isotopes présents dans l'environnement contribue à mieux connaître la paléoclimatologie (climats du passé), la paléo-océanographie, le cycle du carbone, l'hydrothermalisme sous-marin (datation des cheminées par le rapport uranium/thorium).

3.5.6 ÉTUDES RELATIVES À LA SISMOLOGIE ET AUX RISQUES NATURELS

Pour mieux comprendre l'origine des catastrophes naturelles (séismes, éruptions volcaniques), on en étudie les signes précurseurs et on évalue les régions à risque en fonction des données géologiques. Les séismes et éruptions volcaniques peuvent-ils être prévus ? Pour le moment, aucune réponse définitive ne peut être donnée en ce qui concerne les séismes.

Cependant, plusieurs techniques efficaces se sont développées en ce qui concerne les éruptions volcaniques. Lors d'une montée magmatique, un dégazage du magma se produit, et les gaz volcaniques, essentiellement de la vapeur d'eau et du dioxyde de carbone, s'échappent à travers des fissures du massif. Avec ces gaz majeurs, le radon arrive à la surface avant le magma lui-même. Des sondes à radon (émetteur alpha) sont installées sur le massif du volcan, généralement dans les scories des fissures éruptives existantes.

3.6 EFFETS BIOLOGIQUES DES RAYONNEMENTS IONISANTS

Peu après la découverte de la radioactivité naturelle par Becquerel, plusieurs observations attirèrent l'attention sur les effets biologiques des radiations ionisantes. Lésions cutanées et chute de cheveux en ont été les premières manifestations. Certains y virent même des propriétés bénéfiques et tonifiantes !

Les mécanismes d'action des rayonnements sont à ce jour relativement bien connus, notamment les effets carcinogènes, qui constituent le principal risque tardif des radiations. Une question demeure non résolue à ce jour : la problématique des faibles doses. L'idée d'une dangerosité des rayonnements, même à doses insignifiantes, divise encore la communauté scientifique. De nombreuses recherches sont menées à l'heure actuelle dans ce domaine.

En tout état de cause, il convient de faire une distinction entre l'exposition à des rayonnements ionisants extérieurs et l'ingestion de matière radioactive. Si, par exemple, on parle tant de l'administration d'iode aux populations risquant d'être irradiées lors d'un accident nucléaire, c'est parce que la thyroïde fixe l'iode. Si elle est saturée en iode non radioactif, elle n'absorbe pas l'iode radioactif présent dans les aliments ou dans l'eau. Dans le cas contraire, l'iode radioactif pénètre cette glande perméable et y cause des dégradations. À l'inverse, les normes d'exposition maximale aux rayons X proviennent de ce qu'une exposition trop longue à ces rayonnements est nocive. La chaîne d'ingestion des éléments radioactifs est représentée sur la figure (3.4)

3.6.1 DOSE EFFICACE

Pour être plus précis, lorsque l'on étudie les effets des faibles doses, on parle de *dose efficace*. Le principe est le même que celui de la dose équivalente : on multiplie toujours par un facteur de pondération, mais celui-ci va varier en fonction des différents tissus humains. À titre d'exemple, ce facteur est de 0,01 pour la peau ou les os, de 0,12 pour les poumons ou l'estomac, et de 0,2 pour les gonades. Cette dose efficace s'exprime également en sieverts.

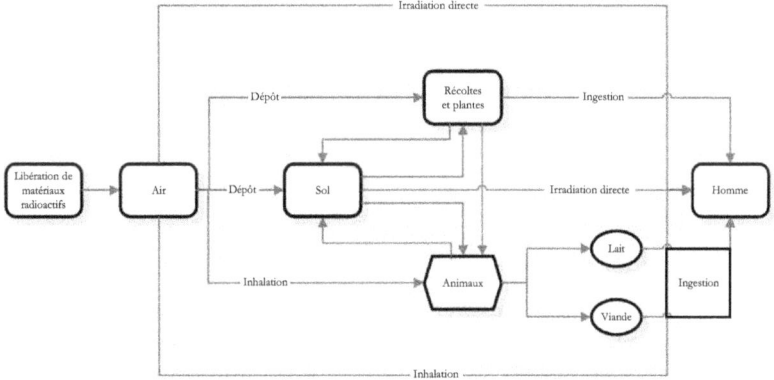

Figure 3.4 – Chaîne d'ingestion des éléments radioactifs.

Ces facteurs de pondération énergétique, radiatif et tissulaire sont modifiés au fur et à mesure que l'on accumule les données sur les effets des faibles doses.

Ainsi, entre 1977 et 1990, les facteurs de pondération de la CIPR (Commission internationale de protection radiologique) ont quasiment doublé pour les neutrons, ils ont diminué pour les gonades, les seins et les os, et, à l'inverse, celui pour la thyroïde a sensiblement augmenté.

La dose maximale globale pour un travailleur de l'industrie ou de la recherche nucléaire est, à l'heure actuelle, de 20 mSv par an. Celle du public est de 1 mSv par an.

3.6.2 Effets des rayonnements ionisants

Les effets des rayonnements ionisants à forte dose sont maintenant bien connus.

Altération de l'ADN

Les conséquences biologiques sont essentiellement dues à l'altération des molécules d'ADN, par effet direct des rayonnements ionisants ou par effet indirect des radicaux libres formés par la radiolyse des molécules d'eau.

On assiste aux effets suivants.

– Il existe des mécanismes cellulaires de réparation des chaînes d'ADN endommagées, qui peuvent permettre la restauration des gènes de la cellule et sa survie normale.

- Cependant, ces mécanismes peuvent ne pas parvenir à réparer les dommages causés à la molécule d'ADN, si ceux-ci sont trop importants ou si la cellule se divise avant que la réparation n'ait pu être menée à bien. Cela lègue des erreurs génétiques aux deux cellules filles. On observe alors, une réparation fidèle étant impossible, que la cellule se suicide. Cette mort programmée, appelée apoptose, permet d'éliminer de l'organisme les cellules pouvant être porteuses d'erreurs génétiques.

- Une cellule peut subir une modification non létale de son ADN. Cette mutation est transmise aux générations suivantes. Il se peut qu'elle soit favorable, comme il se peut qu'elle se traduise par la formation de cellules cancéreuses.

- Certaines cellules, qui cumulent des mutations au niveau de différents gènes empêchant le processus d'apoptose, peuvent survivre. Si le système immunitaire n'élimine pas ces cellules, leur multiplication provoque un vieillissement précoce et l'apparition d'un cancer.

EFFETS DE DOSE

Les effets de ces modifications moléculaires peuvent être de deux types selon l'importance de la dose reçue.

EFFETS DÉTERMINISTES

Au-dessus d'une dose seuil, qui varie entre 0,5 et 20 Sv, on assiste à la mort massive de certaines cellules en cas de forte irradiation.

Ces effets ont des conséquences très bien identifiées, d'où la qualification de « déterministes ». Leur expression somatique est le plus souvent rapide, elle varie entre quelques jours et quelques semaines, et dépend essentiellement de la rapidité de renouvellement des tissus concernés.

Par exemple, les premiers signes de destruction des cellules responsables de la synthèse des cellules sanguines (lymphocytes, granulocytes, plaquettes, hématies) apparaissent à partir de 1 Gy. Une dose supérieure à 5 Gy provoque la mort des cellules de la peau, qui se traduit par des brûlures et la perte des cheveux et des poils. Les cellules intestinales sont détruites au-dessus de la valeur seuil de 7 Gy. Ces effets sont réversibles s'il reste suffisamment de cellules pour régénérer le tissu ou si des traitements appropriés provoquent cette régénération.

EFFETS STOCHASTIQUES

Il s'agit de pathologies survenant de façon aléatoire chez certains individus d'une population irradiée, qui sont la conséquence de la persistance des mutations de l'ADN. La gravité de ces manifestations – cancers, leucémies, anomalies génétiques – est indépendante de la dose reçue, seule en dépend la probabilité d'être atteint.

3.6.3 PROBLÉMATIQUE DES FAIBLES DOSES

Les faibles doses sont définies comme les doses pour lesquelles aucun effet, biologique ou pour la santé, ne peut être observé directement. Ce niveau dépend des moyens diagnostiques dont on dispose pour identifier les lésions dues au rayonnement, des conditions de l'exposition (le seuil limite étant plus bas pour des expositions aiguës), de la sensibilité de l'organisme et des organes irradiés.

Ainsi, si pour un adulte, des doses inférieures à 200 mSv en irradiation aiguë font partie des faibles doses, on peut observer chez l'enfant des cancers de la thyroïde lorsque la dose délivrée à cet organe dépasse 100 mSv, et certaines études montrent qu'il pourrait y avoir un risque chez le foetus dès 10 à 20 mSv.

Aujourd'hui, la principale source de renseignements pour la radioprotection reste l'épidémiologie, et particulièrement l'étude des survivants d'Hiroshima et de Nagasaki, car les mécanismes de mutagenèse et de cancérogenèse sont encore insuffisamment connus pour autoriser une description générale des effets biologiques en fonction des doses et de l'association à d'autres agents. L'abord direct des effets des faibles doses est donc particulièrement difficile, étant donné qu'il est impossible de distinguer un cancer radio-induit d'un cancer dû à d'autres causes, naturelles, physiques ou chimiques : exposition aux UV, consommation de tabac, par exemple.

La question de l'irradiation à de faibles doses est, à l'heure actuelle, sujette à d'importantes controverses. Il n'y a aucun consensus dans le monde médical comme dans celui de la radioprotection. (En France, l'irradiation naturelle est en moyenne de 2 à 2,5 mSv par an ; dans certaines régions granitiques (Massif central, Bretagne), elle peut atteindre 5 à 7 mSv par an. Rappelons qu'en Iran il y a des régions où elle monte à 260 mSv par an depuis des générations.)

3.7 TOXICITÉ RADIOLOGIQUE ET TOXICITÉ CHIMIQUE

Le plutonium 239, de demi-vie 24 000 ans, est un émetteur de rayonnement alpha. S'il est inhalé ou ingéré, il irradie directement les cellules des organes qui sont en contact avec lui (ou qu'il a pénétrés). Il affecte leur noyau et l'ADN et peut provoquer des cancers. Le plutonium est dangereux car, lorsqu'il est absorbé par l'organisme, il s'y fixe durablement. Le DOE (*Department of Energy*) américain estime sa demi-vie « biologique » à 200 ans.

Une part importante du plutonium inhalé passe des poumons au sang, qui le diffuse vers d'autres organes. Les tissus cibles sont les poumons, les ganglions lymphatiques, le foie et surtout les os.

Chez l'homme, 10 % du plutonium qui a franchi la barrière intestinale ou pulmonaire quitte le corps (via l'urine, et les excréments). Le reste, après passage dans le sang, se fixe pour moitié dans le foie et pour moitié dans le squelette, où il demeure très longtemps, voire à vie. (Le DOE estime que la demi-vie est respectivement de 20 et 50 ans dans le foie et dans les os.)

Le plutonium est un poison chimique aussi bien qu'un poison radiologique. Comparativement, l'uranium est éliminé par l'organisme beaucoup plus rapidement.

POUR EN SAVOIR PLUS

- M. Tubiana et R. Dautray, *La Radioactivité et ses applications*, Presses universitaires de France, « Que sais-je ? », n° 33, 1996.
- Colette Chassard-Bouchaud, *Environnement et radioactivité*, PUF, « Que sais-je ? », n° 2797, 1993.
- Alain Léonard, *Les Mutagènes de l'environnement et leurs effets biologiques*, Masson, 1990.
- Gaston Meyniel, « Effets des radiations sur l'homme » *La Revue du Praticien*, 15 mars 1995.
- Maurice Tubiana, Jean Dutreix, André Wambersie, *Radiobiologie*, Hermann, 1986.

CHAPITRE 4

LA FISSION

L'INDUSTRIE ÉLECTRONUCLÉAIRE actuelle repose entièrement sur les réactions de fission des éléments lourds que l'on trouve à l'état naturel : uranium et thorium. La fission a été décrite à la fin de 1938 par les chimistes et physiciens allemands Otto Hahn, Fritz Strassmann et Lise Meitner (laquelle était juive et avait dû se réfugier en Suède en juillet 1938). Le phénomène fut, dès janvier 1939, étudié et développé par Enrico Fermi, réfugié aux États-Unis, ainsi que par Frédéric Joliot en France.

Nous n'entrerons pas dans le détail des réactions de fission en général. Seules nous importent ici les réactions de fission induites par des neutrons. Ces dernières produisent, en général, un excès de neutrons dans leurs produits finaux, excès qui permet l'instauration de *réactions en chaîne*.

Dans une réaction de fission induite par neutron, un élément lourd comme l'uranium 235 absorbe un neutron et se trouve donc ainsi dans un état excité éphémère de l'uranium 236. Cet élément est instable. Il se divise en deux noyaux de masse à peu près moitié moindre, appelés « fragments de fission », ainsi qu'en diverses particules : des neutrons, des électrons, des neutrinos et des photons. L'énergie dégagée est considérable (environ 200 MeV par fission) elle est portée principalement par le mouvement des fragments. Dans un réacteur nucléaire, on récupère cette énergie sous forme de chaleur communiquée au milieu environnant, et on la transforme en électricité par une technique parfaitement analogue à celle employée dans les centrales thermiques à flamme.

Ce type de réaction peut se produire également avec d'autres éléments, comme l'uranium 233 et le plutonium 239, mais ceux-ci, trop instables, ne se trouvent pas dans la nature : il faut les synthétiser à partir de l'uranium 238 ou du thorium 232 naturels.

4.1 PRODUITS DE FISSION

Une réaction de fission induite par un neutron est schématisée par la figure (4.1).

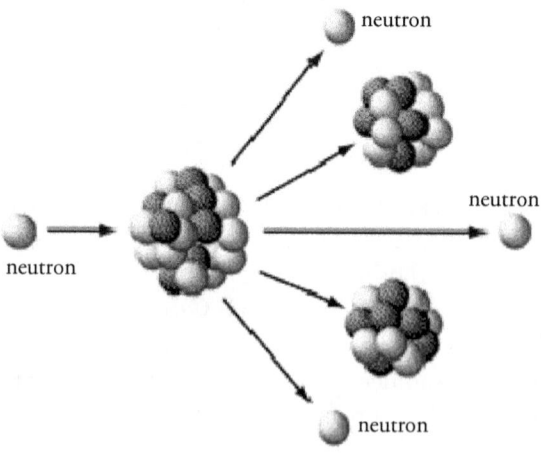

Figure 4.1 – Schéma d'une réaction de fission induite par un neutron. (Les électrons, photons et neutrinos n'ont pas été représentés, pour ne pas compliquer les choses.)

Les neutrons produits vont entretenir des réactions en chaîne (voir plus bas). À titre indicatif, pour l'uranium 236, c'est-à-dire pour la fission de l'uranium 235 induite par neutrons « thermiques » (lents), le nombre moyen de neutrons produits est de 2,47. L'énergie moyenne de ces neutrons produits est de $E = 2$ MeV.

Les fragments de fission initiaux peuvent être très divers, beaucoup sont instables.

Une réaction de fission particulière est, par exemple, celle où l'uranium 236 donne comme fragments de l'iode 137 (instable) et de l'yttrium 96 (instable), et trois neutrons.

- L'yttrium 96 subit une désintégration bêta en du zirconium 96, stable, et une paire (électron, neutrino) avec une demi-vie de 5,3 s.

- L'iode 137 subit une désintégration bêta en du xénon 137 et une paire (électron, neutrino) avec une demi-vie de 24,5 s.

- Le xénon 137 subit à son tour une désintégration bêta en du césium 137 et une paire (électron, neutrino) avec une demi-vie de 3,8 min.

– Le césium 137 subit à son tour une désintégration bêta en du baryum 137, stable, et une paire (électron, neutrino) avec une demi-vie de 30 ans.

Au final, on se retrouve avec du baryum 137, du zirconium 96, trois neutrons, quatre paires (électron, neutrino), et des rayons gamma.

Les noyaux de baryum 137 et de zirconium 96 sont ici les noyaux fragments finaux.

Notons par avance que le césium 137, de demi-vie égale à 30 ans, est un élément radioactif particulièrement dangereux, que nous retrouverons impliqué dans tous les accidents nucléaires.

Cependant, le même noyau fissile peut, par fission, produire quantité de produits finaux différents. Pour cette raison, on a coutume de raisonner de façon *statistique*. On observe que la fission est essentiellement *binaire* : il n'y a presque toujours que deux noyaux fragments. Ces fragments ont statistiquement des masses différentes. On nomme cela la *fission asymétrique*. Dans le cas de la fission de l'uranium 235 induite par neutrons, on observe :

– un fragment dans le « groupe » $A \sim 95$ (groupe du brome 88, du krypton 90, du strontium 92, de l'yttrium 96) ;

– et l'autre dans le « groupe » $A \sim 140$ (groupe de l'iode 131, du xénon 135, du baryum 137). Ce phénomène est un reflet de ce qu'on nomme les nombres magiques dans la jungle nucléaire.

La physique et la chimie des produits de fission sont importantes à plusieurs titres.

1. Les fragments de fission emportent la majeure partie de l'énergie dégagée. L'énergie cinétique de chaque fragment lourd, au moment de la fragmentation, est de l'ordre de 75 MeV, avec des vitesses initiales d'environ 10 000 km/s. Ils sont fortement ionisés, de charge moyenne $Z = 22$. Étant donné leur masse et leur forte ionisation, ils interagissent fortement avec la matière. Leur libre parcours moyen est très faible, de l'ordre du millième de millimètre. L'énergie cinétique de ces fragments lourds, ralentis immédiatement, chauffe le combustible nucléaire et les parois qui le maintiennent. On récupère cette énergie avec un *fluide caloporteur*.

Les neutrons entretiennent les réactions en chaîne. C'est pourquoi on nomme *combustible nucléaire* l'espèce nucléaire initiale qui entre dans ces réactions.

2. Les nombreux déchets radioactifs en fin de chaîne sont ce qui pose les problèmes de sûreté (échauffement), de récupération, de stockage, de pollution, de retraitement (« nettoyage nucléaire ») périodique du combustible dans une centrale.

La réaction de fission est pratiquement instantanée, comme l'est le dégagement primaire d'énergie, mais la demi-vie des désintégrations bêta ou gamma ultérieures peut prendre des valeurs extrêmement diverses suivant l'élément considéré. Au total, ces désintégrations sont *différées* par rapport à la réaction de fission initiatrice. C'est la raison pour laquelle du combustible nucléaire usagé peut émettre une grande quantité de chaleur pendant quelques années après l'arrêt du réacteur. Nous verrons que c'est une grave source de préoccupation dans l'industrie nucléaire.

Les produits de fission peuvent donc être classés en trois catégories :

a) les fragments de fission ;

b) les particules promptes (photons, neutrons) émises immédiatement par les fragments de fission ;

c) les particules retardées (photons, électrons, neutrinos et neutrons) émises par les fragments et les éléments de fin de chaîne, après les temps caractéristiques des désintégrations.

4.2 ÉNERGIE DE FISSION

L'ordre de grandeur de l'énergie de fission provient de la diminution de l'énergie de liaison par nucléon B/A lorsque l'on passe du fer 56 à des noyaux très lourds comme l'uranium, on le voit dans le tableau (2.1). La répulsion électrique du nombre croissant de protons augmente au fur et à mesure que leur nombre augmente. Il en résulte une baisse lente mais systématique de l'énergie de liaison B/A, qui vaut environ 8,5 MeV pour $A \sim 120$ et 7,6 MeV pour $A \sim 240$. La différence entre l'énergie de liaison de 240 nucléons liés en un seul noyau et la somme de celles de deux noyaux de 120 nucléons est environ de $240 \times (8,5 - 7,6) = 220$ MeV. Si l'on tient compte du fait qu'environ 2,5 neutrons sont libérés (et non liés), on aboutit à un avantage énergétique de liaison d'environ 200 MeV en moyenne en faveur du système final de deux noyaux plus légers. Cette liaison plus forte correspond à l'énergie dégagée par fission, à peu près indépendamment du noyau (lourd) initial impliqué.

Le *bilan énergétique* total d'une réaction de fission s'établit de la façon suivante :

	MeV
Émission prompte	
Énergie cinétique des fragments	165 ± 5
Énergie des photons instantanés	7 ± 1
Énergie cinétique des neutrons	$5 \pm 0,5$
Émission différée	
Énergie des électrons de désintégration	7 ± 1
Énergie des neutrinos de désintégration	10
Énergie des photons de désintégration	6 ± 1
Total	200 ± 6

dont seulement 190 ± 6 MeV sont utilisables, car les neutrinos s'échappent sans communiquer leur énergie.

4.3 LE DANGER DE L'ÉNERGIE DIFFÉRÉE DANS UN RÉACTEUR

Le tableau précédent fait ressortir que 13 ± 2 MeV d'énergie, soit une proportion d'environ 7 % de l'énergie de fission totale, est émise de façon différée dans le temps. Les constantes de temps sont une superposition complexe des demi-vies des produits radioactifs, allant de quelques secondes à des années, voire davantage.

En régime de croisière d'un réacteur, cela ne présente par de réel danger. Bien entendu, cela peut entraîner des difficultés dans le contrôle fin du fonctionnement du réacteur : le début du fonctionnement, lorsque le combustible est neuf, est différent de celui rencontré des semaines ou des mois plus tard, mais c'est tout à fait surmontable grâce aux moyens informatiques.

Il en va tout autrement lorsque l'on arrête un réacteur, pour renouveler le combustible ou pour toute opération de maintenance. Certes, lors d'un arrêt, l'émission d'énergie prompte cesse, mais l'émission différée se poursuit. Immédiatement après l'arrêt, la puissance résiduelle est de 7 % de la puissance en fonctionnement, soit 200 MWth pour un réacteur de 3 000 MWth, ou 1 000 MWe (la différence entre la puissance thermique exprimée en MWth et la puissance électrique exprimée en MWe d'une installation provient du rendement de la conversion de la chaleur en électricité, qui est de 30 % à 40 %.). C'est là une puissance et une chaleur considérables qu'il faut évacuer sous peine de dommages graves. Ce refroidissement indispensable se fait en plongeant les barres de combustible dans des piscines conçues à cette fin et alimentées en eau courante froide.

Cette puissance due à la radioactivité s'atténue avec le temps. Un rythme typique est de 200 MW au bout d'une minute, 60 MW au bout d'une heure, 20 MW au bout d'un jour, puis une décroissance lente pendant un mois, jusqu'à quelques MW. Ces valeurs sont considérables.

C'est lors d'accidents où les systèmes de refroidissement sont mis hors de fonctionnement, comme à Three Mile Island ou à Fukushima, que la défaillance des circuits de refroidissement engendre des situations catastrophiques.

4.4 MATÉRIAUX FISSILES ET MATÉRIAUX FERTILES

NEUTRONS THERMIQUES ET NEUTRONS RAPIDES

Les neutrons de fission, qui vont entretenir les réactions en chaîne, ont des énergies moyennes de l'ordre de 2 MeV. On les appelle des *neutrons rapides*.

Plus haut, nous avons parlé de neutrons *lents* absorbés par de l'uranium 235. Ces neutrons ont des énergies de l'ordre de l'énergie d'agitation thermique à température ordinaire de 20 °C, soit $E \sim 0,025$ eV (1 eV= 1 millionième de MeV), et sont appelés des neutrons *thermiques*. Pourquoi faire cette distinction ?

Il se trouve – l'explication sort du cadre de cet ouvrage – que la probabilité qu'un neutron thermique, lent, soit capturé par un noyau, quel qu'il soit, est environ mille fois plus élevée que celle pour un neutron rapide. Pour des raisons d'efficacité, dans les réacteurs usuels, on *ralentit* les neutrons de fission en les refroidissant grâce à un *modérateur*, dont nous parlerons plus bas.

Cela ne veut pas dire que les neutrons rapides ne soient pas intéressants. Il y a quantité de circonstances, et nous en verrons quelques-unes, où, au contraire, on a intérêt à les employer. Un exemple est celui des surgénérateurs, comme le réacteur Super-Phénix dont le gouvernement français a ordonné la fermeture en 1997. Il y en a d'autres.

Un effet quantique un peu subtil, qui provient du principe d'exclusion de Pauli, fait que les noyaux « pair-pair », c'est-à-dire Z et N tous deux pairs, par conséquent A pair, ont une énergie d'équilibre (état fondamental) nettement plus basse que les noyaux « pair-impair », c'est-à-dire Z

pair et N impair. Un noyau pair-pair est plus solidement lié qu'un noyau pair-impair. (Les noyaux impair-impair, Z et N impairs et A pair, sont encore moins solidement liés.)

Lors de la capture d'un neutron lent par un noyau pair-impair, on aboutit à un noyau pair-pair ! Mais l'énergie de ce noyau au moment de la capture est alors nettement plus élevée que son énergie d'équilibre. Il est très instable et peut donner lieu à une fission. Il peut également se désexciter en émettant un photon (c'est appelé « une capture radiative »).

En revanche, si un neutron lent pénètre dans un noyau pair-pair, il en résulte un noyau pair-impair dont l'énergie d'excitation peut ne pas être suffisante pour donner lieu à une fission. Seule une désexcitation radiative par émission d'un photon est possible. Pour provoquer la fission d'un noyau pair-pair, il faut en général employer des neutrons *rapides* !

Autrement dit, suivant le noyau cible, des neutrons *thermiques* (à la température ambiante de 20 °C) suffisent à entretenir la réaction, sinon des neutrons rapides sont nécessaires. Il y a ce qu'on appelle un seuil énergétique de fission pour les noyaux pair-pair (rappelons que l'uranium 238 et le thorium 232 sont les éléments de ce type les plus abondants dans la nature).

NOYAUX FISSILES ET FERTILES

Les noyaux *fissiles* correspondent à ceux pour lesquels la fission par neutrons thermiques est possible. On appelle noyaux *fertiles* les noyaux pair-pair, car lorsqu'ils absorbent un neutron, ils mènent à des noyaux pair-impair qui, à leur tour, sont fissiles.

Le tableau (4.1) donne les valeurs du seuil de fission pour divers noyaux fissiles, ainsi que la catégorie de neutrons capables d'induire la fission (neutrons thermiques ou neutrons rapides). On notera que, systématiquement, ce sont les noyaux finaux pair-pair (plus liés) qui sont fissiles par neutrons thermiques. Les noyaux finaux pair-impair (moins liés) ont un seuil de fission pour l'énergie cinétique des neutrons capturés.

Les combustibles nucléaires utilisés dans les réacteurs sont les trois noyaux pair-impair uranium 233, uranium 235 et plutonium 239 qui fissionnent par capture de neutrons *thermiques*.

De ces trois *matériaux fissiles*, un seul existe à l'état naturel, l'uranium 235, ce qui explique son importance historique dans le développement des technologies nucléaires. L'uranium naturel est le mélange isotopique de 0,714 % d'uranium 235 et de 99,3 % d'uranium 238.

Tableau 4.1 – Énergie de seuil pour la fission de divers noyaux fissiles.

	Noyau initial (A, Z)	Noyau final $(A+1, Z)$	Énergie de seuil (MeV)
Noyaux fissiles par capture de neutrons thermiques	$^{233}U_{92}$	$^{234}U_{92}$	0
	$^{235}U_{92}$	$^{236}U_{92}$	0
	$^{239}Pu_{94}$	$^{240}Pu_{94}$	0
Noyaux fissiles par capture de neutrons énergétiques	$^{232}Th_{90}$	$^{233}Th_{90}$	1,3
	$^{234}U_{92}$	$^{235}U_{92}$	0,5
	$^{238}U_{92}$	$^{239}U_{92}$	1,2

La raison de cela a été évoquée au chapitre précédent. La nucléosynthèse des isotopes de l'uranium a eu lieu dans l'explosion de la supernova dont nous provenons, il y a six milliards d'années. Ils ont tous deux été produits en quantités égales. Or la demi-vie de l'uranium 238 est de $4,5$ milliards d'années, et celle de l'uranium 235 de 707 millions d'années seulement. Un calcul simple montre que l'uranium 235 disparaissant nettement plus vite que l'uranium 238, le rapport de leurs abondances naturelles à l'heure actuelle est de U 235/U 238 = 0,00714. C'est un nombre faible, mais beaucoup plus grand que celui correspondant à toutes les autres espèces de noyaux lourds. Il s'est formé, par exemple, de l'uranium 233 dans la même supernova, mais sa durée de vie de 167 000 ans fait qu'au bout de 6 milliards d'années, il n'en reste plus. C'est, si l'on peut dire, une « chance » nucléaire que la durée de vie de l'uranium 235 soit si longue. Si elle avait été plus courte, l'industrie nucléaire aurait mis beaucoup plus longtemps à se développer.

Le plutonium 239 et l'uranium 233 ont des demi-vies trop courtes pour exister dans la nature (respectivement 24 000 ans et 160 000 ans : depuis l'explosion de la supernova qui a formé le système solaire, il y a six milliards d'années, ils ont disparu). On les fabrique dans les réacteurs par capture de neutrons rapides (d'énergie de 1 à 2 MeV) à partir des *matériaux fertiles* uranium 238 et thorium 232 respectivement, selon des chaînes comme : uranium 238 + un neutron donnent de l'uranium 239 excité, qui, lui-même par désintégration bêta, donne du neptunium 239, qui, à son tour, donne du plutonium 239, de durée de vie longue (à notre échelle) : 24 000 ans. C'est le schéma, par désintégrations bêta moins :

Uranium 238 +n → Uranium 239 → Neptunium 239 → Plutonium 239.

En particulier, un réacteur brûlant du plutonium 239 et contenant des barreaux d'uranium 238 peut produire plus de combustible qu'il n'en consomme grâce à cette chaîne. C'est le principe des *surgénérateurs* de type Phénix et Super-Phénix.

4.5 FABRICATION DU PLUTONIUM, DESTINATION D'UN RÉACTEUR

Dans un réacteur contenant de l'uranium 238, on voit sur la réaction ci-dessus que les neutrons peuvent librement fabriquer du plutonium. Celui-ci peut être extrait de diverses façons, par un solvant approprié, car il a des propriétés chimiques complètement différentes de celles de l'uranium.

On procède à cette opération dans le retraitement des déchets pour fabriquer du MOX (mélange d'oxydes de plutonium et d'uranium).

On peut également procéder à partir d'un réacteur de faible énergie à haut flux de neutrons entouré d'un manteau d'uranium 238 appauvri (en uranium 235).

Le procédé de séparation PUREX (acronyme de Plutonium-URanium EXtraction) consiste à extraire l'uranium et le plutonium par un solvant organique de 30 % de tributyl phosphate (TBP) dans du dodécane, puis à extraire le plutonium de la solution uranium/plutonium par réduction du plutonium, enfin à effectuer l'épuration, la concentration et la transformation chimique de l'uranium et du plutonium.

Cependant, le plutonium 239, que l'on peut purifier assez facilement, peut également être transformé sous une forme métallique, pure. Dans ce cas, on ne l'emploie pas dans des réacteurs, mais dans des armes.

On voit que se pose ainsi la question de la *destination* d'un réacteur. On sait les débats sur ce sujet à propos de certains pays.

En 1975, Saddam Hussein, en visite à Paris, avait conclu un accord avec le gouvernement français pour la fabrication et la livraison d'un réacteur nucléaire. Ce réacteur, nommé Osirak, était supposé être un réacteur nucléaire expérimental de 70 MW dédié à des recherches civiles sur le nucléaire. Saint-Gobain, Bouygues et Framatome, partenaires du CEA, étaient chargés du contrat. Il fut installé en 1980. Un raid de l'armée israélienne, le 7 juin 1981 (opération Opéra), le détruisit, ce qui fut réitéré par l'armée américaine en 1991, lors de la guerre du Golfe.

4.6 RÉACTIONS EN CHAÎNE, PRINCIPE DES RÉACTEURS

La fission induite de l'uranium 235 aboutit à la création d'un nombre moyen $\bar{n}_n$ de neutrons à partir d'un neutron thermique. Ces neutrons sont capables d'induire la fission d'autres noyaux d'uranium 235. Cependant, lors de leur émission dans une fission, ils sont rapides, d'une énergie cinétique moyenne de 2 MeV. On les ramène à l'énergie thermique, à température ambiante, après ralentissement dans un *modérateur*.

Puisque le nombre moyen de neutrons $\bar{n}_n$ est supérieur à 1, on conçoit qu'il puisse y avoir un effet multiplicateur : les neutrons se multiplient de génération en génération, et le taux de réaction augmente corrélativement. On qualifie un tel processus de *réaction en chaîne*. Pour évaluer la possibilité d'une réaction en chaîne, il faut savoir quel nombre k de neutrons de fission pourront *effectivement* induire une fission à nouveau.

Si k est supérieur à 1, la réaction en chaîne a lieu, on parle de *régime surcritique* ; si k est inférieur à 1, la réaction ne se développe pas, on est en *régime sous-critique*. La limite où k est strictement égal à 1 est appelée *régime critique*.

La détermination de ce nombre k est la suivante. L'uranium naturel est un mélange des deux isotopes uranium 238 et uranium 235. Seul l'uranium 235 est fissile. Mais les noyaux d'uranium 235 et d'uranium 238 peuvent également capturer les neutrons *sans* donner lieu à fission, en se désexcitant par radioactivité gamma. On appelle ce processus une *capture radiative*, par opposition à une capture menant à une fission : dans une capture radiative, le neutron est perdu pour la fission. On observe, par exemple, que l'uranium 236 excité peut subir une désintégration gamma, de même pour l'uranium 239 (issu de l'uranium 238). Un neutron de fission a une probabilité P_f de provoquer une nouvelle fission, et une probabilité P_γ de subir une capture radiative.

Par conséquent, seul un nombre moyen

$$\eta = \bar{n}_n \times P_f$$

des $\bar{n}_n$ neutrons de fission pourra effectivement provoquer une nouvelle fission.

Par ailleurs, l'uranium naturel ou enrichi que l'on utilise dans les réacteurs est toujours un mélange des deux isotopes 235 et 238. Seul le premier peut subir une fission. Dans le cas qui nous intéresse, pour des neutrons thermiques (ramenés à la température ambiante), cette probabilité est de :

- $P_f = 54$ % dans l'uranium naturel, où la teneur en uranium 235 est $N_5/N_8 = 0,0074$. Avec $\bar{n}_n = 2,47$, on obtient $\eta = 1,33$;
- pour de l'uranium *enrichi* à 2,5 %, ($N_5/N_8 = 0,025$), on a $P_f = 73$ % et on obtient $\eta = 1,8$.

L'intérêt des neutrons thermiques est, nous l'avons dit, que la probabilité de capture (par fission ou radiative) neutron-uranium 235 devient 1 000 fois plus grande lorsque l'énergie des neutrons passe de 2 MeV à 0,025 eV ! Cette valeur élevée explique leur utilisation dans les réacteurs.

Le tableau (4.2) donne les valeurs de la probabilité P_f, de $\bar{n}_n$ et du nombre moyen η pour les noyaux d'uranium 233, d'uranium 235, d'uranium 238 et de plutonium 239, pour des neutrons thermiques et pour des neutrons rapides.

Tableau 4.2 – Probabilité de fission, et nombre moyen de neutrons de fission pour divers noyaux, avec des neutrons thermiques et des neutrons rapides.

	P_f	$\bar{n}_n$	η
Neutrons thermiques			
uranium 233	91,2 %	2,51	2,29
uranium 235	84,2 %	2,47	2,08
uranium 238	0	0	0
plutonium 239	71,5 %	2,91	2,08
Neutrons rapides ($\sim$2 MeV)			
uranium 235	92,7 %	2,46	2,28
uranium 238	18,1 %	2,88	0,52
plutonium 239	95,1 %	2,88	2,74

On notera qu'il n'est pas possible de faire fonctionner une réaction en chaîne avec ^{238}U et que le facteur multiplicatif η est plus intéressant avec des neutrons rapides qu'avec des neutrons thermiques pour le plutonium.

4.7 MODÉRATEUR, RALENTISSEMENT DES NEUTRONS

Le ralentissement, ou refroidissement, des neutrons s'effectue par collision des neutrons de fission avec un milieu modérateur contenant des noyaux de nombre de masse A. Après une succession de chocs, les neutrons perdent une fraction de leur énergie initiale. On note x la fraction moyenne de perte d'énergie d'un neutron dans une collision avec une espèce de nombre de masse A dans un matériau. Cette quantité est également appelée « pouvoir de ralentissement du matériau ». Plus A est faible, plus l'énergie perdue est grande en moyenne.

Tableau 4.3 – Perte moyenne d'énergie x et nombre moyen nécessaire de collisions q pour atteindre la thermalisation des neutrons sur les divers modérateurs.

	H	d	C
x	0,5	0,56	0,86
q	18	25	115

On en déduit le nombre moyen q de collisions nécessaires pour amener les neutrons de fission, d'énergie $E_f = 2$ MeV, à l'énergie thermique $E_{th} = 0,025$ eV, cent millions de fois plus faible. Pour les trois modérateurs : l'hydrogène de l'eau légère H_2O, $A = 1$, le deutérium d de l'eau lourde D_2O, $A = 2$, et le carbone C du graphite ou de CO_2, $A = 12$, les valeurs de x et q, nombre moyen de collisions, sont données dans le tableau (4.3).

L'eau ordinaire semble avoir gagné la course !

Cependant, avant de conclure sur l'efficacité respective de ces modérateurs, on doit tenir compte de la probabilité *d'absorption*, donc de perte, des neutrons dans chaque collision. L'absorption correspond, par exemple, à la liaison d'un proton de l'eau légère et d'un neutron pour former un noyau de deutérium, ou, dans l'eau lourde, celle d'un neutron et d'un noyau de deutérium pour former du tritium.

Au bout de q collisions, données dans le tableau précédent, il y a une atténuation du nombre de neutrons de

$$\delta_H = 0,76 \text{ pour } H_2O, \quad \delta_d = 0,998 \text{ pour } D_2O, \quad \delta_C = 0,895 \text{ pour C.}$$

Le facteur multiplicatif effectif, à partir du facteur η et après passage dans le modérateur, est le produit $k = \eta \times \delta$. On aboutit ainsi, pour l'uranium naturel et pour l'uranium enrichi à 2,5 %, aux valeurs du tableau (4.4).

Tableau 4.4 – Facteur de multiplication effectif des neutrons dans les divers modérateurs.

Modérateur	Eau légère	Eau lourde	Carbone
$k(U$ naturel)	0,99	1,3	1,16
$k(U$ enrichi)	1,37	1,8	1,6

Or il faut que ce nombre soit plus *grand* que 1 pour qu'il y ait une réaction en chaîne.

Hélas, le plus simple, c'est-à-dire l'uranium naturel et l'eau ordinaire, ne marche pas !

On peut donc dresser une première brève liste des principaux types de réacteurs :

1. Les réacteurs à uranium naturel. Ils fonctionnent avec des neutrons thermiques. Le choix de l'eau comme fluide modérateur ne convient pas, car l'hydrogène a une probabilité de capture des neutrons trop importante ($k < 1$). Le graphite (carbone), qui a une probabilité de capture beaucoup plus faible, possède un pouvoir ralentisseur moins grand, mais peut tout juste assurer des réactions en chaîne. L'eau lourde D_2O est le meilleur modérateur, léger et très peu absorbant, mais elle est d'un prix de revient élevé.

2. Les réacteurs à uranium enrichi. L'uranium naturel contient 0,7 % d'uranium 235. Un enrichissement à 2,5 % ou 3 % permet d'utiliser l'eau légère ou le graphite (carbone) comme modérateur (filière à eau ou filière graphite-gaz).

3. Les réacteurs à neutrons rapides, ou surgénérateurs. Ils fonctionnent sans modérateur et utilisent le plutonium 239 comme combustible. Pour le plutonium, $\eta = 2,08$ pour des neutrons thermiques, et $\eta = 2,74$ pour des neutrons rapides, d'où l'intérêt de ne pas avoir de modérateur. Le plutonium pourra être utilisé dans les surgénérateurs, où il sera mélangé à de l'uranium naturel. Comme $\eta > 2$, la réaction pourra être entretenue tout en produisant assez de neutrons pour transformer l'uranium 238 en plutonium 239. La matière fissile consommée est ainsi « régénérée » par l'intermédiaire de l'uranium 238 qui, par ailleurs, est inerte.

4.8   D'OÙ VIENT LE PREMIER NEUTRON D'UNE RÉACTION EN CHAÎNE ?

Tout cela est bien beau, mais encore faut-il qu'un premier neutron induise la réaction en chaîne. Comment procède-t-on ?

On dispose de sources scellées (par précaution) d'un mélange d'américium 241 et de béryllium 9 (Z=4, N=5). Le mélange homogène d'oxyde d'américium 241 et de métal de béryllium est enfermé dans une double capsule en acier inoxydable soudée par un procédé appelé TIG. Lorsque l'américium subit une désintégration alpha, la particule alpha (Z=2, N=4) réagit sur le béryllium pour donner du carbone 12 ordinaire (Z=N=6) et un neutron. C'est ce neutron qui peut se promener librement jusqu'à ce qu'il rencontre un noyau fissile d'uranium 235 ou de plutonium 239 et donner lieu à une réaction de fission émettant deux ou trois neutrons, etc. Il y a, bien entendu, beaucoup de particules alpha, donc beaucoup de neutrons initiaux émis ainsi.

Les sources scellées émettrices de neutrons servent dans de nombreuses activités : prospection géologique, jauges d'humidité (industrie ou agronomie), analyse d'activité, recherche pétrolière, diagraphie pétrolière ou minière, systèmes de détection d'explosifs ou de stupéfiants.

4.9 Divergence, masse critique

La conception et l'exploitation d'un réacteur nucléaire nécessitent une maîtrise de la distribution des neutrons, en énergie et dans l'espace. Plusieurs processus interviennent dans l'histoire d'un neutron individuel : sa formation dans une fission, ses collisions élastiques avec divers noyaux du milieu, dont ceux du modérateur qui abaissent son énergie, sa capture radiative, enfin la fission qu'il induit à son tour. C'est là un secteur où est renfermé le savoir-faire des ingénieurs[1]. La complexité vient en grande partie de ce qu'il faut décrire le comportement des neutrons à la fois dans l'espace et en énergie (perte d'énergie par recul des noyaux cibles).

Il existe un problème supplémentaire : certains neutrons peuvent tout simplement s'échapper et devenir inopérants.

Considérons un « réacteur » très simpliste à neutrons rapides, supposés monocinétiques de vitesse v, d'énergie ~ 2 MeV. Ces neutrons évoluent dans un milieu fissile homogène sphérique contenant N atomes de masse A par unité de volume. Le mouvement des neutrons est désordonné : à chaque collision, ils peuvent être absorbés par les noyaux du milieu, avec une probabilité p_a, ou être diffusés élastiquement avec une probabilité p_d.

Le *libre parcours moyen* λ des neutrons dans le milieu est la distance moyenne qu'ils parcourent avant de subir une collision. Pour du plutonium, de masse volumique $d = 19,74$ g par cm^3, ce libre parcours moyen est $\lambda = 3,43$ cm.

Supposons que le milieu est fini, sphérique, de rayon R. Si un neutron atteint le bord, il s'échappe du système et il est perdu. Par conséquent, si le rayon de la sphère est trop faible par rapport au libre parcours moyen λ, les réactions en chaîne ne peuvent s'entretenir, et s'arrêtent.

---

1. On en trouvera un exposé très complet dans *La Neutronique* par Paul Reuss, Presses universitaires de France, « Que sais-je ? », n° 3307, 1998.

Il existe une valeur *critique* R_c du rayon R de la sphère fissile en dessous de laquelle les réactions s'étouffent. À ce rayon correspond une *masse critique* au-dessus de laquelle les réactions en chaîne ont lieu. Pour du plutonium, le *rayon critique* R_c, et la *masse critique* M_c sont $R_c = 5$ cm et $M_c = 10$ kg. Pour l'uranium 235, ces nombres sont respectivement $R_c = 8,5$ cm et $M_c = 15$ kg.

Pour R différent du rayon critique R_c, c'est-à-dire pour une masse différente de la masse critique, un régime permanent *ne peut pas s'établir* :

- si la masse est *supérieure* à la masse critique, on est en régime *surcritique*, le système diverge et explose ;

- si elle est inférieure, on est en régime *sous-critique*, les fuites (milieu fini) empêchent la réaction en chaîne de s'entretenir, elle s'étouffe et s'arrête.

C'est seulement dans le cas où elle est égale à la masse critique que l'on voit un régime critique et une réaction stable dans ce système.

Dans les réacteurs nucléaires (d'une forme assez différente de celle d'une simple sphère), tout un dispositif automatisé assure qu'en permanence le système soit exactement en régime critique.

Ne cachons pas le fait que notre « réacteur » très simpliste, à neutrons rapides, est tout simplement l'esquisse d'une bombe nucléaire rudimentaire.

CHAPITRE 5

ÉNERGIE ÉLECTRONUCLÉAIRE

L E PHÉNOMÈNE de la fission a été découvert en 1939. La fission est un
exemple d'une découverte en recherche fondamentale qui a mené
en très peu de temps à des applications considérables. Le 2 décembre
1942, Enrico Fermi, qui avait fui l'Italie fasciste en 1939, démontrait, à
l'université de Chicago, dans le cadre du futur projet Manhattan, l'existence d'une réaction en chaîne dans un empilement de boules d'uranium
naturel, disposées en un réseau périodique et séparées par du graphite.
Fermi démontra expérimentalement la notion de criticité de la taille de cet
empilement pour assurer la réaction en chaîne (fuite des neutrons hors de
la pile). Tout cela fut effectué avec une puissance totale de tout le réacteur
de l'ordre d'un watt! Il en résultait que les rayonnements émis n'étaient
pas dangereux. En quatre ans, la faisabilité d'un réacteur nucléaire à fission
était prouvée.

Les réacteurs de puissance actuels sont de plus de 3 000 mégawatts
thermiques, soit 1 000 mégawatts électriques. Il est édifiant de comparer
cela à la fusion thermonucléaire, phénomène découvert dans les années
1935, avant la fission. Aujourd'hui, la faisabilité physique d'un réacteur à
fusion thermonucléaire par confinement magnétique ou par confinement
inertiel n'est toujours pas démontrée.

Pourquoi cette différence entre la durée de démonstration physique
de la fusion et celle de la fission? C'est que le phénomène de la circulation des neutrons dans la matière est tout simplement proportionnel
au flux de neutrons. Par conséquent, si l'on mesure (ce que fit Fermi) la
valeur du flux en des points choisis du réacteur, alors un champ de flux
proportionnel à celui mesuré correspondra à ce qu'on observe avec un
flux global proportionnel, donc une énergie proportionnelle. On peut
donc faire des essais significatifs à une puissance d'un watt! Puisque les
réacteurs de fission émanent d'un phénomène linéaire, si l'on multiplie

le flux d'un réacteur d'un watt par mille, on connaît assez précisément les caractéristiques de fonctionnement d'un réacteur d'un kilowatt (bien entendu, le danger des rayonnements pour les opérateurs augmente, mais on sait ériger des systèmes et des règles de sécurité).

Au contraire, la fusion thermonucléaire est un phénomène non linéaire : tout se répercute sur tout. Les lois qui gouvernent le parcours des particules importantes (deutérium, tritium, hélium) pour la puissance dégagée, sont non linéaires en fonction des flux de ces particules. À chaque fois qu'on veut augmenter la puissance, de nouveaux phénomènes surviennent. Il faut donc parcourir, pas à pas, tous les niveaux de puissance pour y étudier les phénomènes nouveaux qui surgissent les uns après les autres. Chaque pas en avant réserve une surprise par rapport au précédent.

En France, le premier réacteur d'essai fut construit par Lew Kowarski et Frédéric Joliot au centre d'études de Fontenay-aux-Roses du Commissariat à l'énergie atomique. Cette pile atomique, appelée la pile Zoé, fonctionnait à l'uranium et à l'eau lourde. Elle avait pour but premier la fabrication du plutonium pour la bombe atomique. Elle fonctionna pour la première fois le 15 décembre 1948 et atteignit 150 kW en 1953.

5.1 Les réacteurs nucléaires

Il existe plusieurs types de réacteurs, suivant leur destination – recherche, fabrication d'un élément radioactif, production d'électricité – et suivant des caractéristiques techniques : le combustible, l'emploi de neutrons lents ou rapides, le modérateur, le fluide caloporteur. Nous ne nous intéressons ici qu'aux réacteurs actuels de l'industrie électronucléaire à neutrons lents ou thermiques. Parmi ceux-ci, la grande majorité des réacteurs en service dans le monde, notamment en France, en Europe et aux États-Unis, sont des réacteurs à neutrons thermiques dont le modérateur, qui est en même temps le fluide caloporteur, est de l'eau à haute température et haute pression, nommés réacteurs à eau pressurisée, REP (en anglais *Pressurized Water Reactors*, PWR). Le combustible est, la plupart du temps, de l'uranium enrichi à 3 ou 3,5 %. Nous commencerons donc par décrire ceux-là.

Toutefois, les deux tiers des réacteurs qui étaient en service au Japon au moment de l'accident de Fukushima sont d'une structure plus simple mais, nous le verrons, plus vulnérable : ce sont des réacteurs à eau bouillante, REB (en anglais *Boiling Water Reactors*, BWR). Nous les décrirons plus en détail en parlant de la catastrophe de Fukushima au chapitre 8, ce sera plus facile à faire après l'analyse des REP.

Nous dirons quelques mots sur la filière canadienne CANDU des réacteurs à eau lourde, et sur les réacteurs dont le modérateur est le graphite. Ce fut la première filière suivie en France, c'est aussi le type de réacteur RBMK construit en ex-URSS, qui explosa à Tchernobyl en 1986.

Nous nous intéressons ici aux *réacteurs à neutrons thermiques*, de loin les plus nombreux. Nous évoquerons d'autres types de réacteurs, notamment les projets de réacteurs futurs, dits de génération 4, et à la fusion, au chapitre 10.

Pour réaliser une centrale nucléaire, il faut d'abord concevoir un système nucléaire qui diverge, ce qui implique la réduction des fuites de neutrons et la suppression des corps trop absorbants. Ce résultat étant obtenu, on cherche à extraire de ce système le maximum d'énergie. Ce maximum est limité par deux phénomènes :

– au fur et à mesure du fonctionnement, le combustible s'appauvrit en noyaux fissiles et s'enrichit en produits de fission qui capturent des neutrons sans fissionner. La criticité du réacteur finit par être impossible à maintenir et le réacteur s'arrête ;

– l'autre phénomène est de nature technologique : à l'intérieur des barreaux de combustible se trouvent les produits de fission, certains sont gazeux et finissent par déformer très sensiblement les structures dans lesquelles est enrobé le combustible. Il y a risque de rupture des gaines des éléments combustibles.

On a, bien sûr, intérêt à ce que les limites imposées par ces deux types de phénomènes (neutronique et résistance des matériaux) soient proches l'une de l'autre.

Le combustible nucléaire est conditionné dans des barreaux d'un alliage de zirconium : le zircaloy. L'énergie produite dans ces barreaux par fission du combustible doit être évacuée et transformée en énergie électrique. C'est le rôle du fluide réfrigérant ou caloporteur.

Les conditions de transfert jointes au fait que la température du fluide conditionne celle de la source chaude de la machine productrice d'électricité en aval du réacteur, donc son rendement, déterminent les possibilités des centrales nucléaires.

Les centrales nucléaires ont une puissance maximale directement liée au flux maximal de neutrons (résistance des matériaux) et aux conditions de refroidissement. La puissance thermique maximale est aux alentours de 3 000 MWth et le flux maximal de neutrons aux alentours de quelque 10^{15} neutrons par centimètre carré et par seconde.

5.2 RÉACTEURS À EAU PRESSURISÉE

La filière des réacteurs à eau pressurisée, REP, est la plus répandue dans le monde. En France, elle constitue l'intégralité du parc en activité. On compte 58 réacteurs, de puissance électrique variant entre 880 et 1 500 MW. Dans ces réacteurs, l'eau sous pression a des rôles multiples. Elle est à la fois le modérateur et le fluide caloporteur. En outre, elle sert de liquide réfrigérant indispensable pour entreposer le combustible usagé, qui dégage une forte chaleur en raison de la présence de grandes quantités d'éléments radioactifs : les fragments de fission. On emploie de l'eau pour maîtriser toute élévation de température excessive en cas d'incident ou d'accident. Dans une vision globale du fonctionnement de ces réacteurs, l'eau a donc un rôle triple.

Si la pression est élevée, c'est parce que l'eau, portée à haute température au contact des gaines d'éléments combustibles, doit rester dans sa phase liquide. Pour éviter l'ébullition, il faut la porter à une pression de l'ordre de 150 bars (15 MPa).

PREMIÈRES ÉTAPES

Cette filière de réacteurs, d'une structure très différente de celle de la première pile à base de graphite imaginée par Fermi en 1942, nécessite l'emploi d'uranium enrichi. Elle a longtemps été couverte par le secret militaire américain. Elle fut conçue au début des années 1950 pour équiper les sous-marins et les porte-avions nucléaires, ainsi que des brise-glace. Les sous-marins posaient à l'évidence un problème d'encombrement. Il fallait des réacteurs les plus petits possibles.

Les réacteurs de sous-marins font appel à de l'uranium hautement enrichi – à plus de 20 % –, ce qui permet une puissance plus grande avec un réacteur plus compact. Leur réserve en énergie correspond à une trentaine d'années d'autonomie, et ce sont les réserves en nourriture et entretien qui déterminent la durée d'une plongée.

Plusieurs centaines de réacteurs REP destinés à la marine américaine furent construits entre 1954 et 1974. Le premier sous-marin nucléaire, le *USS Nautilus*, fut lancé le 21 janvier 1954. Il avait une autonomie sous

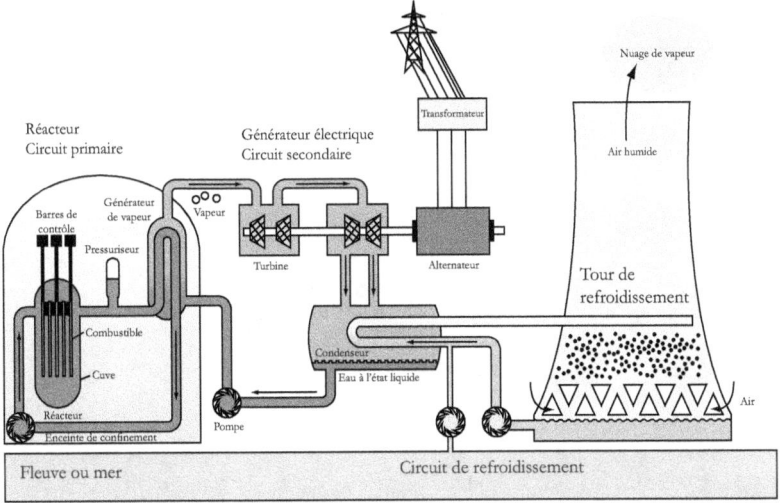

Figure 5.1 – Schéma d'une centrale avec réacteur à eau sous-pression, REP.

l'eau de quatre mois. À partir de 1966, le coût de la guerre du Vietnam aboutit à la diminution puis à la cessation de la subvention de l'armée américaine à la recherche et au développement en matière de centrales nucléaires.

General Electric, associé à Hitachi, constructeur unique de la filière des réacteurs à eau bouillante (les REB) dit que ces derniers sont « réservés aux pays n'ayant pas de politique nucléaire militaire, ni de marine nucléaire ». En sont notamment équipés la Suède, le Mexique et le Japon. À la vérité, ils sont trop volumineux pour équiper des sous-marins et peu adaptés à la production de plutonium.

Le premier REP français fut celui de Chooz A, mis en service en 1967 et arrêté en 1991, d'une puissance de 310 MW. Il fut suivi par celui de Fessenheim-1, de 880 MW, construit à partir de septembre 1971 et mis en service en janvier 1978, qui est le premier de la génération actuelle des réacteurs en service en France.

STRUCTURE

Un schéma d'ensemble d'une centrale pourvue d'un réacteur REP est représenté sur la figure (5.1). Toute centrale comporte deux composants directement liés mais radicalement différents : le réacteur nucléaire fournit de la chaleur, le système de turbines et d'alternateurs fabrique de

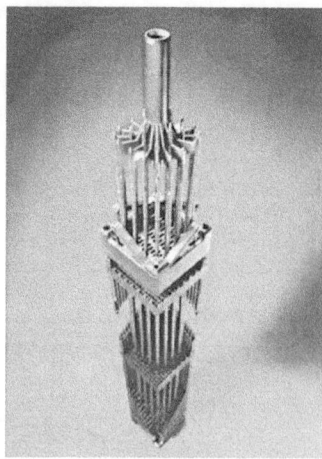

Figure 5.2 – Élément combustible, assemblage, grappe de commande, et barres de contrôle d'un réacteur REP. Cet élément est d'une hauteur de quatre mètres. (D'après document Fragema.)

l'électricité à partir de cette chaleur. On pourrait, en principe, et toute question de température et de puissance mise à part, remplacer le réacteur nucléaire par n'importe quelle centrale thermique à flamme (charbon, pétrole, gaz) que cette deuxième partie resterait de même nature. Par voie de conséquence, aucun dégagement de substances radioactives provenant du réacteur ne s'échappe de la tour de refroidissement.

COMBUSTIBLE

Le *combustible* est constitué de pastilles de dioxyde d'uranium enrichi (à environ 3,25 % en uranium 235 lors de l'introduction dans le réacteur), empilées dans des tubes appelés des crayons. Ces crayons ont un diamètre d'un centimètre et une hauteur de 3,3 mètres. Ils sont eux-mêmes regroupés en assemblages du type de la figure (5.2). Ces assemblages sont placés dans la cuve du réacteur.

L'oxyde d'uranium présente l'avantage d'être réfractaire (sa température de fusion est de 2 800 °C), l'eau est sans action chimique sur lui et il est stable sous irradiation. En revanche, il présente l'inconvénient d'une faible densité et d'une mauvaise conductibilité thermique.

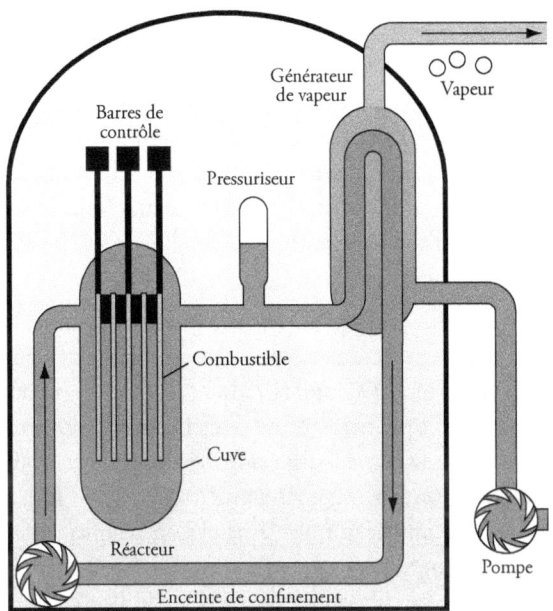

Figure 5.3 – Schéma du réacteur REP de la centrale précédente.

CIRCUITS D'EAU

Le schéma du réacteur lui-même est montré sur la figure (5.3).

Notons, et c'est un élément fondamental de l'architecture d'un REP, qu'il y a *deux* circuits d'eau indépendants.

1. Le circuit *primaire* est entièrement contenu à l'intérieur du réacteur. L'eau est en contact avec les crayons de combustible dans la cuve et y absorbe la chaleur produite, tout en assurant sa fonction de modérateur. Elle est irradiée par les neutrons et elle est tout à fait susceptible de contenir des produits radioactifs, par exemple du tritium. Elle entre à une température de 295 °C et ressort à 340 °C avec un débit très important de 17 m³ par seconde. Elle est insufflée dans le circuit primaire par des pompes puissantes de 6 MW chacune.

2. Après avoir recueilli la chaleur dans le cœur du réacteur, le calo-porteur primaire transfère sa chaleur au générateur de vapeur du circuit secondaire. Ce circuit *secondaire* est sans aucun contact avec le réacteur. Il prélève la chaleur du circuit primaire au travers d'un échangeur (d'un principe analogue à ce que l'on trouve dans les

systèmes de chauffage urbain). Il est de plus basse pression – en général, la pression de vapeur saturante à 60 bars et 275 °C – et actionne les turbines à gaz, elles-mêmes couplées à des alternateurs électriques. Comme dans toute machine thermique, la vapeur se liquéfie dans un condenseur indispensable, à température ordinaire. Lors de son retour du condenseur, cette eau, réinjectée dans l'échangeur, refroidit l'eau du circuit primaire. Le débit en est moins fort : 2 m³ par seconde.

Le fait que les deux circuits soient indépendants empêche qu'en cas d'accident, le circuit secondaire, plus ouvert sur l'extérieur (turbines, condenseur), soit porteur d'éléments radioactifs. Ces derniers demeurent toujours dans le circuit primaire, donc dans l'enceinte du réacteur. Autrement dit, on peut, par la pensée, disjoindre les deux éléments de la centrale l'un de l'autre. Nous verrons, en analysant l'accident de Three Mile Island, que ces deux circuits ont néanmoins une action réciproque : ce n'est pas un truisme de dire que si le circuit primaire chauffe le circuit secondaire, ce dernier réfrigère le circuit primaire. La cessation de cette réfrigération peut entraîner une accident grave.

Performances

Un réacteur à eau pressurisé de 3 000 mégawatts thermiques voit ses dimensions fixées par les conditions de refroidissement.

1. Une quantité de 75 tonnes de combustible est nécessaire.

2. Ce combustible est enfermé dans 100 000 mètres de crayons d'un centimètre de diamètre. Ces crayons sont regroupés en 200 assemblages de 150 crayons chacun environ. Chacun des crayons fait 3,3 mètres de hauteur. La gaine des crayons, en zircaloy, est bonne conductrice de chaleur. Elle retient mécaniquement les produits de fission et le combustible, et absorbe peu les neutrons.

3. La neutronique impose un rapport de modération (rapport entre le volume d'eau et le volume des crayons) d'environ 3. Le réacteur doit ainsi avoir un diamètre d'au moins trois mètres. Ces grands diamètres et grandes hauteurs sont nécessaires à la fois pour la modération et pour limiter les fuites de neutrons.

4. À la sortie des turbines, le circuit secondaire est en contact thermique avec une source froide (rivière ou eau de mer) où s'alimente le condenseur. C'est une nécessité valable pour toute machine

thermique, que l'on appelle savamment le principe de Carnot en thermodynamique. Le réchauffement local des cours d'eau a certes des répercussions écologiques qui peuvent devenir gênantes, notamment créer les conditions de développement d'amibes comme la légionelle. Toutefois, contrairement aux affirmations que l'on trouve çà et là, s'il est inévitable de chauffer la source froide, il n'est en aucune façon *avantageux* pour les producteurs d'électricité « nucléaire » de faire monter la température de cette source *le plus possible*. Le réchauffement de la source froide est toujours présent dans une centrale de production d'électricité à partir de la chaleur.

5. Pour que les 75 tonnes de combustible d'uranium produisent 3 000 MW, la neutronique impose d'enrichir cet uranium en isotope 235. La teneur de cet isotope est élevée de 0,7 % à 3,25 %. Le flux neutronique est ajusté à environ 5.10^{14} neutrons par cm^2 et par seconde.

6. Le combustible peut ainsi tenir trois ans avant de devenir par trop empoisonné par les produits de fission (qui absorbent les neutrons et peuvent provoquer des dommages au barreau). Il est rechargé par tiers dans le réacteur. La recharge renferme 24 tonnes d'uranium enrichi à 3,25 % en isotope 235.

Pour la produire, on a utilisé 156 t d'uranium naturel qui contenaient 1,1 tonne d'isotope 235. Seulement 775 kg se retrouvent dans la matière enrichie, car l'opération d'enrichissement se fait en rejetant 132 tonnes d'uranium appauvri à 0,25 % d'isotope 235, soit 325 kg de cet isotope.

7. On emploie parfois un combustible appelé MOX, qui est un mélange d'oxydes d'uranium et de plutonium, produit par la centrale de retraitement de La Hague. Ce combustible a des performances comparables à celui de l'uranium. Il ne semble pas particulièrement plus performant dans l'état actuel de la technologie et des ressources en uranium.

PILOTAGE D'UN RÉACTEUR

Même en l'absence d'incident, le réacteur doit être piloté. Au début, il faut le faire diverger, puis le stabiliser lorsqu'il a atteint la puissance nominale en plongeant des barres d'absorbeurs de neutrons, ou barres de contrôle. Ces barres contiennent des absorbeurs de neutrons : le cadmium, l'indium, l'argent, le bore ou des alliages, par exemple à 80 % d'argent, 15 % d'indium et 5 % de cadmium.

Au fil du temps, le combustible s'appauvrit en éléments fissiles et s'enrichit en produits de fission radioactifs qui absorbent les neutrons mais ne donnent pas de fission. Quand le réacteur est neuf, il faut disposer d'une certaine réactivité excédentaire, qui au début sera absorbée par les barres de contrôle, lesquelles sont peu à peu relevées au fur et à mesure que que le combustible vieillit, c'est-à-dire que la concentration en produits fissiles diminue et que celle en produits de fission augmente. Une autre méthode, moins facilement contrôlable, mais plus homogène, consiste à dissoudre dans l'eau un poison neutronique (du bore soluble), qui disparaît au fur et à mesure que le combustible fissionne.

Après un certain temps de fonctionnement, le combustible n'est plus assez riche pour pouvoir faire diverger le réacteur. À ce point, on arrête le réacteur, on doit décharger le combustible usagé et le remplacer par du combustible neuf.

LE COMBUSTIBLE USAGÉ

Après sa sortie du réacteur, le (tiers du) combustible contient encore 23 tonnes d'uranium enrichi à 0,95 %, soit 220 kg d'uranium 235 et 145 kg de plutonium, l'ensemble correspondant au potentiel énergétique de 64 tonnes d'uranium naturel. De plus, 271 kg de l'isotope 238 ont été brûlés sous la forme du plutonium 239 qu'il a produit. Au total, ce sont donc 826 kg d'uranium qui auront été consommés.

Ce bilan montre que l'utilisation actuelle dans les réacteurs à eau pressurisée revient à consommer 92 tonnes d'uranium naturel pour recueillir l'énergie de fission de 826 kg, c'est-à-dire 0,9 %, de matière. Une telle constatation explique l'attrait pour les réacteurs surgénérateurs, dans lesquels on pourrait espérer, après un (long) retraitement du combustible usagé, convertir davantage d'uranium 238 en plutonium que l'on ne consomme de ce dernier. Ces réacteurs consommeraient, au bout du compte, une large fraction de l'uranium et multiplieraient les potentialités d'utilisation de l'énergie à partir de l'uranium.

5.3 RÉACTEURS À EAU BOUILLANTE

Une version antérieure, en tant que réacteur civil, de ce type de réacteur est la filière des *réacteurs à eau bouillante* (REB), qui équipent environ les

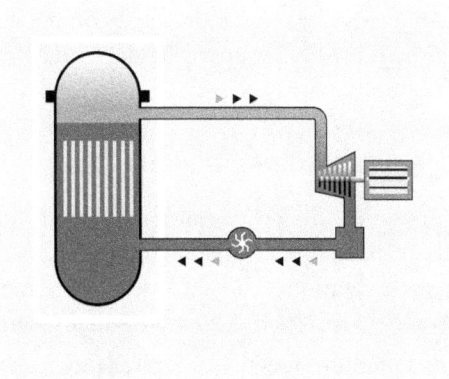

Figure 5.4 – Schéma de réacteur à eau bouillante ; les barres de contrôle ne sont pas figurées.

deux tiers des centrales japonaises, dont celle de Fukushima, et dont nous parlerons plus amplement au chapitre 8. Le schéma d'un réacteur à eau bouillante est représenté sur la figure (5.4).

La comparaison avec le schéma précédent est immédiate. Il n'y a plus qu'un seul circuit fermé. L'eau qui est envoyée dans le cœur du réacteur se trouve vaporisée et est ensuite dirigée directement vers la turbine à gaz (à gauche, le cœur, dans son enveloppe en acier). C'est une différence essentielle, au plan de la sécurité. Il n'y a qu'*un seul* circuit d'eau dans les réacteurs REB. Le risque, évident, est qu'une fuite radioactive, notamment au niveau du réacteur, se propage immédiatement dans la vapeur qui alimente les turbines.

5.4 LES AUTRES FILIÈRES À NEUTRONS THERMIQUES

LA FILIÈRE À EAU LOURDE

Malgré son prix élevé, l'eau lourde a été choisie comme modérateur dans la filière canadienne CANDU. Dans ces réacteurs, le combustible est l'uranium naturel (en fait, légèrement enrichi). C'est pour cela que les premiers réacteurs furent des réacteurs à eau lourde. La bataille de l'eau lourde durant la Seconde Guerre mondiale, menée afin de détruire une usine productrice d'eau lourde en Norvège, dans le cadre de la course à la bombe, en témoigne. Dans la filière CANDU, les assemblages sont placés dans des tubes sous pression où circule de l'eau lourde à 200 degrés (pression de 90 atmosphères). Cette eau lourde agit comme fluide caloporteur. Le modérateur est aussi de l'eau lourde à 68 degrés dans laquelle baignent les tubes sous pression.

LES FILIÈRES GRAPHITE-GAZ

Dans les réacteurs de ces filières, le combustible est l'uranium naturel employé sous forme métallique, le modérateur est le graphite, et le fluide caloporteur le gaz carbonique CO_2. Ce fut la première filière à être développée en France. Ses principaux inconvénients sont :

- l'emploi de l'uranium métal, qui limite la température du cœur et donc le rendement thermique de la centrale ;
- le plus faible pouvoir de modération, qui conduit, pour une même puissance, à avoir des réacteurs de plus grande taille que les réacteurs à eau ;
- de sérieux inconvénients présentés par le graphite lui-même.

Une variante de cette filière est constituée par les réacteurs RBMK en ex-Union soviétique. Ces réacteurs utilisent un uranium faiblement enrichi (1,8 %). Le graphite est l'élément modérateur et c'est l'eau bouillante qui est le fluide caloporteur. Nous en parlerons à propos de Tchernobyl.

5.5 LE CONTRÔLE DES RÉACTEURS

NEUTRONS RETARDÉS

Soit n le nombre de neutrons d'une génération, k le facteur multiplicatif, et kn le nombre de neutrons disponibles pour la fission suivante (en tenant compte des captures et des fuites de neutrons). Le temps moyen τ entre la production d'une génération de neutrons et la fission suivante qu'elle provoque est de l'ordre de 0,1 milliseconde dans un réacteur thermique. Le moindre accroissement de k au-delà de l'unité entraîne une très rapide croissance du flux et le réacteur devient incontrôlable. Par exemple, si $k = 1,1$ et pour $\tau = 0,0001$ s, en un dixième de seconde la puissance du réacteur est multipliée par 20 000.

On aurait probablement dû renoncer à construire des réacteurs nucléaires si l'on n'avait pas constaté que l'émission neutronique due à la fission se faisait de deux façons.

La quasi-totalité des neutrons est, en effet, émise immédiatement, mais une faible proportion (7,5 pour mille pour l'uranium 235) est émise environ une minute plus tard. Ces neutrons proviennent, par exemple, de la désintégration du fragment brome 87. Ce noyau donne, par désintégration bêta, du krypton 86 stable et un neutron, avec une période de 56 secondes. Un temps de l'ordre de la minute, tel que celui-là, est tout à fait convenable pour actionner des dispositifs mécaniques automatisés.

On appelle « réactivité » du réacteur la quantité $r_e = (k-1)/k$. Soit N_r la fraction de neutrons retardés. On dispose dans le réacteur des barres de sécurité, constituées d'absorbeurs neutroniques (barres de cadmium, hafnium, gadolinium). Des dispositifs commandent la chute de ces barres dès que le facteur de multiplication atteint une valeur considérée comme dangereuse. La valeur de la réactivité qu'il ne faut dépasser à aucun prix est N_r. En effet, la divergence se ferait alors par les neutrons prompts, et non par les neutrons retardés, et le contrôle serait impossible.

EMPOISONNEMENT AU XÉNON D'UN RÉACTEUR

Dans un réacteur nucléaire à neutrons thermiques, la fission produit de l'iode 135, qui subit une désintégration bêta avec une période de six heures et demie et donne du xénon 135. Celui-ci absorbe les neutrons avec une probabilité énorme pour donner du xénon 136 (instable mais de très longue vie moyenne). Autrement dit, c'est un dévoreur de neutrons. En temps normal, la production et la dégradation s'équilibrent.

En cas de chute brutale de la quantité de fission, donc de baisse de puissance brusque, les neutrons produits ne suffisent plus à saturer le xénon 135, et celui-ci, qui a été produit dans les heures précédentes, continue à s'accumuler. Si, par la suite, on tente d'augmenter la quantité de fission (en retirant les barres d'absorbant neutronique ou en diluant le bore soluble), la montée en puissance ne suit pas, car les neutrons sont absorbés par le xénon 135, qui joue alors le rôle d'absorbant neutronique thermique. C'est ainsi que se produit l'empoisonnement au xénon : le réacteur semble insensible à l'augmentation du flux de neutrons.

En fonctionnement à puissance normale, il faut une dizaine d'heures pour brûler le xénon 135 en excès et revenir à un bilan neutronique normal. Quand le réacteur est à l'arrêt, la quantité de xénon 135 décroît avec une demi-vie de 9 h 10.

Nous verrons qu'à Tchernobyl, les électrotechniciens, ignorant la physique nucléaire, ayant vu la puissance du réacteur baisser de façon imprévue, retirèrent complètement les barres de contrôle pour la restaurer. Ils ne savaient pas que le phénomène provenait de l'absorption des neutrons par le xénon. Le surplus de puissance brûla le xénon, mais le régime critique était largement dépassé et, en quelques instants, le réacteur devint incontrôlable.

COEFFICIENTS DE TEMPÉRATURE ET DE VIDE

Deux facteurs jouent un rôle dans la sécurité.

Lors d'une élévation de température, un *coefficient de température* négatif (c'est-à-dire le fait que *k* diminue avec la température) est le bienvenu. C'est le cas pour les REP grâce à la décroissance de la probabilité d'absorption des neutrons lorsque l'énergie augmente.

De même, lors d'une vidange intempestive du cœur, un *coefficient de vide* négatif est aussi le bienvenu. C'est aussi le cas pour les REP grâce aux fuites de neutrons dans les vides ou dans les bulles (l'eau arrête les neutrons).

Autrement dit, des coefficients de température et de vide négatifs auto-stabilisent le réacteur en cas, respectivement, de hausse de la température ou de fuite du liquide caloporteur (eau).

À Tchernobyl, sur un RBMK, si le premier coefficient était négatif, le second était malheureusement positif et l'emportait.

5.6 L'ACCIDENT GRAVE : LA FUSION DU CŒUR D'UN RÉACTEUR

FUSION

La fusion du cœur d'un réacteur nucléaire se produit lorsque ce réacteur nucléaire cesse d'être convenablement refroidi. Les crayons de combustible nucléaire (qui contiennent l'uranium ou le plutonium ainsi que des produits de fission radioactifs) commencent à surchauffer, puis à fondre à l'intérieur du réacteur. La fusion du cœur est un accident nucléaire d'une extrême gravité en raison de la probabilité que des matières fissiles puissent franchir l'enceinte de confinement et polluer l'environnement avec une émission de nombreux éléments radioactifs.

Des fusions du cœur se sont déjà produites dans des réacteurs nucléaires tant civils que militaires. Toutes ces fusions ont produit des dégâts sérieux sur les installations et sur l'environnement. Dans certains cas, on a procédé au démantèlement complet du réacteur. Dans les cas les plus graves, il a fallu faire une évacuation massive de la population civile des environs.

Un rapport très complet et très remarquable sur la sûreté des réacteurs a été rédigé en 1974 par Norman Rasmussen à la demande de la présidence des États-Unis : *Reactor Safety Study NUREG-75/014*, publié en 1975 par la NRC (*US Nuclear Regulatory Commision* [1]). Ce rapport détaille minutieusement les étapes et les conséquences de la fusion du cœur d'un réacteur.

CAUSES

Le crayon de combustible fond quand il atteint sa température de fusion. Lors de la catastrophe de Tchernobyl, cette augmentation de température absolument considérable (2 800 °C) a été quasiment instantanée. Dans d'autres cas, elle peut prendre plusieurs heures, notamment lors de l'accident nucléaire de Three Mile Island. On sait maintenant qu'à Fukushima elle s'est produite dans plusieurs réacteurs.

La fusion du cœur peut se produire alors que la réaction en chaîne de fission est terminée, car l'inertie thermique, la chaleur résiduelle (liée à la désintégration des produits de fission à courte durée de vie) ou la chaleur d'un incendie peuvent continuer à chauffer le combustible bien après l'arrêt du réacteur.

Comme nous l'avons souligné au chapitre précédent, dans le bilan énergétique d'une réaction de fission, à côté de l'énergie libérée immédiatement, il y a aussi l'énergie de désintégration radioactive des fragments. Sur les 190 MeV du total, 13 MeV, soit 7 %, sont émis de façon retardée, avec des demi-vies variables.

En régime continu, cela n'a aucune importance : seule compte la puissance totale. Mais si l'on arrête les réactions de fission, donc le réacteur, l'énergie retardée des désintégrations radioactives de fragments continue d'être émise. Et la puissance correspondante est considérable : sur un réacteur de 3 000 MWth, cela représente, au début, une puissance de 200 MW, qu'il faut continuer d'évacuer.

Dans la situation catastrophique d'une panne de réfrigérant, le scénario est le suivant :

1. interruption de l'alimentation en eau (17 m^3/s) ;

2. la température s'élève très rapidement de 1 °C par seconde ;

3. à 900 °C, les gaines en zircalloy réagissent avec l'eau, s'oxydent et produisent de l'hydrogène avec un fort dégagement de chaleur ; les

---

1. http://www.nrc.gov/reading-rm/doc-collections/nuregs/staff/sr75-014/.

produits de fission volatils remplissent l'enceinte de confinement ;

4. à 1 200 °C, les gaines éclatent et les barres de contrôle fondent ;

5. à 1 600 °C, les gaines fondent ;

6. puis tout le combustible et ses gaines fondent à 2 800 °C, la structure interne dans la cuve est détruite, il se forme des tonnes d'un magma : le « corium » radioactif. On appelle cette étape le *meltdown* ;

7. ce corium peut traverser la cuve : c'est le *melt-through*. Cette étape peut prendre de dix minutes à plusieurs heures ;

8. le béton du radier se décompose et est transpercé au rythme d'un mètre pendant la première heure, de trois mètres en une journée. Le corium peut traverser les soubassements. C'est alors le *melt-out*, catastrophique, car tout l'environnement est gravement menacé. Il y a une forte contamination du sol et une pénétration des nappes phréatiques.

Dans les réacteurs nucléaires, les crayons de combustible présents dans le cœur du réacteur peuvent fondre pour les raisons suivantes :

– perte de contrôle de la pression du réfrigérant ;

– fuite du réfrigérant : le débit du réfrigérant n'est pas suffisant pour refroidir le réacteur. C'est étroitement lié à une perte de contrôle de la pression du réfrigérant ;

– excès de puissance incontrôlé : un pic de puissance se produit soudainement au-delà des spécifications techniques du réacteur ;

– incendie autour du combustible nucléaire : cela n'est possible que dans les réacteurs conçus avec un modérateur au graphite.

La défaillance des systèmes d'alimentation électrique de secours peut aussi conduire à une fusion du cœur. Un rapport de l'autorité de sûreté nucléaire américaine (NRC) révèle que 50 % des scénarios de fusion du cœur proviennent d'une coupure de courant dans la centrale, ce qui interrompt la circulation d'eau de refroidissement.

CAS SURVENUS Plusieurs sous-marins russes ont subi une fusion du cœur de leur réacteur nucléaire. Les seules fusions complètes du cœur connues dans des réacteurs nucléaires civils sont la catastrophe de Tchernobyl (Ukraine) en 1986, et celles de plusieurs réacteurs de la centrale nucléaire de Fukushima Daiichi (Japon) en 2011. Mais il y a eu plusieurs fusions partielles du cœur, dont celle de l'accident nucléaire de Three Mile Island (États-Unis) en 1979, ainsi que celles, de moindre conséquence, de :

- Saint-Laurent (France) en 1969 et 1980 ;
- Lucens (Suisse) en 1969 ;
- Chapelcross, Dumfries and Galloway (Royaume-Uni) en 1967 ;
- Windscale, Sellafield (Royaume-Uni) en 1957 ;
- EBR-I (États-Unis) en 1955 ;
- NRX (Canada) en 1952.

5.7 RÉACTEURS EPR

L'EPR [2] (*European Pressurized Reactor* devenu *Evolutionary Power Reactor*), appelé réacteur nucléaire de *troisième génération* (classification internationale), est la suite naturelle de la filière REP actuelle à relativement brève échéance : quelques années.

Ce réacteur, qui dérive des réacteurs N4 français de Framatome et Konvoi allemand de Siemens, a pour objectif une amélioration de la performance, donc de la rentabilité économique, et de la sûreté par rapport à celles des réacteurs à eau pressurisée actuels. Il a été conçu et développé par Areva NP au cours des années 1990 et 2000. Quatre réacteurs de type EPR sont actuellement en cours de construction : un en Finlande (Olkiluoto), un en France (centrale nucléaire de Flamanville) et deux autres en Chine (Taishan). D'autres sont à l'étude au Royaume-Uni et aux États-Unis.

Le réacteur EPR est conçu pour atteindre une puissance de 1 650 MW électriques, correspondant à 4 500 MW thermiques. Il utilise de l'uranium enrichi à 5 % et éventuellement du combustible nucléaire MOX, oxyde mixte uranium-plutonium, (jusqu'à 100 % selon Areva NP). Sa durée de vie prévue est de 60 ans.

L'accroissement de puissance et un meilleur taux d'utilisation du combustible devraient conduire à une diminution sensible du coût du kWh nucléaire. L'EPR est conçu pour fournir 22 % de plus d'électricité qu'un réacteur traditionnel à partir de la même quantité de combustible nucléaire, et pour réduire de 15 à 30 % le volume des déchets radioactifs produits grâce à une combustion plus complète de l'uranium.

---

2. Voir, pour plus de détails, les sites http://www.areva.com/FR/activites-1663/ et http://www.futura-sciences.com/fr/definition/t/physique-2/d/reacteur-epr_4370/.

Au plan nucléaire, un système de nouvelle génération de contrôle du flux de neutrons est mis en place. Le réacteur est contrôlé par des barres d'absorbant, rassemblées en grappes enfoncées dans le cœur. Ces barres sont formées de carbure de bore enrichi (B4C), gainé de hafnium. Ces deux matériaux ont une bonne capacité de capture et ne fondent qu'à haute température (2 200 degrés).

Au plan de la sécurité, ce réacteur, conçu longtemps avant le désastre de Fukushima, vise à une amélioration notable de la sécurité, notamment sur les points qui se sont révélés être de grandes faiblesses à Fukushima. Les schémas correspondants se trouvent sur la figure (5.5).

Les évolutions, par rapport à la filière REP, doivent limiter les risques d'accident et notamment le risque de fusion du cœur du réacteur qui contient l'uranium enrichi, à réduire les doses de radiations susceptibles d'affecter le personnel, et à diminuer les émissions radioactives dans le milieu environnant. La probabilité d'accident devrait être réduite d'un facteur dix, le niveau d'exposition du personnel aux radiations d'un facteur deux, et le niveau d'activité des rejets d'un facteur dix, par rapport aux installations les plus récentes en service. Le plan du réacteur EPR contient plusieurs éléments de protection active et passive contre les accidents nucléaires montrés sur la figure (5.5).

1. Quatre systèmes de refroidissement d'urgence indépendants, chacun capable de refroidir le réacteur après son arrêt, peuvent chacun assurer le refroidissement de la chaleur dégagée par radioactivité, qui persiste pendant un à trois ans après l'arrêt du réacteur. Il y a une redondance de 300 %.

2. L'enceinte de confinement en béton est constituée de deux épaisseurs, chacune de 1,3 mètre. Son rôle est aussi bien de résister à l'impact d'avions que de contenir une surpression interne. Cela concerne le dôme comme l'enceinte latérale.

3. Une enveloppe étanche entoure le réacteur dans le bâtiment et peut contenir toute fuite radioactive.

4. Un nouveau dispositif, appelé « récupérateur de corium », est destiné à recueillir la partie du cœur fondu qui traverserait la cuve, en situation de fusion du cœur. Sans cela, se reproduirait la situation exceptionnellement grave qui s'est produite à Tchernobyl et à Fukushima, et que l'on a redoutée à Three Mile Island : les matériaux du cœur en fusion pourraient pénétrer dans le sol. Ce récupérateur est

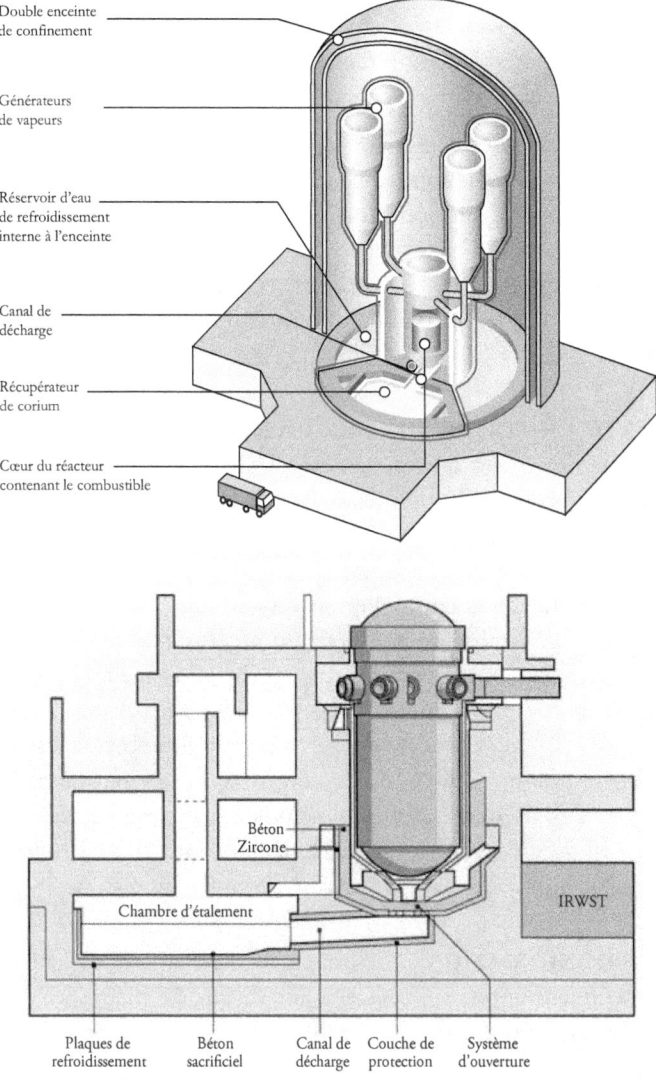

Figure 5.5 – Schémas des dispositifs de sécurité d'un réacteur EPR. En haut, les divers éléments donnant lieu à une sécurité améliorée. En bas, le récupérateur de corium. (Document IRSN, Institut de radioprotection et de sûreté nucléaire, http://www.irsn.fr/ FR/)

constitué d'une chambre d'étalement d'une superficie de 170 m^2 qui n'est pas située directement sous la cuve. Le puits de cuve aboutit à un canal de décharge qui débouche sur la chambre. Un dispositif de circulation d'eau permet de refroidir par-dessous le corium étalé.

On voit que, pour ce qui concerne l'accident grave qu'est la fusion du cœur du réacteur, combustible et structures, les progrès portent sur trois points clés : l'évolution du corium dans la cuve et la dégradation de celle-ci, la progression éventuelle du corium hors de la cuve (s'il la perce), enfin la production d'hydrogène et sa répartition dans l'enceinte. Le concept d'enceinte ultime de confinement est un élément clé dans ce contexte.

RISQUE DE CHUTE D'AVION (ACCIDENT OU TERRORISME). L'enceinte de confinement du réacteur était initialement dimensionnée par les concepteurs de l'EPR pour résister aux dégâts provoqués par la chute d'un avion de chasse. À la suite des événements du 11 septembre 2001, la conception initiale a été adaptée pour tenir compte de l'ensemble des conséquences liées à la chute d'un avion de ligne. Ceci a conduit à un renforcement généralisé de la protection de l'installation vis-à-vis d'un impact direct et de ses conséquences. Les capacités réelles de résistance de l'enceinte en béton sont en partie classées secret défense. Selon les autorités, il s'agit d'éviter que des terroristes éventuels puissent dimensionner leur attaque en fonction de sa résistance. Les mauvaises langues disent que c'est là une façon de dissimuler une certaine vulnérabilité. (Les scientifiques s'accordent généralement à considérer les militants de Greenpeace comme des gêneurs mais pas comme des terroristes.)

RISQUE D'INONDATION. Selon le chef du chantier de Flamanville, l'EPR est dimensionné pour résister à une vague de 8 mètres, ce qui laisse une marge de 4,60 mètres, sachant que le réacteur est construit à une hauteur de 12,60 mètres. Cependant, selon un scientifique membre de la commission locale d'information de Flamanville, les moteurs diesels qui serviraient à l'alimentation des pompes de refroidissement du réacteur en cas de perte du réseau électrique auraient été noyés s'il y avait eu la même vague que lors des accidents nucléaires de Fukushima. Cela dit, une vague de 15 mètres n'a jamais été observée sur la côte normande, où les vagues les plus fortes atteignent 4 à 6 mètres.

LES ENNUIS ET RETARDS. Certaines défaillances ont entraîné des retards dans la construction des deux premiers réacteurs EPR.

RISQUES INFORMATIQUES. On a constaté des risques liés au système *informatique* de sécurité. En novembre 2009, les autorités de sûreté nucléaire du Royaume-Uni, de la Finlande et de la France ont émis des inquiétudes au sujet du système informatique de sécurité, qui ne distinguerait pas les opérations quotidiennes des fonctions capitales. Autrement dit, les informaticiens chargés de ce projet de grande complexité ont peut-être voulu trop bien faire. La partie du logiciel chargée de contrôler le fonctionnement normal et celle qui agit en cas de problème seraient trop dépendantes l'une de l'autre. Le 9 juillet 2010, l'ASN française a fait savoir que les éléments transmis n'avaient pas été jugés convaincants et a demandé des compléments.

Le 12 novembre 2010, au vu des réponses d'EDF et d'Areva dans le cadre du processus de certification de l'EPR au Royaume-Uni, l'*Office for Nuclear Regulation* (l'autorité de sûreté nucléaire du Royaume-Uni) a levé le point bloquant, ouvert en avril 2009, concernant le système informatique de sûreté.

Néanmoins, la solution technique reste à finaliser. Et fin août 2011, l'ASN française n'avait pas encore obtenu de réponse totalement satisfaisante de la part d'EDF et Areva.

RÉACTEUR EN FINLANDE. Le premier réacteur EPR est en train d'être construit en Finlande, à Olkiluoto par TVO (*Teollisuuden Voima*). Les travaux ont commencé en août 2005 et devaient être achevés en 2009. Le chantier a pris beaucoup de retard, on attend un démarrage pour 2013. Areva met l'accent sur le retard inévitable pour une première dans toute réalisation technologique de ce genre. Le coût initial de 3,7 milliards d'euros devrait être dépassé d'au moins 2,7 milliards, dont Areva a pris une partie à sa charge.

En juin 2007, l'autorité de sûreté nucléaire finlandaise, *Säteilyturvakeskus*, avait relevé des « carences » en matière de sécurité. En août de la même année, la détection d'un problème concernant la solidité du bâtiment du réacteur a entraîné un délai supplémentaire d'un an. Le dôme a été terminé en septembre 2009.

PROBLÈME DE BÉTON À FLAMANVILLE. Le premier béton du réacteur EPR de Flamanville a été coulé le 6 décembre 2007. C'est le troisième réacteur du site, le premier EPR français. Le coût prévu initial était de 3,3 milliards d'euros. La construction devait durer quatre ans et demi. En juillet 2010, l'EDF a annoncé un coût en augmentation de 50 %, soit 5 milliards d'euros au total, et une mise en service en 2013. En juillet 2011 le coût est monté à 6 milliards et la date repoussée à 2016.

De très graves malfaçons sont apparues dans la construction elle-même : tout simplement dans le béton. Après une inspection en juillet 2011, l'Autorité de sûreté nucléaire s'est aperçue que le voile en béton de la piscine du réacteur, lieu où les barres de combustible seront plongées, présentait des « nids de cailloux » et même des cavités. L'ASN a déclaré, désinvolte : « Lors de la visite de terrain, les inspecteurs se sont rendus à l'intérieur de la cavité de la piscine du réacteur, récemment décoffrée, pour observer l'état des parements. De cet examen, ils retiennent que les remplissages en béton des coffrages n'ont été que partiels à plusieurs endroits, induisant des nids de cailloux, aux dimensions variables, voire des cavités, situés soit en pied de la levée, soit entre platines, soit entre platines et ossatures inox. » Bien que les travaux de reprise soient en cours de réalisation pour corriger ces défauts, la question se pose de connaître leur origine.

L'entreprise de BTP Bouygues, responsable de génie civil du chantier, chargée des travaux en question est vivement critiquée [3]. Le point de vue d'un citoyen est que, dans un ouvrage aussi important, aussi précis et délicat, le laisser-aller est tout simplement inadmissible. Nous savons le critiquer chez Tepco et d'autres entreprises japonaises, il faut bannir ce comportement dans notre pays. Un des ingénieurs responsables du chantier a déclaré que, même s'il était « déçu » de constater ces défauts sur un chantier de cette importance, il relativisait leur gravité et rappelait que les parois en béton de la piscine du réacteur seraient recouvertes d'une peau métallique, qui constituerait le cuvelage et donc assurerait l'étanchéité. Cette attitude est inconcevable : elle rappelle les mentalités bureaucratiques qui ont mené à la catastrophe de Tchernobyl. Une entreprise de béton désignée pour effectuer cette construction doit faire du béton de la qualité demandée et non ergoter sur l'étendue infinie de son ignorance. C'est un acte d'une inconscience grave.

---

3. Journal *L'Humanité* du 24 juin 2011, Journal *Le Monde* du 24 juin 2011 : « Chantier de l'EPR de Flamanville, l'ASN accuse Bouygues ».

EPR EN CHINE. On remarque, à l'inverse, que les travaux des deux réacteurs EPR en construction en Chine, à Taishan, au sud-ouest de Canton, suivent un cours parfaitement normal. Areva et l'électricien chinois CGNPC ont signé le 26 novembre 2007 un contrat portant sur cette construction dans la province du Guangdong. Associé à un contrat de fourniture de combustible et de services (transfert de technologie), le montant du contrat s'élève à 8 milliards d'euros. La signature de ce contrat a fait suite à plus de trois ans de discussions[4]. Une *joint venture* entre l'électricien chinois CGNPC (70 %) et EDF (30 %) a été créée pour la construction et l'exploitation de ces deux EPR. Le premier béton (partie nucléaire) de la tranche 1 a été coulé le 18 novembre 2009, celui de la tranche 2, le 15 avril 2010. L'exploitation commerciale est prévue pour 2014. Cela se passe de façon notablement plus efficace et plus rapide que pour leurs congénères finlandais et français.

CONCURRENTS DE TROISIÈME GÉNÉRATION. Les réacteurs de troisième génération concurrents de l'EPR sont : l'AP1000 de l'américain Westinghouse (réacteur à eau pressurisée), l'AP1400 du sud-coréen KEPCO (réacteur à eau pressurisée), et le réacteur à eau bouillante ABWR de 1 350 MWe (ou ESBWR pour la version 1 520 MWe) développé par l'américain General Electric et le japonais Hitachi, dont deux réacteurs sont déjà en service au Japon (centrale nucléaire de Kashiwazaki-Kariwa).

---

4. Areva avait, en particulier, participé en 2006 à un appel d'offres en Chine pour la construction de six réacteurs nucléaires de troisième génération. Au terme de près de trois ans de négociation, Westinghouse avait remporté le contrat pour la construction de quatre AP1000, au prix d'un important transfert de technologie.

CHAPITRE 6

COMBUSTIBLE, DÉCHETS, STOCKAGE, DÉMANTÈLEMENT

6.1 LE CYCLE DU COMBUSTIBLE NUCLÉAIRE

EXTRACTION ET PURIFICATION

Le cycle du combustible nucléaire est l'ensemble des opérations nécessaires pour approvisionner en combustible les réacteurs nucléaires, puis pour stocker, retraiter et recycler ce combustible après utilisation.

La France est l'un des rares pays au monde à disposer, sur son territoire, des installations nécessaires à la plupart de ces opérations.

GISEMENTS, RESSOURCES, EXTRACTION DU MINERAI

L'uranium est un métal relativement répandu dans l'écorce terrestre (cinquante fois plus que le mercure, par exemple). Les principaux gisements connus se trouvent en Australie, au Canada, aux États-Unis, en Afrique (Gabon, Niger, Afrique du Sud, Namibie), en Russie, au Kazakhstan, en Ukraine et en Chine.

Les réserves mondiales les plus importantes estimées à l'heure actuelle se trouvent en Australie : 1,7 million de tonnes, soit 31 % des réserves mondiales considérées comme exploitables économiquement à l'heure actuelle.

Notons, pour tempérer les angoisses sur un éventuel manque d'uranium, que l'eau des océans en contient 4 milliards de tonnes, à une concentration faible : 3 mg/m^3. On estime que si le prix de l'uranium grimpait à dix fois plus qu'aujourd'hui, l'uranium marin deviendrait une source potentielle considérable et intéressante.

Les gisements sont exploités, selon les sites, en galeries souterraines ou à ciel ouvert, Les réserves francaises en minerai, moins riches et d'une

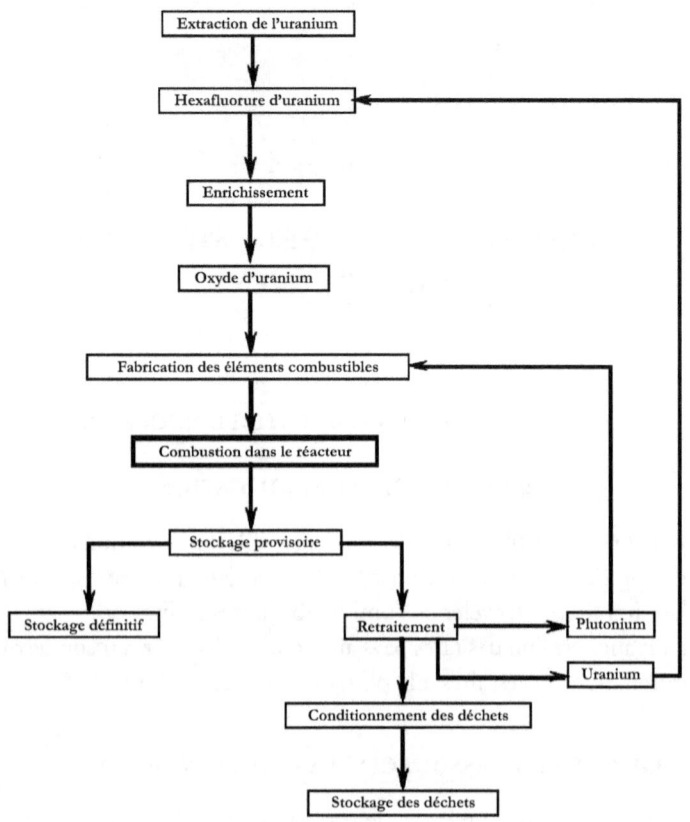

Figure 6.1 – Cycle du combustible nucléaire.

exploitation plus coûteuse, correspondent à près de 100 000 tonnes d'uranium. Elles ne sont plus exploitées. Actuellement, sur le marché international de l'uranium, l'offre excède de beaucoup les besoins, 55 000 tonnes en 1993. Les 7 000 tonnes d'approvisionnement en uranium nécesssaires pour alimenter la France sont principalement achetées au Niger, au Gabon, au Canada et à l'Australie.

LA CONCENTRATION

La teneur du minerai en uranium est, en général, assez faible : de 0,1 à 0,3 %. On concentre l'uranium à proximité de son lieu d'extraction : le minerai est d'abord concassé et broyé, puis dissous dans de l'acide sulfurique. La solution obtenue est ensuite traitée chimiquement jusqu'à l'obtention d'un concentré appelé *yellow cake* (« gâteau jaune ») en raison de sa couleur, et qui contient environ 70 % d'uranium. Le traitement et la concentration de 1 000 tonnes de minerai donnent 1,5 tonne de *yellow cake*.

LA FLUORATION

Le *yellow cake* traverse ensuite une étape supplémentaire de purification, appelée « fluoration », qui s'effectue en deux temps : différents traitements chimiques permettent d'obtenir un oxyde d'uranium très pur, que l'on fait ensuite réagir à l'acide fluorhydrique, de manière à obtenir du tétrafluorure d'uranium (UF4). À partir de cet UF4, on peut obtenir, selon les besoins, ou bien de l'uranium métal, utilisé dans les réacteurs graphite-gaz, UNGG, ou bien de l'hexafluorure d'uranium (UF6), destiné à l'enrichissement. L'UF6 est à l'état gazeux à une température de 56 °C. C'est à l'état gazeux que s'effectue l'enrichissement.

L'ENRICHISSEMENT

Plusieurs procédés d'enrichissement de l'uranium ont été mis au point. Tous reposent sur la différence de masse qui existe entre les noyaux des deux isotopes de l'uranium. La méthode la plus couramment employée est celle de la séparation isotopique par diffusion gazeuse : elle est notamment mise en œuvre à l'usine Eurodif de Tricastin, qui fournit plus du tiers de la production mondiale d'uranium enrichi. Le processus est le suivant : l'hexafluorure d'uranium (UF6) est envoyé, à l'état gazeux (à partir de 56 °C), dans un récipient cylindrique vertical appelé « diffuseur ». Une membrane très fine, ou barrière de diffusion, percée de milliards de pores par centimètre carré, sépare le diffuseur en deux compartiments (chaque pore a un diamètre de quelques dizaines de nanomètres). Un compresseur maintient une différence de pression entre les deux compartiments. Les molécules les plus légères, plus rapides, passent plus facilement que les autres au travers de la barrière. Celle-ci, baignée d'un côté par un flux de gaz renouvelé, laisse filtrer de l'autre côté un flux de gaz dont l'enrichissement en uranium 235 est, par exemple, de 1,002 fois l'enrichissement précédent, pour des pores inférieurs à 0,002 micron et pour de l'UF6 maintenu vers 85 °C. La pression est voisine de la pression atmosphérique d'un côté de la barrière, jusqu'à six fois plus faible de l'autre côté. L'opération doit être répétée un grand nombre de fois et l'usine comporte des milliers d'étages successifs groupés en « cascades » d'appareils identiques qui s'alimentent les uns les autres.

Il faut recommencer l'opération de nombreuses fois pour obtenir le taux d'enrichissement souhaité de 3 %. L'usine d'Eurodif compte ainsi 1 400 « étages » (ensembles diffuseurs-compresseurs), à l'intérieur desquels circule l'hexafluorure d'uranium.

Un autre procédé développé en Allemagne, aux Pays-Bas et en Grande-Bretagne utilise la centrifugation pour séparer les deux isotopes de l'uranium.

Des recherches ont été menées sur des procédés de séparation isotopique par laser utilisant les différences entre les longueurs d'onde de la lumière absorbée par les atomes ou les molécules des deux isotopes 235 et 238 de l'uranium. Une combinaison convenable de lasers excite sélectivement un seul des isotopes. Ces délicats procédés d'avant-garde demandent peu d'énergie et la séparation se ferait pratiquement en un seul passage. Le procédé SILVA (Séparation isotopique laser vapeur atomique), développé par le CEA, était quant à lui, en 2003, en phase finale de démonstration de faisabilité technique. Dans son rapport sur les dépenses publiques en 2003, la Cour des comptes en France a considéré que l'opération avait été engagée et poursuivie avec obstination, pour un coût excessif : « Faute d'avoir maintenu une veille technologique adéquate, le CEA semble avoir été surpris par le regain de compétitivité du procédé d'ultracentrifugation, qui apparaît aujourd'hui le mieux placé pour succéder à celui de la diffusion gazeuse dans les délais souhaités. »

LA FABRICATION DES ASSEMBLAGES

L'hexafluorure enrichi est transporté sous forme solide à l'usine de fabrication des éléments combustibles. Il est d'abord transformé en oxyde d'uranium UO_2, qui a l'apparence d'une poudre noire très dense. Cette poudre est ensuite « frittée », c'est-à-dire compactée par des presses automatiques qui lui donnent la forme de petites pastilles cylindriques de 13 mm de hauteur et de 8 mm de diamètre, puis portée à haute température (1 800 °C) dans un four. Après contrôle de leurs caractéristiques, les pastilles d'oxyde d'uranium sont empilées dans des tubes cylindriques en zircaloy, appelés « crayons » (zircaloy : alliage de zirconium, de fer et d'étain, qui absorbe moins les neutrons que l'acier inoxydable). 264 de ces crayons longs de 4 m, disposés en section carrée de 17 crayons sur 17 et maintenus à égale distance les uns des autres dans une armature rigide, constituent un assemblage combustible (figure (5.2). Le cœur d'un réacteur REP de 900 MW contient 157 de ces assemblages, soit au total 41 448 crayons et plus de 11 millions de pastilles. Un réacteur de 900 MW contient 72,5 tonnes de combustible.

LE COMBUSTIBLE APRÈS UTILISATION

Un assemblage combustible reste entre trois et quatre ans dans le cœur du réacteur. Tout au long de cette période, il fournit de l'énergie et subit des transformations de structure, dont certaines le rendent moins performant : diminution de la teneur en matière fissile, formation de plutonium et d'autres éléments transuraniens, apparition de produits de fission (strontium, césium, etc.) dont certains sont fortement radioactifs. Sur 100 kg de combustible présents à l'origine par exemple, soit 3 kg d'uranium 235 et 97 kg d'uranium 238, il reste après trois ans d'utilisation : 1 kg d'uranium 235 (2 kg ont été fissionnés), 95 kg d'uranium 238 (2 kg se sont transformés en plutonium 239), 1 kg de plutonium 239 (sur les 2 kg obtenus par la transformation de l'uranium 238, 1 kg a été fissionné), 3 kg de produits de fission.

Pour assurer le bon fonctionnement du réacteur, il est donc nécessaire de renouveler régulièrement les assemblages. Ce renouvellement s'effectue tous les ans pendant la période d'arrêt programmé du réacteur qui dure trois à quatre semaines. Il concerne soit un tiers soit un quart des assemblages, c'est-à-dire 50 à 40 d'entre eux.

DÉCHARGEMENT, DÉSACTIVATION ET TRANSPORT DU COMBUSTIBLE

Le déchargement du combustible est effectué sous l'eau dont est remplie la cuve, l'espace étanche qui la contient et un compartiment voisin appelé « piscine » du réacteur. Cette eau permet à la fois de refroidir les assemblages et de se protéger contre les rayonnements émis par les produits de fission. Les assemblages sont retirés un à un et placés dans la piscine du réacteur. Ils sont ensuite transférés dans une piscine de désactivation. Les assemblages restent environ un an en piscine de désactivation : leur radioactivité a alors suffisamment décru pour permettre leur transport jusqu'à l'usine de retraitement.

LE RETRAITEMENT

Le retraitement consiste à séparer, dans les combustibles irradiés, d'une part, l'uranium et le plutonium, réutilisables, d'autre part, les produits de fission qui n'ont plus d'utilité et qui sont fortement radioactifs.

À leur arrivée à l'usine de retraitement d'Areva NC à La Hague, dans le département de la Manche, les assemblages sont à nouveau stockés en piscine. Le retraitement proprement dit commence avec le cisaillage des assemblages en morceaux de quelques centimètres de longueur. Ceux-ci sont ensuite traités à l'acide nitrique, qui dissout l'uranium, le plutonium et les produits de fission, sans attaquer le gainage en zircaloy, pour lequel est prévu un stockage spécial. Les produits de fission sont séparés, puis concentrés et stockés. On procède ensuite à la séparation de l'uranium et du plutonium : l'uranium, encore légèrement enrichi (0,8 %), est concentré sous forme de nitrates, puis expédié vers les usines de raffinage et de conversion, avant d'être à nouveau enrichi et utilisé comme combustible. Le plutonium est transformé en oxyde et envoyé vers les usines de fabrication d'éléments combustibles au plutonium pour être employé comme matière dans les surgénérateurs ou recyclé dans les réacteurs REP.

LE CAS PARTICULIER DU PLUTONIUM.

Si dans les réacteurs à neutrons rapides l'utilisation du plutonium est la plus judicieuse, cette filière n'est pas aujourd'hui suffisamment développée pour utiliser tout le plutonium obtenu par le retraitement du combustible des réacteurs à eau. C'est la raison qui a amené à démarrer un recyclage du plutonium dans les réacteurs à eau eux-mêmes. Ce plutonium a une composition isotopique assez complexe, résultant de la longue durée d'irradiation qui le rend impropre à un usage militaire ; l'utilisation en réacteur est, en revanche, possible. Les caractéristiques nucléaires de cette matière (grande absorption neutronique) induisent quelques difficultés pour le recyclage dans les réacteurs à eau standard, mais ces difficultés ont été surmontées. La valeur de ce plutonium n'est pas tout à fait celle de l'uranium 235, car seuls les isotopes impairs subissent facilement la fission. C'est ainsi que, pour constituer un nouveau combustible équivalent au combustible standard (uranium à 3 % d'isotope 235), il faut, par exemple, mélanger sous forme d'un oxyde mixte de l'uranium naturel avec 4,5 % de plutonium. C'est dire que l'opération, dans ces conditions, ne change pas réellement les données du problème ressources/consommation d'uranium : l'économie en matière première (uranium et travail de séparation isotopique) est de l'ordre de 20 à 30 %. Certains spécialistes se demandent si cette économie équilibre le coût du retraitement et le surcoût de fabrication des assemblages à plutonium par rapport aux assemblages à uranium.

6.2 STOCKAGE DES DÉCHETS

Pour beaucoup de spécialistes, la question du stockage des déchets radioactifs est non seulement de première importance, mais elle peut s'avérer la plus onéreuse de tout le programme nucléaire, où que ce soit dans le monde. Nous nous contentons ici d'exposer les idées générales et les projets dont la faisabilité ne peut pas être trop contestée à l'heure actuelle, même si tous soulèvent des interrogations sérieuses concernant leur mise en œuvre.

Le volume de liquide contenant les produits de fission engendrés par le fonctionnement pendant un an d'un réacteur de 900 MW électriques est d'environ 20 m^3. À la sortie de l'usine de retraitement, ce liquide contenant les produits de fission est stocké dans des cuves spéciales réfrigérées par un système de circulation d'eau qui en évacue la chaleur résiduelle. L'usine de La Hague a une capacité de retraitement de 1 700 t/an. Elle retraite chaque année 1 000 tonnes de déchets provenant des centrales françaises, et 700 tonnes provenant de l'étranger (Allemagne, Japon). Au bout de plusieurs années de stockage, le dégagement de chaleur s'est notablement atténué. Il est alors possible de faire évaporer la solution de produits de fission, de calciner les résidus et de les couler dans du verre. C'est l'étape de la vitrification, effectué à La Hague, qui ramène à 2 m^3 environ le volume des produits de fission correspondant au fonctionnement d'une centrale de 900 MW pendant un an. Les blocs de verre sont ensuite entreposés dans des puits souterrains refroidis par ventilation. Après plusieurs années de désactivation, ils pourraient être stockés définitivement dans des formations de sel ou de granit à grande profondeur.

CLASSIFICATION DES DÉCHETS

En France, les déchets nucléaires sont classés selon deux critères :

- le niveau d'activité, donc l'importance des protections à mettre en place ;
- la période radioactive qui détermine la durée pendant laquelle ces déchets restent dangereux.

Tableau 6.1 – Classification des déchets nucléaires.

Catégorie	Définition
Déchets TFA	Déchets de très faible activité a à longue durée de vie
Déchets A	Déchets de faible et moyenne activité ne renfermant que les émetteurs bêta et gamma à période courte et moyenne ($\leq$ 30 ans) et d'activité $a \leq$ 0.01 Ci/t (Curie par tonne)
Déchets B	Déchets de faible et moyenne activité renfermant des émetteurs de longue période et une activité $a \geq$ 0.01 Ci/t (Curie par tonne)
Déchets C	Déchets de haute activité contenant des quantités importantes de produits de fission, d'actinides et de produits d'activation

En 1990, le gouvernement français s'est tourné vers le Parlement pour lui demander son avis sur la question des déchets nucléaires. L'aboutissement en fut le vote d'une loi le 30 décembre 1991.

Cette loi définissait trois axes de recherche :

– la recherche de solutions permettant la séparation et la transmutation des éléments radioactifs à vie longue ;

– l'étude des possibilités de stockage réversible ou irréversible dans les formations géologiques profondes ;

– l'étude des procédés de conditionnement et d'entreposage de longue durée en surface.

La loi avait fixé un échéancier : 2006. Ce délai n'a pas été suffisant, seuls ont été enregistrés des progrès dans les diverses études menées çà et là.

LA TRANSMUTATION

La transmutation, ou encore l'incinération des déchets, est une solution optimiste. Elle envisage les déchets d'un regard favorable : ils pourraient aussi être des combustibles et fournir de l'énergie.

Il s'agit de transformer par réaction nucléaire les déchets en noyaux moins radioactifs et de durée de vie courte ou en noyaux stables. La transmutation offre un avantage de taille : elle permet de se débarrasser physiquement des déchets les plus radiotoxiques à long terme. Le succès d'une politique de transmutation réduirait considérablement, voire supprimerait, la nécessité de stockage géologique.

La transmutation s'effectue lors de réactions nucléaires. Ces réactions se déroulent dans des cibles contenant les déchets. Pour que ces réactions se produisent, on les bombarde par un flux de neutrons qui peuvent ou bien être produits dans le réacteur, ou bien être émis par une cible extérieure, dite de spallation, et qui est la mieux adaptée.

Le CEA a mis sur pied un certain nombre de projets à partir de réacteurs à neutrons rapides, notamment le projet CAPRA (Consommation accrue de plutonium dans les rapides), la fermeture de Superphénix a mis un terme provisoire à ces propositions. Une autre voie s'intéresse à l'utilisation d'accélérateurs pour la transmutation des actinides mineurs et des produits de fission par spallation.

LES SYSTÈMES HYBRIDES : ACCÉLÉRATEUR-RÉACTEUR. La voie qui semble la plus prometteuse est celle des système hybrides accélérateur-réacteur. Les spallations induites par un faisceau de protons incident sur une cible adaptée comme le plomb produisent abondamment des neutrons. Un proton de 1 GeV peut fournir par cascades environ 30 neutrons de spallation d'énergie comprise entre 1 et 10 MeV. Par ailleurs, le neptunium et l'américium, actinides mineurs dangereux à vie longue, deviennent fournisseurs de neutrons dans un haut flux de neutrons thermiques ou un flux de neutrons rapides. Avec la production de 10 REP, soit 400 kg de neptunium et d'américium et 60 kg de technétium, on peut envisager en haut flux thermique ou rapide, alimenté par un accélérateur de protons (1 GeV, 50 mA), que le neptunium et l'américium transmutent le technétium par leurs neutrons de fission, l'ensemble fonctionnant sans uranium ni plutonium, ni thorium dans un régime sous-critique. Le projet INCA (INCinération par Accélérateur d'Actinides) se propose d'étudier la possibilité d'un parc de 70 GWe de REP avec combustible standard et REP-MOX pour brûler le plutonium avec recyclage des actinides mineurs et du technétium, qui permette avec 6 accélérateurs de 1 GeV et 50 mA de transmuter le technétium, l'iode et les actinides mineurs rejetés par le système et de stabiliser le stock de plutonium à la valeur la plus basse possible.

Les systèmes hybrides spallation-fission sont destinés à la transmutation des déchets nucléaires à vie longue. Le principe en est le suivant : un faisceau de protons de haute intensité, d'une énergie de l'ordre de 1 GeV, produit des neutrons par spallation dans une cible lourde. Ces neutrons diffusent dans un réacteur sous-critique entourant la cible où sont incinérés les déchets. Le système produit de l'énergie dont une partie sert à alimenter l'accélérateur. Ces systèmes ont l'avantage d'une meilleure économie de neutrons du fait du surplus apporté par l'accélérateur, d'une sûreté plus favorable du fait du fonctionnement de la partie réacteur en régime sous-critique et d'un coût raisonnable, car ils sont au moins auto-suffisants, voire producteurs d'énergie. Ils ont l'avantage de permettre une incinération beaucoup plus complète et rapide du plutonium militaire accumulé du fait du désarmement que par la filière REP-MOX. En outre, ils permettraient de remplacer dans les REP-MOX l'uranium 238 par du thorium 232, qui ne produit pas d'actinides lourds comme le neptunium et l'américium.

Deux systèmes hybrides assez différents – celui de l'équipe de Los Alamos dirigée par C. D. Bowman et celui du CERN dirigé par Carlo Rubbia [1] – permettent en principe d'incinérer et de transmuter efficacement les déchets à vie longue. Dans les deux cas, le fonctionnement de base reste le même : un accélérateur de protons, de haute intensité (entre 10 mA et 100 mA) et d'énergie proche du GeV, bombarde une cible de plomb fondu ou un mélange de plomb fondu et de bismuth.

Dans le projet défendu par Carlo Rubbia, l'accélérateur a une structure circulaire. Moins onéreux qu'un accélérateur linéaire, le cyclotron produirait une énergie de 1 GeV et une intensité de 10 à 20 mA, valeurs limites pour ce type de dispositif. Un aspect remarquable de ce projet est son extrême degré de sûreté.

LE STOCKAGE

Les principaux objectifs du stockage ont été définis par l'Agence internationale de l'énergie atomique dans le livre : *Gestion des déchets radioactifs. Évacuation géologique des déchets* [2]. Ils sont les suivants :

- Assurer la responsabilité des générations actuelles envers les générations futures. Pour cela, il convient d'isoler les déchets de l'environnement humain pendant de longues périodes de temps, sans avoir besoin de recourir à des interventions humaines pour garantir la sûreté du stockage et sans imposer aux générations futures des contraintes particulières, notamment de surveillance.

---

1. C. Rubbia, *Conceptual Design of a Fast Neutron Operated Energy Amplifier*, CERN/AT/95-44.

2. Agence de l'OCDE pour l'énergie nucléaire, Comité de la gestion des déchets radioactifs, Paris : OCDE, 2000.

– Garantir la sûreté radiologique. Pour cela, il convient d'assurer sur le très long terme la protection des personnes et de l'environnement contre la radioactivité en adoptant au minimum les mêmes niveaux de protection que ceux actuellement en vigueur.

Initialement, l'option de stockage géologique a été portée par la volonté de trouver une solution définitive au problème posé par la gestion des déchets radioactifs à haute activité et à vie longue. Les experts scientifiques se sont ainsi tournés vers cette option en mettant les avantages suivants en avant.

1. Dans l'optique d'un stockage définitivement fermé et dont la sûreté ne repose pas sur une surveillance continue, cette option réduit au maximum les obligations imposées aux générations futures.

2. L'environnement et la santé des personnes sont protégés par les multiples barrières entre les déchets et les hommes.

3. Les possibilités d'intrusion humaine accidentelle sont limitées.

4. Il n'est pas nécessaire de mettre en place sur le très long terme des dispositifs de surveillance institutionnelle pour éviter l'accessibilité des colis.

5. L'échelle du temps géologique est aussi celle des déchets à haute activité et à vie longue.

6. La barrière géologique qui renferme les déchets, lorsqu'elle est bien choisie, est plus sûre que n'importe quelle barrière technologique construite par l'homme.

7. La stabilité d'un stockage géologique est plus importante que celle d'un stockage de surface, notamment en cas de séisme, ce type d'événement n'affectant pas les couches géologiques en profondeur.

8. Les déchets placés en formation géologique sont mieux protégés des agressions extérieures (eau, air), ce qui prolonge de façon significative la durabilité du conditionnement des colis (barrière technologique).

LES TROIS BARRIÈRES. Le stockage géologique concerne les déchets de la catégorie B et C. L'idée est de confiner la radioactivité, de s'opposer à la migration des radionucléides (actinides, produits de fission). On crée trois barrières : une première dite de confinement, une seconde dite ouvragée, et une troisième, le milieu géologique.

LA BARRIÈRE DE CONFINEMENT. Les radionucléides sont, après retraitement, incorporés dans une matrice. L'option française est une matrice en verre. Les colis de verre sont placés dans des fûts en acier, sur conteneurs. Mais leur intégrité ne peut être garantie au-delà d'une centaine d'années. Le verre est donc la première barrière à la migration des radionucléides. Il est difficile d'évaluer la dégradation du verre : des programmes effectués par l'Andra la simulent sur plusieurs milliers d'années.

LA BARRIÈRE OUVRAGÉE. Une fois la première barrière dégradée, c'est la seconde qui devra retenir les radionucléides, ou du moins ralentir leur migration. Il existe plusieurs concepts différents, mais souvent la barrière ouvragée se compose essentiellement d'argile gonflante.

LE SITE GÉOLOGIQUE. Le site géologique doit être choisi de telle façon que les eaux souterraines aient un faible débit. En effet, les flux hydriques permettent la remontée des radionucléides vers la biosphère. Trois milieux sont étudiés : le sel, le granite, l'argile. Ils sont situés à une profondeur de 500 m ou davantage.

Le sel a l'avantage de recolmater les fissures éventuelles, et l'eau est quasi immobile. Mais il peut se créer des gaz corrosifs, voire explosifs. De plus, c'est une ressource, donc une cible pour les générations futures. C'est pour cette raison que la France a abandonné ce type de site géologique.

Le granite a une teneur en eau faible, mais présente une forte résistance mécanique. En revanche, il est souvent parcouru par des fractures de longueur et d'ouverture variables, ce qui joue sur sa perméabilité à grande échelle. Les mouvements tectoniques vont aussi influer, et il n'y aura pas de recolmatation. En France, cette solution est étudiée dans le département de la Vienne.

L'argile contient en général beaucoup d'eau, mais l'écoulement est lent. De plus, la migration des cations est ralentie par rapport à la vitesse de l'eau à cause des échanges d'ions avec le solide. Et enfin, l'argile a un comportement plastique s'il n'est pas trop consolidé, les fissures seront donc facilement colmatées. Cependant, il est mauvais conducteur thermique. Il est donc nécessaire d'entreposer les déchets de type C 50 ans avant de les stocker dans ce type de milieu. Le problème de l'argile est qu'il se consolide et perd sa plasticité, alors peuvent apparaître des fractures.

En France, le laboratoire de Bure, ou laboratoire de recherche souterrain de Meuse/Haute-Marne, est un réseau de galeries sous le territoire de la commune de Bure. Ce laboratoire de recherche souterrain est exploité par l'Andra afin d'évaluer les propriétés de confinement de la formation géologique située à 500 mètres de profondeur.

La construction du laboratoire a débuté en 2000 dans le cadre de la loi Bataille. Une première phase de construction (des expériences sont menées en parallèle) s'est achevée en 2007 et des travaux d'extension sont en cours depuis 2008.

Aux États-Unis, le site de Yucca Mountain a été l'objet autant d'intérêt que de controverse pour la question du stockage. À beaucoup d'égards, il semblait idéal pour le stockage, dans l'état actuel de la technologie. Il se trouve sur un site fédéral contigu au site d'essais du Nevada, dans le comté de Nye, à 130 km au nord de Las Vegas. Le lieu lui-même était dans Yucca Mountain, une ligne de crête dans le sud du Nevada, près de la frontière californienne. En 2006, le Department of Energy et le Congrès des États-Unis ont donné leur accord à la poursuite du projet.

Les réticences locales ont été vigoureuses et, pendant sa campagne électorale, le président Obama avait promis d'abandonner le projet. Le vote du budget fédéral par le Congrès le 14 avril 2011 a mis un terme au financement du site de stockage de Yucca Mountain. Cet épisode est d'une grande importance. Le sentiment actuel est que le problème du stockage des déchets radioactifs n'a, à l'heure actuelle, trouvé aucune solution. À l'heure où se produisent les événements que l'on sait au Japon, c'est une véritable crise technologique mondiale.

L'ENTREPOSAGE

Il ne semble donc rester à l'heure actuelle que l'entreposage. L'entreposage en surface est d'ores et déjà une réalité industrielle, puisque des déchets radioactifs ou des combustibles usés sont entreposés, pour certains depuis plusieurs dizaines d'années, dans les installations de Marcoule, Cadarache ou La Hague.

L'entreposage est la règle pour tous les combustibles usés en attente de retraitement. Ce sont des techniques bien maîtrisées. Il n'y a pas de saut technique pour les rendre applicables. En revanche, les études d'entreposage de longue durée demandent des développements et des démonstrations de sûreté sans pour autant réclamer d'exploits technologiques, sauf à rechercher la meilleure rentabilité possible.

Compte tenu de la quantité importante d'atomes radioactifs présents dans les déchets à haute activité et à vie longue, ces derniers émettent des rayonnements très intenses et, pour certains, pendant des périodes de temps très longues. De ce fait, ils présentent un risque radiologique très important si des personnes s'en approchent ou si la matière qui les constitue est dispersée dans l'environnement. Ces déchets sont vitrifiés.

À la sortie de l'opération de vitrification, on trouve dans un colis de déchets vitrifiés, contenant 170 litres de produits hautement radioactifs vitrifiés, et en sommant l'ensemble des divers radioéléments, environ : 100 millions de becquerels pour les divers uraniums, 10 000 milliards de becquerels pour les divers isotopes du plutonium, 10 000 milliards de becquerels d'américium et de curium, 10 millions de milliards de becquerels de produits de fission (rubidium, strontium, césium).

Les risques radiologiques associés aux colis de déchets vitrifiés sont de deux types : d'une part, compte tenu de l'activité radiologique présente dans les colis, ces derniers sont très irradiants et représentent donc un risque d'irradiation externe pour les personnes se trouvant à leur proximité ; d'autre part, si les radioéléments présents dans les colis se dispersaient dans l'environnement, un risque d'exposition interne par ingestion apparaîtrait.

Les colis de déchets vitrifiés sont très irradiants, ce qui nécessite leur entreposage dans un lieu approprié et leur manipulation par des professionnels du nucléaire. Le débit de dose à leur contact est de l'ordre de 500 à 5 000 sieverts par heure, et diminue à moins de 50 sieverts par heure à une distance d'un mètre du colis sans protection. Par conséquent, une personne qui s'approcherait pendant plus de 5 minutes à un mètre du colis sans aucune protection, recevrait une dose totale d'environ 5 sieverts par irradiation externe, c'est-à-dire une dose mortelle. Ce risque d'irradiation externe se retrouve dans toute l'activité industrielle nucléaire. Dès lors que ces opérations sont gérées par des professionnels du nucléaire, elles ne « devraient pas » présenter de problèmes particuliers par rapport aux autres activités de l'industrie nucléaire. La catastrophe de Kychtym, dont nous parlerons en 9.2.3, montre qu'il faut être prudent dans ces affirmations.

Du point de vue du risque d'ingestion de matière, il faut garder à l'esprit, à titre indicatif, que si ces déchets étaient dispersés au lieu d'être vitrifiés et confinés dans un colis, l'ingestion par une personne d'un milligramme de déchets bruts (c'est-à-dire sous une forme assimilable par l'organisme humain) délivrerait une dose mortelle. La vitrification des déchets permet d'éviter actuellement tout risque de dispersion de matière radioactive dans l'environnement. Même dans l'hypothèse extrême d'une pulvérisation des matrices de verre, le fait d'ingérer une fraction de verre ne devrait pas conduire à une dose significative, dans la mesure où la fraction assimilée dans l'organisme resterait extrêmement faible. De ce fait, la vitrification apparaît comme une double garantie, d'une part, vis-à-vis de la dispersion dans l'environnement et, d'autre part, vis-à-vis d'une éventuelle ingestion de fractions infimes de produits vitrifiés.

Les déchets vitrifiés dégagent beaucoup de chaleur du fait des phénomènes radioactifs. La puissance thermique des colis de déchets est très élevée à la sortie de la vitrification. La température atteint environ 120 à 130 °C sur les parois des colis dans les premières années après la vitrification. Une période de refroidissement des colis dans un entreposage muni d'un système de ventilation est donc nécessaire après la vitrification.

Aujourd'hui, les déchets vitrifiés sont entreposés, après conditionnement, dans des bâtiments ventilés qui se trouvent sur les sites de retraitement de Marcoule et de La Hague. On pense que l'ensemble du dispositif d'entreposage actuel permet de se protéger contre les risques potentiels des déchets.

6.3 Démantèlement d'une installation

Quelle que soit l'option choisie *in fine* dans le cadre de la politique énergétique d'un pays, le démantèlement des réacteurs existants est indispensable lorsque ces derniers soit atteignent le terme de leur activité normale, soit font l'objet d'une décision d'arrêt. Cela représente une durée de vie de 30 ans pour les réacteurs les plus anciens, et de 40 à 60 ans pour les réacteurs construits plus récemment.

En soi, le démantèlement est un vaste sujet d'ingénierie et nous ne pouvons donner ici que quelques éléments très incomplets.

Le démantèlement comporte deux phases : la démolition des installations et la décontamination du site. Il y a trois étapes.

- Le « niveau I » consiste en la mise à l'arrêt définitif du réacteur, le déchargement des assemblages combustibles du cœur du réacteur et leur entreposage pendant deux ans en piscine de « désactivation » du bâtiment combustible. Cette phase comprend la décharge du combustible nucléaire et la vidange des circuits, ainsi que l'envoi du combustible usagé dans une usine de retraitement puis de vitrification. Notons que le prix de la vitrification, de la mise en fûts, puis du stockage semble être le même que l'on procède ou non au retraitement.

– Le « niveau II », ou démantèlement partiel, consiste en la destruction de tous les bâtiments en dehors du bâtiment abritant le réacteur. Cela comprend la décontamination et la destruction de toutes les installations et de tous les bâtiments, en dehors de celui qui abrite le réacteur nucléaire, et le confinement du bâtiment du réacteur nucléaire lui-même.

– Le « niveau III » consiste dans le démantèlement total, autrement dit le démantèlement du bâtiment du réacteur. Cela comprend le démantèlement du bloc réacteur et des échangeurs thermiques, la destruction du bâtiment du réacteur nucléaire et, suivant les cas, ou bien la décontamination totale de l'environnement, ou bien l'enfouissement des restes du réacteur dans un sarcophage étanche.

Ces trois étapes ont des durées indéterminées. Les divers opérateurs considèrent comme un privilège réservé le fait de décider si telle étape se fera « rapidement », c'est-à-dire en quelques années, ou « calmement », c'est-à-dire en quarante ou cinquante ans.

Si un grand nombre d'installations nucléaires de recherche ont été démantelées depuis les années 1950, dans le monde, sur environ 500 réacteurs producteurs d'électricité, on ne compte qu'une dizaine de démantèlements complets depuis 1960. Beaucoup de démantèlements entrepris en sont au niveau II. La durée du niveau III semble s'allonger avec le temps. Il faut dire que c'est là une source d'incertitude considérable quant au coût de l'opération.

Aux États-Unis, on estime le prix d'un démantèlement entre 500 et 1 000 millions de dollars. En revanche, au Royaume-Uni, les prix annoncés sont de 100 milliards d'euros pour 28 réacteurs, soit 4 milliards par réacteur, environ dix fois plus. En France, la Cour des comptes, dans son rapport de 2005 (« Le démantèlement des installations nucléaires et la gestion des déchets radioactifs »), estimait ce coût à 20 à 40 milliards d'euros pour 58 réacteurs (chiffre que l'on peut élever un peu), en dessous des estimations britanniques. La Cour des comptes doit remettre au président de la République un nouveau rapport au début de 2012.

LE DÉSASTRE DE BRENNILIS

Aucun démantèlement complet n'a eu lieu en France. Le démantèlement de la centrale de Brennilis, en Bretagne, qui mérite un exposé en lui-même, semblerait un canular s'il ne s'agissait pas d'une affaire aussi sérieuse [3].

En 1967, le Commissariat à l'énergie atomique met en service un réacteur nucléaire « expérimental », modéré à l'eau lourde et refroidi au gaz carbonique (filière HWGCR), d'une puissance de 70 MW. Sa destination : fabriquer du plutonium militaire. La centrale est exploitée conjointement par EDF et le CEA. En 1985, le réacteur est arrêté définitivement, et EDF en prépare la phase de démantèlement.

Le coût du démantèlement a été évalué, en 2005, à 482 millions d'euros par la Cour des comptes, soit vingt fois plus que l'estimation de la commission pour la Production d'Électricité d'Origine Nucléaire (PEON) qui est à l'origine du parc nucléaire actuel.

La première phase du démantèlement a été lancée en 1985. Elle a comporté la décharge du combustible nucléaire, la vidange des circuits, et la mise à l'arrêt définitif en 1992.

Un « confinement sûr » sur place (sous un mausolée ou un sarcophage) s'est révélé impossible, pour des raisons liées à la nature du sous-sol (faille sous le réacteur) et à l'existence d'une nappe phréatique baignant l'enceinte du réacteur. Ces données géologiques étaient connues avant la construction, il est surprenant qu'on ait quand même lancé le projet.

La phase 2 a démarré en 1997. Il y a eu décontamination et démontage des bâtiments hors réacteur, évacuation des déchets nucléaires et confinement du bâtiment réacteur.

La phase 3, qui a débuté en 2005, a produit un nouveau type de déchets radioactifs issus du démantèlement, faiblement ou moyennement actifs mais à très grande durée de vie (dits FMA vie longue). Le stockage de ces déchets devait être temporairement assuré dans l'installation Iceda, en cours de construction par EDF sur le site nucléaire de Bugey, en attendant l'ouverture du site de stockage définitif, décidé dans le cadre de la loi Bataille de 1991.

La solution, un temps préconisée par EDF, consistant à attendre la décroissance de la radioactivité résiduelle de la cuve et des internes du réacteur pendant encore au moins quarante ans (!) a été abandonnée au profit d'un démantèlement faisant largement appel à des moyens téléopérés permettant les travaux en zone contaminée ou irradiée.

---

3. http://sortirdunucleaire29.free.fr/spip.php?rubrique2.

En 2006, vingt et un ans après le début du démantèlement, le Premier ministre signe un décret pour que EDF réalise le « démantèlement total » (phase 3) de la centrale à fin de mise à l'arrêt définitif (MAD) et démantèlement complet de l'INB n° 162. Le 6 juin 2007, à la demande du réseau Sortir du nucléaire 2007[4], le Conseil d'État annule ce décret et donc de la procédure de démantèlement telle qu'engagée.

Le 11 juillet 2007, le réseau Sortir du nucléaire publie un rapport d'inspection de l'ASN (Autorité de sûreté nucléaire) resté confidentiel, qui critique sévèrement le chantier de démantèlement de Brennilis.

La Criirad a réalisé en mars 2006 des prélèvements de mousses aquatiques à proximité de la centrale, derrière la STE (Station de traitement des effluents). On y trouve plusieurs éléments radioactifs provenant incontestablement de la centrale : césium 137 et cobalt 60, mais aussi, dans une concentration anormalement élevée, de l'actinium 227 (très radiotoxique, d'une demi-vie de 22 ans) d'origine indéterminée, du plutonium très toxique. Une étude entreprise en commun par le laboratoire ACRO et le Laboratoire des sciences du climat et de l'environnement du CEA (LSCE) a conclu à l'origine *naturelle* de l'actinium 227, ce qui surprend au regard de sa demi-vie.

Un décret du 27 juillet 2011 autorise EDF à reprendre les opérations de démantèlement. Ces opérations doivent être réalisées dans les cinq ans. Le décret prévoit aussi qu'EDF dépose une demande d'autorisation de démantèlement total de la centrale avant le 31 décembre 2011.

Les choses en sont là. L'opération a coûté vingt fois plus qu'annoncé. La contamination radioactive de l'endroit dépasse l'entendement, de même que la lenteur de toute la procédure. C'est d'autant plus étonnant que le savoir-faire français en matière d'ingénierie nucléaire devrait pouvoir être exploité dans le secteur, incontournable, du démantèlement. On regrette que l'industrie nucléaire française ne soit pas en pointe dans ce domaine, aux applications mondiales.

---

4. http://www.asn.fr/index.php/S-informer/Actualites/2007/Demantelement-Centrale-nucleaire-de-Brennilis.

CHAPITRE 7

LES ACCIDENTS NUCLÉAIRES CIVILS

7.1 LES ACCIDENTS NUCLÉAIRES

DEPUIS la Seconde Guerre mondiale, il y a eu une quantité d'incidents ou d'accidents liés à l'utilisation de l'énergie nucléaire, tant dans le domaine civil des réacteurs et des piles, qui s'est constamment développé, que dans le domaine militaire. On en trouve une liste assez complète (secret défense mis à part) sur Internet.

On a dénombré au moins une trentaine d'accidents dans des réacteurs civils et une trentaine dans le domaine militaire (en incluant les accidents de bombardiers mais hormis ceux des sous-marins).

Il existe, depuis 1990, une échelle de gradation établie par l'Agence internationale de l'énergie atomique : l'échelle INES, échelle internationale des événements nucléaires (*International Nuclear Event Scale*). Cette échelle compte huit niveaux de gravité, notés de 0 à 7. Elle sert à faciliter la perception par le public, au travers des médias, de l'importance en matière de sûreté des incidents et des accidents nucléaires [1].

L'objectif majeur pour la santé des populations est donc :

1. de maîtriser ces accidents, et

2. de connaître et de faire face à l'ampleur de la dissémination de matière radioactive dans l'atmosphère, le sol et l'océan, ainsi que dans les retombées sur les aliments. Les voies d'intoxication par cette radioactivité ont été indiquées dans la figure (3.4).

Nous nous intéresserons ci-dessous à deux accidents majeurs : l'accident, en 1979, de la centrale nucléaire de Three Mile Island, en Pennsylvanie, et la catastrophe de Tchernobyl en URSS en 1986. Nous parlerons du désastre nucléaire de Fukushima, au Japon, dans le chapitre suivant.

---

1. Voir le site http://www-ns.iaea.org/tech-areas/emergency/ines.asp.

Ces deux accidents sont exemplaires à plusieurs titres. D'abord, parce qu'ils ont été les plus importants par leur ampleur. Ensuite, parce qu'ils ont fait prendre conscience de la réalité concrète d'une catastrophe nucléaire. Ensuite, parce que tous deux ont, dans une certaine mesure, bénéficié de « coups de chance » sans lesquels ils auraient eu des conséquences bien plus graves. Enfin, parce que des leçons pouvaient être tirées de l'analyse de ces accidents. Elles ont été publiées et suivies dans beaucoup de pays, dont la France. Elles ne l'ont pas été dans l'édification et la gestion de la centrale de Fukushima.

Une part notable du déclenchement ou de l'aggravation de ces accidents provient de facteurs humains. Il y a, bien entendu, des manques d'attention, ou des effets d'incompétence. Mais beaucoup de causes d'accidents (pas seulement nucléaires) proviennent d'un excès de compétence et d'habitude forgé au cours du temps. Cela peut sembler paradoxal, mais c'est souvent lorsque l'on fait un geste habituel que l'on est vulnérable. L'habitude développée, le geste acquis, font qu'une inattention parfois minime peut, par exemple, faire lâcher un verre d'eau, ou ne pas regarder la route en voiture, avec des conséquences parfois catastrophiques.

7.2   L'accident de Three Mile Island

Il s'est produit le 28 mars 1979, dans un réacteur REP à la centrale nucléaire de Three Mile Island. Cette île se trouve sur la rivière Susquehanna, près de Harrisburg, en Pennsylvanie. L'accident a été classé niveau 5 sur l'échelle internationale des événements nucléaires (INES)[2].

À la suite d'une panne des pompes d'alimentation en eau du circuit secondaire d'un réacteur, et à cause d'un enchaînement de défaillances mécaniques, d'erreurs humaines et de défauts de conception, le cœur du réacteur TMI-2 a partiellement fondu. L'enceinte de confinement étant restée intacte, le relâchement de produits radioactifs dans l'environnement est resté faible.

L'évolution, minute par minute, de cette amorce de fusion d'un cœur a provoqué une prise de conscience de la gravité de l'événement par les ingénieurs et physiciens de tout le secteur nucléaire. En ce sens, elle a eu une importance majeure, même si la chance a fait qu'en fin de compte, le

---

2. On pourra consulter http://www.futura-sciences.com/fr/definition/t/physique-2/d/accident-nucleaire-de-three-miles-island_7135/ ou http://www.nrc.gov/reading-rm/doc-collections/fact-sheets/3mile-isle.html.

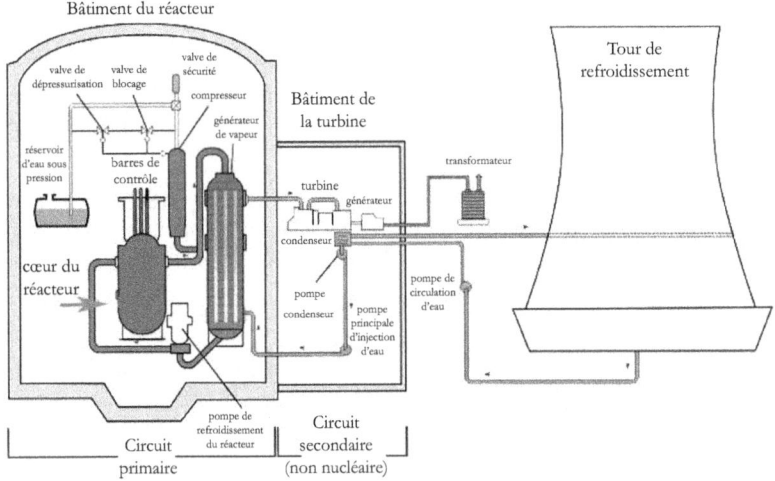

Figure 7.1 – Réacteur REP de Three Mile Island.

déroulement de l'événement a été stoppé avant que le corium ne traverse la cuve du réacteur.

LE RÉACTEUR

Cet accident, survenu sur un réacteur de Metropolitan Edison, a été le plus grave de toute l'histoire de l'électronucléaire civil américain. Il a émis dans l'atmosphère 481 millions de milliards de becquerels (13 millions de curies) de gaz radioactifs, dont 740 GBq (20 curies) de l'isotope particulièrement dangereux de l'iode 131.

Il a été provoqué par une panne inopinée du circuit secondaire, à laquelle se sont ajoutés des erreurs humaines ainsi que des problèmes d'interface homme-ordinateur. La panne, qui a entraîné l'arrêt automatique du réacteur, a ainsi fait cesser la réfrigération du circuit primaire. La température du cœur s'est mise à augmenter, il a subi une fusion partielle d'environ 50 %, qui a endommagé la cuve sans la percer.

L'ACCIDENT

L'accident a commencé à 4 heures du matin le mercredi 28 mars 1979, par des défaillances du circuit secondaire, non nucléaire, suivies par la perte d'étanchéité de l'enceinte du circuit d'eau primaire (deuxième barrière de protection), ce qui a entraîné la fuite d'une part importante du réfrigérant nucléaire. À la suite d'actions inappropriées, le refroidissement du cœur n'a donc plus été assuré, provoquant la fusion d'une partie du combustible, c'est-à-dire la perte de la première barrière de protection. L'enceinte de confinement (troisième barrière) a joué son rôle, à l'exception d'un léger rejet radioactif.

L'étendue et la complexité de l'accident sont devenues de plus en plus évidentes pendant les cinq jours où les ingénieurs de Metropolitan Edison, les élus de l'État de Pennsylvanie et des membres du Comité de réglementation nucléaire (NRC) ont cherché à comprendre ce qui se produisait, à communiquer l'état des choses à la presse et aux comités locaux, à décider si l'accident imposait une évacuation d'urgence de la population, et à prévoir quelle serait l'issue de la crise. Le fait que la NRC ait autorisé le déversement de 160 000 litres d'eau sale radioactive directement dans la rivière Susquehanna a provoqué une perte de confiance de la part de la presse et de la population.

Au bout du compte, le réacteur a été maîtrisé, même si les détails complets de l'accident n'ont été élucidés que bien plus tard, à la suite d'enquêtes approfondies ordonnées par la présidence des États-Unis et par la NRC. Le rapport du comité Kemeny a conclu que « ou bien il n'y aurait aucun cas de cancer, ou bien le nombre de cas serait si faible qu'on ne pourrait pas les attribuer à cet accident. Les mêmes conclusions s'appliquent aux autres effets sanitaires ». Plusieurs études épidémiologiques faites depuis l'accident ont corroboré le fait que l'émission de radioactivité due à l'accident n'avait eu aucune incidence sur les populations habitant près de la centrale. (Une équipe de recherche a contesté ces résultats.)

La réaction du public fut probablement influencée par la projection d'un film intitulé *Le Syndrome chinois* (« The China Syndrome ») qui décrivait l'histoire d'un accident dans un réacteur nucléaire. On percevait les communiqués officiels comme confus. L'accident a suscité des réactions antinucléaires parmi les gens engagés comme dans le grand public. Cela a mené à l'établissement de nouvelles normes pour l'industrie nucléaire, et cela a marqué le déclin de l'électronucléaire américain, car aucun nouveau réacteur nucléaire civil n'a été construit après cette date aux États-Unis.

Quand, six ans plus tard, il a été possible de pénétrer dans l'enceinte, une caméra introduite dans la cuve a montré qu'une partie significative du combustible avait fondu, mais qu'il n'avait pas traversé la cuve, le corium étant stratifié au fond de la cuve, sans provoquer d'explosion.

Déroulement

Premières minutes de l'accident

1. Instant $t = 0$. Arrêt de deux pompes d'alimentation en eau du système de refroidissement secondaire pour une raison toujours inconnue. Trois pompes auxiliaires de secours doivent se mettre en marche automatiquement. Elles ne le font pas, car les soupapes de sécurité ont été fermées momentanément pendant une opération de maintenance. C'est là une violation grave d'une règle de sécurité impérative de la NRC. Cette faute humaine a plus tard été soulignée comme étant un facteur décisif de l'accident.

2. La panne modifie instantanément les conditions dans le générateur de vapeur, diminuant sa capacité à refroidir le circuit système primaire. La pression dans le circuit primaire (qui traverse le cœur) augmente immédiatement à cause de la hausse de température.

3. Afin d'éviter que la pression n'augmente trop, la soupape de décompression du pressuriseur du circuit primaire s'ouvre automatiquement ($t = 3$ s). Le réacteur et la turbine sont stoppés automatiquement ($t = 8$ s).

Problèmes supplémentaires

Cette soupape de décompression doit, normalement, se refermer une fois la pression revenue à un niveau convenable. Le voyant de la vanne du pressuriseur indique à tort une vanne fermée. La pression continue de diminuer dans le circuit primaire, qui se vide par cette soupape restée ouverte. Conséquence : 120 m³ de vapeur et d'eau radioactive se déversent dans l'enceinte principale du réacteur. Le cœur commence à fondre.

En même temps que la pression baisse, des « vides » (bulles de vapeur d'eau) se forment dans la cuve et dans le circuit primaire. Ces vides provoquent des turbulences d'eau complexes qui, paradoxalement, remplissent d'eau le pressuriseur.

L'opérateur, ayant l'information que le pressuriseur est plein, en conclut par erreur que tout le circuit primaire l'est également et arrête manuellement le circuit d'injection de sécurité ($t = 4$ min 38 s). Peu de temps après, l'eau commence à bouillir à la sortie du cœur ($t = 5$ min 30 s). À partir de cet instant, le circuit primaire se vide directement dans l'enceinte de confinement (troisième et dernière barrière de confinement de la radioactivité). Le cœur continue de fondre. Il y a *production d'hydrogène* dans l'enceinte, par action du zircaloy sur l'eau.

Ce n'est qu'à 6 h 45 que les alarmes de détection de radiation se déclenchent. À 6 h 56, le directeur de la centrale décrète l'état d'urgence sur le site. Il parle d'événement « pouvant avoir des conséquences radiologiques graves pour le grand public ».

PENDANT LES HEURES SUIVANTES

Pendant les heures qui suivent, les opérateurs tentent de remplir le circuit primaire d'eau. C'est difficile, car de grandes quantités d'hydrogène sont piégées dans les points élevés du générateur de vapeur (l'échangeur). La situation se stabilise enfin, et les pompes du circuit primaire sont remises en service (t = 15 h 49). L'état du réacteur est très dégradé, mais permet néanmoins de refroidir le combustible.

Le gouverneur de l'État de Pennsylvanie est tenu informé, ainsi que la NRC et les représentants de la présidence des États-Unis. Ils tiennent une réunion d'urgence à 10 h du matin.

La réaction des opérateurs et des ingénieurs et la compréhension progressive de la situation ont donc abouti à ceci :

1. stabilisation de la situation à t = 15 h 49 ;

2. situation de crise : une bulle d'hydrogène, formée au bout de deux heures, a persisté dans l'enceinte pendant cinq jours, de grandes précautions ont été prises pour qu'elle n'explose pas ;

3. environ 50 % du cœur a fondu ;

4. l'enceinte de confinement a tenu ;

5. 200 000 personnes ont été évacuées ;

6. il y a eu une radioactivité significative près de la centrale, mais

7. finalement, une très faible contamination.

BILAN

1. État final du cœur.

   Des années d'étude sur cet accident ont permis de découvrir que :

   – 50 % du cœur avait fondu ;

   – 20 % avait coulé au fond de la cuve.

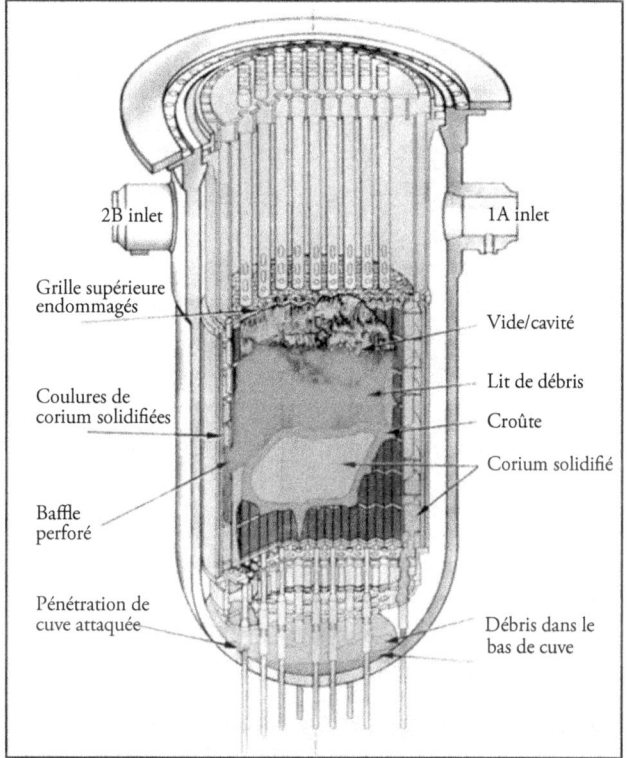

Figure 7.2 – Cœur du réacteur après l'accident.

2. Bien qu'endommagée, la cuve n'a pas été percée et la partie fondue du cœur est restée contenue dans la cuve. De même, malgré des déformations importantes et fusions partielles, les cuves internes n'ont pas été détruites. L'enceinte de confinement est restée entière ; le relâchement de produits radioactifs dans l'environnement est donc resté faible. Il est cependant difficile de trouver des chiffres fiables pour le quantifier (ils n'ont pu être établis sur le moment).

3. Par ailleurs, cet accident a amené les exploitants de centrales de conception similaire (et, en particulier, EDF en France, même si ses centrales présentent bon nombre de différences) à profondément réfléchir. En effet, contrairement à Tchernobyl, l'accident de Three Mile Island (TMI) a été instructif et a permis de faire avancer la sûreté.

Les opérateurs de TMI disposaient de procédures à appliquer en fonction de tel ou tel incident (on parle de « procédures événementielles »). En situation réelle, ils n'ont pas pu faire un diagnostic et cela a, en fait, aggravé la situation (arrêt de l'injection de sécurité, redémarrage des pompes primaires avec un cœur émergé, etc.). Toutes les procédures de conduite accidentelle ont donc été revues avec une approche totalement nouvelle : ne plus demander aux opérateurs de comprendre ce qui se passe (car il y a de très grandes probabilités pour qu'ils se trompent, aussi compétents soient-ils), mais leur donner des actions à faire en fonction des paramètres dont ils disposent : pression, température, niveaux d'eau, taux de radioactivité, ou autres. C'est ce qui s'appelle « l'approche par état », qui est aujourd'hui suivie dans de très nombreuses centrales nucléaires de par le monde.

4. Il est apparu qu'un accident de ce genre provient de la conjonction inattendue et imprévisible de défaillances multiples dans un système complexe. Il a été qualifié d'accident « normal » par Charles Perrow dans une remarquable étude qu'il a étendue à de nombreuses situations de la technologie moderne[3].

5. La situation actuelle, en 2011, est que le cœur endommagé a été entièrement retiré de la cuve, y compris les parties fondues au cours de l'accident. L'enceinte de confinement a également été nettoyée. La centrale est dans l'attente d'une décision sur son devenir ultérieur. Le démantèlement complet du réacteur accidenté *Unit 2* est une choses acquise, mais le démantèlement total de la centrale, y compris le réacteur *Unit 1*, encore en activité, est réclamé par la majorité des parties prenantes. (La décontamination du site de *Unit 2* a été poursuivie, mais s'est heurtée à des problèmes pratiques de contamination d'ouvrages en béton sous terre. Une véritable décontamination passe par un travail complet sur l'ensemble des deux réacteurs.)

Cet événement a eu une énorme répercussion sur la population et les médias. Il a permis de faire des progrès dans la sécurité technique des centrales (modification des systèmes, formation des opérateurs).

---

3. Charles Perrow, *Normal Accidents : Living With High Risk Technologies*, Princeton, 1984 (réédité en 1999) ; traduction allemande : *Normale Katastrophen*, Campus Verlag, 1992.

7.3 LA CATASTROPHE DE TCHERNOBYL

Le 26 avril 1986 est survenue la catastrophe de Tchernobyl, en Ukraine. L'accident a été de niveau 7 sur l'échelle INES. C'est l'accident le plus grave survenu avant celui de Fukushima.

Cette catastrophe a particulièrement frappé les esprits. Elle est l'événement déclencheur de la prise de conscience par le monde entier des dangers du nucléaire civil.

L'accident s'est produit dans la centrale nucléaire Lénine située sur la rive de la rivière Pripiat, un affluent du Dniepr, à environ 15 km de Tchernobyl et à 110 km de Kiev, près de la frontière avec la Biélorussie. À la suite d'une série d'erreurs humaines et en raison de défauts de conception, le réacteur n° 4 a subi une explosion (non nucléaire) et une fusion du cœur qui ont provoqué la libération de grandes quantités d'éléments radioactifs dans l'atmosphère. Les autorités ont évacué environ 250 000 personnes de Biélorussie, de Russie et d'Ukraine. Plusieurs centaines de milliers d'ouvriers (600 000 environ), les « liquidateurs », sont venus d'Ukraine, de Biélorussie, de Lettonie et de Russie pour procéder au nettoyage.

LE RÉACTEUR, LA FILIÈRE

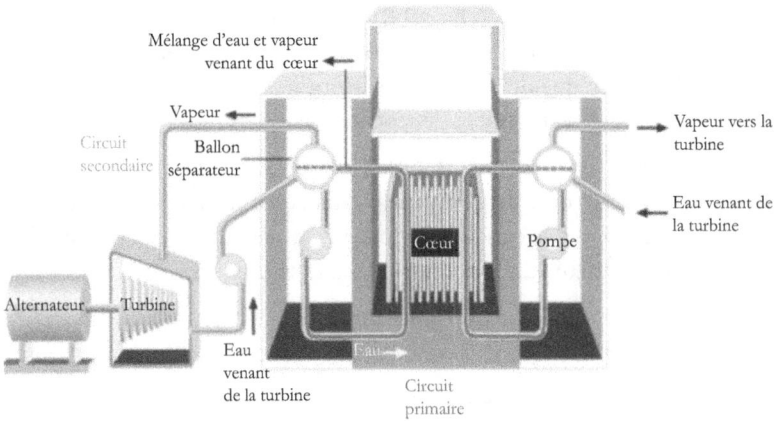

Figure 7.3 – Réacteur RBMK de Tchernobyl.

Le réacteur était un RBMK soviétique de 1 000 MW à eau légère bouillante, modéré par du graphite (LWGR) et faiblement enrichi en uranium. Il était destiné à la production d'électricité et de plutonium à usage militaire.

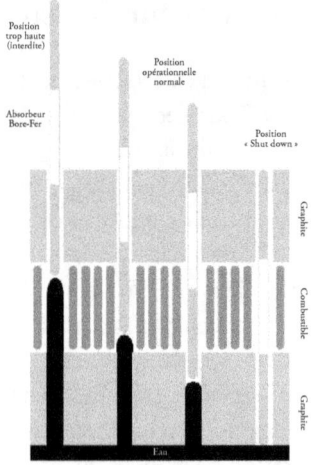

Figure 7.4 – Barres de contrôle du réacteur de Tchernobyl.

Dans cette filière, où le graphite joue le rôle de modérateur et l'eau celui de caloporteur, il y a deux circuits d'eau séparés. L'eau qui alimente les turbines est sous forme de vapeur. Le réacteur est de forme cylindrique d'un diamètre de 12 mètres et d'une hauteur de 8 mètres. Il contient 190 tonnes d'uranium enrichi à 2 %.

L'accident est dû tant à la faiblesse de la filière qu'à des erreurs ou faiblesses humaines considérables, notamment un comportement bureaucratique qui a choqué de nombreux scientifiques soviétiques.

La faiblesse de cette filière de réacteurs tient en plusieurs points.

1. Le cœur du réacteur est instable à basse puissance. En effet, le « coefficient de vide » est positif à basse puissance : si des bulles se forment dans le fluide caloporteur, la réaction tend à s'emballer. (Les opérateurs de la manœuvre ne le savaient pas.)

2. L'eau est un acteur omniprésent. C'est le caloporteur, mais c'est aussi un absorbeur de neutrons, et sa vaporisation est dangereuse.

3. Il n'y a ni enceinte ni dôme de sécurité.

4. Les barres de contrôle ont une maniabilité insuffisante.

Les 211 barres de contrôle sont réparties en six groupes, associés à six fonctions. Les extrémités sont en graphite. Elles ont une amplitude de mouvement de 8 mètres, une vitesse de déplacement de 40 cm/s, un temps de réaction de 20 secondes, ce qui est considérable.

L'origine de l'accident provient d'un exercice, mené par une équipe venue de Moscou, qui avait pour but de démontrer la possibilité de relancer la centrale avec l'énergie cinétique des turbines (alternateurs) durant une coupure extérieure d'électricité. À l'origine de cette opération, il y avait la constatation que, dans ce type de réacteur, les groupes électrogènes de secours démarraient en 15 secondes, mais n'atteignaient leur puissance de 5,5 MW qu'au bout de 60 à 75 secondes. Ce délai d'environ une minute était inacceptable au plan de la sécurité, la question était de savoir s'il pouvait être compensé par l'inertie des turbines. Une étude théorique d'électrotechnique avait montré que les turbines ne devaient s'arrêter qu'après 45 secondes, on voulait le vérifier.

L'équipe chargée de l'opération était formée d'ingénieurs en électrotechnique n'ayant aucune connaissance en matière nucléaire. Par ailleurs, le directeur de la centrale était un ingénieur en thermodynamique et non un spécialiste du nucléaire.

Il était prévu de faire un test à faible puissance du réacteur n° 4 de la centrale. Considérant que la sécurité du réacteur n'était aucunement menacée par l'essai, les dirigeants du ministère de l'Énergie n'avaient associé à l'opération ni le concepteur du réacteur, Nikiet, ni le responsable scientifique de la centrale.

DÉBUT DES OPÉRATIONS

La puissance thermique du réacteur était de 3 200 MW. Une réduction progressive de cette puissance a commencé le 25 avril à 1 h 06, et la puissance a atteint une valeur moitié moindre au matin, à l'arrivée de l'équipe de jour. Un problème de besoin local de fourniture d'électricité s'étant posé, l'opération a été reportée et a repris à 23 h 04. Une diminution rapide de la puissance a alors été effectuée, et la puissance prévue pour le test, 700 MW, a été atteinte à 0 h 05 le 26 avril.

Cependant, la production de xénon 135, poison de réacteur, avait persisté indépendamment de toute action des opérateurs. La puissance a donc continué de baisser par empoisonnement. Alors que la puissance atteignait 500 MW, un opérateur a inséré, par inadvertance, des barres de contrôle trop profondément. Cela, superposé à l'empoisonnement, a produit une chute libre de la puissance jusqu'à 30 MW (peut-être moins), pratiquement l'arrêt !

Les opérateurs consultent alors leur hiérarchie : que faire ? Un message de Moscou leur indique : « … pas question de reporter l'essai, débrouillez-vous pour faire remonter la puissance et poursuivez la procédure ».

Pour rétablir la puissance, les opérateurs en salle de contrôle remontent donc la quasi-totalité des barres de contrôle à leur niveau maximum (voir la figure (7.4)), il n'en reste que 26 dans le réacteur. Plusieurs minutes s'écoulent entre l'extraction des barres et le moment où la puissance remonte et se stabilise vers 160 à 200 MW, bien en dessous de la puissance de 700 MW prévue pour le test. L'abaissement trop rapide de puissance au début de la manœuvre et la suite des opérations à moins de 200 MW aboutissent à un empoisonnement accru du réacteur par le xénon 135. Cela freine toute augmentation supplémentaire de la puissance, et il est nécessaire d'extraire les barres de contrôle restantes pour contrebalancer l'empoisonnement.

Tout cela s'accompagne d'une instabilité de la température du cœur et du flux de neutrons (en raison de l'empoisonnement). À ce moment, plusieurs signaux d'alarme se déclenchent en raison des niveaux dans les ballons séparateurs d'eau et de vapeur et du dispositif de contrôle de la puissance neutronique. Dans l'intervalle entre 0 h 35 et 0 h 45, les opérateurs débranchent ces alarmes dont le bruit les dérange (officiellement, pour ne pas gaspiller de l'électricité). Cependant, les signaux d'urgence ont déclenché automatiquement l'arrêt des deux alimentations des turbines.

Au bout d'un moment, un état plus ou moins stable semble atteint à une puissance de 200 MW et la préparation de l'essai reprend. Ainsi que le prévoyait le plan de l'essai, deux pompes supplémentaires du circuit primaire sont mises en marche. Pendant un moment, la puissance semble stabilisée, et toutes les pompes sont activées pour remplir d'eau le réacteur. Cet excès de courant d'eau à l'intérieur du réacteur provoque un réchauffement de la température de l'eau à l'entrée du cœur où la température approche l'ébullition de l'eau, réduisant les marges de sécurité.

Les conséquences de toutes ces opérations sont :

– un excès de débit d'eau dans le circuit primaire ;

– une baisse du niveau d'eau liquide dans les ballons ;

– une chute de la pression dans les ballons ;

– le déclenchement de l'alarme de chute de pression dans les ballons.

Le point de non-retour est atteint à 1 h 05. L'eau absorbe les neutrons (beaucoup plus que la vapeur), cela fait baisser encore plus la puissance du réacteur, et les opérateurs enlèvent manuellement les barres de contrôle pour maintenir la puissance.

Toutes ces opérations engendrent une configuration extrêmement instable du réacteur. Pratiquement toutes les barres de contrôle sont retirées. De surcroît, tout excès de puissance provoque de l'ébullition et réduit l'absorption des neutrons. Le réacteur est largement hors des limites de sécurité fixées par le constructeur. Mais on ne le sait pas.

L'expérience recommence à 1 h 23' 04". La vapeur cesse d'alimenter les turbines, et la réduction de la puissance fournie par la turbine commence. Le générateur diesel se met en marche. Mais, au fur et à mesure que les turbines ralentissent, le débit d'eau faiblit, ce qui provoque l'apparition de bulles de vapeur dans le cœur. Parce que le réacteur a un coefficient de vide positif, il se trouve entraîné dans une boucle de réactions où la formation de bulles de vapeur réduit l'absorption des neutrons par l'eau, ce qui, à son tour, augmente la puissance fournie par le réacteur. Cependant, un dispositif automatique de sécurité parvient à contrôler le système en insérant des barres de contrôle de façon progressive et limite la hausse de puissance.

Soudain, à 1 h 23' 40", un dispositif d'urgence arrête brutalement le réacteur sans que l'on sache pourquoi. Toutes les barres de contrôle sont insérées à fond. Mais cela prend du temps : à une vitesse de 0,4 m/s, il faut de 18 à 20 secondes pour parcourir les 7 mètres de hauteur du cœur. Et la catastrophe se produit à cause du blocage et des fractures mécaniques des barres de contrôle contre le graphite modérateur. Les barres ne descendent qu'à moitié, ce qui fait augmenter le taux de réaction de la moitié inférieure de façon incontrôlée. Le réacteur est en régime surcritique, sa puissance bondit à 530 MW en 3 secondes !

Le cœur du réacteur fond. Il comporte des blocs de graphite incandescents (le graphite se sublime à 3 652 °C). Le corium contient des tonnes de matières radioactives.

À 1 h 23' 44", la radiolyse de l'eau et son interaction avec le zirconium conduisent à la formation d'un mélange détonant d'hydrogène et d'oxygène. De petites explosions se produisent, éjectant les barres permettant le pilotage du réacteur. En quelques secondes, la puissance du réacteur est multipliée par cent et atteint 30 GW thermiques, dix fois la puissance en régime normal. La puissance maximale indiquée par le panneau de la salle de contrôle est de 33 gigawatts ! Le régime surcritique provoque une série d'explosions difficiles sinon impossibles à distinguer les unes des autres.

Il se produit deux grosses explosions et trente feux. C'est une catastrophe ! On s'accorde à dire que c'est une explosion de vapeur d'eau, dans la fournaise, qui cause la première explosion. Les 1 200 tonnes de la dalle de béton recouvrant le réacteur sont projetées en l'air et retombent de biais sur le cœur du réacteur, qui est fracturé par le choc. La seconde explosion proviendrait soit de l'hydrogène soit d'un regain de criticité et d'une reprise des réactions en chaîne dans le réacteur [4].

On s'est interrogé sur la question de la combustion du graphite à très haute température sans vraiment conclure.

L'explosion de forte puissance disperse des matières radioactives, on est dans l'obligation de la contrôler et, si possible, de la stopper.

Un élément va jouer un rôle important. Il y avait dans le réacteur n° 4 de la centrale de Tchernobyl près de 400 kg de plutonium. On estime que près de 100 kg de plutonium ont été rejetés dans l'environnement au moment de l'incendie (1 microgramme de plutonium est une dose mortelle pour un homme pesant 70 kg). Le reste, dans le corium, va causer de sérieuses préoccupations dans la suite des événements.

CAUSES DE L'ACCIDENT

On peut discerner trois types de causes à la catastrophe :

- les erreurs de conception : instabilité à faible régime, barres de contrôle, absence d'enceinte de confinement ;

- des causes politiques : le cloisonnement de l'information, la formation des responsables, la bureaucratisation du système de décision ;

- des erreurs et fautes d'exécutants : deux violations des consignes permanentes, un non-respect de la procédure d'essai, quatre mises hors circuit volontaires de dispositifs de sécurité.

SUITE DES ÉVÉNEMENTS

LUTTE CONTRE L'INCENDIE

Un danger grave de l'incendie est que les dégâts qu'il occasionne à la structure risquent de provoquer l'effondrement des tonnes de magma en fusion, le corium, dans les parties souterraines qui sont noyées. Ces soubassements comportent, d'une part, les importantes piscines destinées à l'alimentation en eau pour refroidir le réacteur et, d'autre part, des salles noyées par l'aspersion du brasier par les pompiers.

---

4. http://www.world-nuclear.org/info/chernobyl/inf07.html.

Un contact entre cette quantité d'eau et le corium en fusion provoquerait une explosion de vapeur qui disperserait des quantités de matière radioactive incomparablement plus importantes que celles déjà émises !

ÉTOUFFEMENT DU CŒUR EN FUSION

Une fois l'incendie éteint, les techniciens de la centrale prennent conscience de l'étendue des dégâts provoqués par la retombée du toit sur le réacteur fissuré. Le graphite, mélangé au magma de combustible qui continue de réagir, dégage un nuage de fumée saturé de particules radioactives.

Il faut donc au plus vite maîtriser le feu et maîtriser la présence des débris hautement radioactifs projetés aux environs par l'explosion. Ce n'est qu'ensuite que le réacteur pourra être isolé par un sarcophage. La première opération est réalisée grâce à un ballet d'hélicoptères militaires de transport mené par plus de mille pilotes. Il s'agit de larguer dans le trou béant 5 000 tonnes de sable, d'argile, de plomb, de bore, de borax et de dolomite, un mélange qui permettra de stopper la réaction nucléaire et d'étouffer l'incendie du graphite afin de limiter les rejets radioactifs. La mission est difficile, car elle consiste à larguer les sacs d'une hauteur de 200 m dans un trou de 10 m de diamètre environ, et cela le plus vite possible, car malgré l'altitude les personnes reçoivent 15 röntgens en 8 secondes (soit 150 mSv) (1 125 mSv/h, soit 1,12 Sv/h, soit 3 000 fois la dose maximale annuelle tolérée en France pour une personne). Dans la seule journée du 30 avril, 30 tonnes de sable et d'argile sont ainsi déversées sur le réacteur.

D'autre part, sur le toit et aux alentours immédiats de la centrale, une cinquantaine d'opérateurs sont chargés, dans les premiers jours qui suivent la catastrophe, de collecter les débris les plus radioactifs. Chaque opérateur ne dispose que de 90 secondes pour effectuer sa tâche. Il est exposé à cette occasion à des niveaux de radiation extrêmement élevés, dont ne le protègent guère des équipements de protection dérisoires, principalement destinés à l'empêcher d'inhaler des poussières radioactives. Un grand nombre de ces travailleurs en première ligne ont développé par la suite des cancers et sont morts dans les années qui ont suivi. Il a aussi été fait appel à des robots télécommandés français, suisses et allemands, mais ceux-ci sont tous tombés en panne à cause des niveaux de radiation exceptionnellement élevés et de la température.

Cependant, le réacteur est toujours actif et la dalle de béton qui le soutient menace de se fissurer. Plus grave, l'eau déversée par les pompiers pour éteindre l'incendie a noyé les sous-structures, menaçant ainsi l'intégrité et le pilotage des trois autres réacteurs de la centrale. Le professeur Vassili Nesterenko, scientifique nucléaire biélorusse, fait le pronostic que si le cœur en fusion atteint la nappe d'eau qui s'est formée du fait de l'intervention des pompiers, une explosion de vapeur est susceptible de se produire et de disséminer des éléments radioactifs à une très grande distance, couvrant l'Europe entière. En effet, la fusion du combustible et des structures métalliques a formé un corium sur le plancher situé sous le réacteur.

Trois volontaires revêtent des combinaisons de plongée. Ce sont deux ingénieurs : Alexei Ananenko, qui savait où se trouvaient les valves de pompage et les portes d'écluse de vidange, et Valeri Bezpalov, accompagnés par un ami, Boris Baranov, qui possédait une lampe torche étanche. Cette lampe tombe en panne, mais ils parviennent à retrouver les valves et les portes en se guidant au toucher. À leur retour, ils sont accueillis triomphalement par leurs collègues à l'annonce du succès de leur intervention. Tous trois, sévèrement irradiés, sont morts peu après.

Sous le cœur du réacteur en fusion, la dalle de béton menace de fondre. Dans la seconde quinzaine de mai, on fait appel à environ 400 mineurs des mines des environs de Moscou et du bassin houiller du Donbass pour creuser un tunnel de 167 mètres de long menant sous le réacteur afin d'y construire une salle. Un serpentin de refroidissement à l'azote doit y être installé pour refroidir la dalle de béton du réacteur. Les mineurs se relaient 24 heures sur 24 dans des conditions difficiles dues à la température élevée et au niveau très important de radiation. (Le débit de dose à la sortie du tunnel est d'environ 200 röntgens par heure. La radioactivité dans le tunnel lui-même est élevée, quoique non fatale à court terme, mais la chaleur rend le travail difficile.) Le circuit de refroidissement n'a jamais été installé et il a finalement été remplacé par du béton pour ralentir et arrêter la descente du cœur fondu. Grâce à ces travaux, le niveau de radiation baissera momentanément avant de s'élever à nouveau.

Le 6 mai, l'émission du réacteur tombe en moins de vingt minutes à 2 % de sa valeur précédente, puis à quelques curies par jour. L'explication n'en sera connue qu'en 1988, grâce aux forages horizontaux faits à travers le bloc 4 par l'Institut Kourtchatov. Le fond du réacteur avait cédé d'un coup, et le corium s'était écoulé puis définitivement solidifié 20 m plus bas dans les infrastructures, dans la piscine de sécurité qui avait heureusement été vidée. Dans ce déchet ultime, figurent 300 kg de plutonium. Vassili Nesterenko déclare que « la sédimentation du plutonium fondu sous le réacteur peut provoquer une explosion nucléaire des dizaines d'années après l'accident ». Par ailleurs, il affirme que les collaborateurs de l'Institut de l'énergie atomique de l'Académie des sciences de Biélorussie ont calculé qu'une explosion atomique d'une puissance de 3 à 5 mégatonnes (c'est-à-dire une puissance 50 à 80 fois supérieure à la puissance de l'explosion d'Hiroshima) pouvait se produire les 8 ou 9 mai 1986. « Mon opinion est que nous avons frisé à Tchernobyl une explosion nucléaire. Si elle avait eu lieu, l'Europe serait devenue inhabitable. » Telle est sa conclusion [5].

ÉVACUATION TARDIVE DES POPULATIONS

Le 26 avril 1986, la population locale n'a pas été prévenue de l'accident et a poursuivi ses activités habituelles sans prendre de précautions particulières. Ainsi, à Pripyat, 900 élèves âgés de 10 à 17 ans participent à un « marathon de la paix » qui fait le tour de la centrale. Un film argentique amateur d'époque montre de manière flagrante que Pripyat est déjà contaminée gravement : la radioactivité y provoque des flashs blancs, au rythme de plusieurs par seconde.

L'évacuation débute le 27 avril et les 45 000 habitants de Pripyat sont les premiers concernés. Ils n'ont été informés que quelques heures auparavant par la radio locale, qui leur a demandé de n'emporter que le strict minimum et leur a promis qu'ils seraient de retour deux ou trois jours plus tard. Emmenés par l'armée, ils sont hébergés dans des conditions précaires dans la région de Polesskoïe, elle-même touchée par les radiations. Les premiers symptômes d'une forte exposition aux radiations (nausées, diarrhées, etc.) commencent à apparaître chez beaucoup d'entre eux.

Au début du mois de mai, les 115 000 personnes habitant dans un rayon de 30 km autour du site sont évacuées, opération qui se poursuit jusqu'à la fin du mois d'août.

Quatre « zones de contamination » décroissantes sont définies. Deux d'entre elles ne sont pas évacuées, mais les habitants bénéficient d'un suivi médical et de primes de risque. 50 000 personnes ont été évacuées de Pripyat.

---

5. http://www.dissident-media.org/infonucleaire/hypothese_nesterenko.html.

CONSÉQUENCES DE LA CATASTROPHE

Dans l'immense nuage de Tchernobyl, deux déchets radioactifs ont soulevé des problèmes sanitaires sérieux, tant à cause de leurs effets que des quantités rejetées : le césium 137 avec 85 PBq (2,3 10^6 Ci) rejetés et l'iode 131 avec 1 760 PBq (47,5 10^6 Ci) rejetés.

L'effet sanitaire des radiations a été l'objet de polémiques qui durent encore. Les estimations du nombre de victimes vont d'une cinquantaine de morts jusqu'à 100 000 ou plus (200 000 selon Greenpeace). Les plus fortes doses de radiation ont été reçues par le millier de personnes qui sont intervenues sur le site les premiers jours, et ont été exposées à des doses allant de 2 à 20 grays. Sur ces intervenants, 134 présentèrent un syndrome d'irradiation aiguë, et 28 décédèrent. Le bilan officiel des autorités soviétiques à la date du mois de mai 1987 est de 31 décès, pour la plupart des pompiers ayant combattu le feu après l'explosion, auxquels s'ajoutent 237 hospitalisations pour syndromes aigus d'irradiation.

Dans le reste de l'Europe, le passage des « nuages radioactifs » a entraîné une hausse détectable de la radioactivité, mais la population a été exposée à moins de 10 mSv (deux ou trois fois la dose reçue par radioactivité naturelle). En France, la radioactivité maximale enregistrée a été de l'ordre de 6 kBq/m^2, cinq à six fois plus faible que la limite des « zones faiblement contaminées » (zones où les populations n'ont pas été évacuées).

Le 27 avril 1988, le physicien Valeri Legassov, membre de l'Académie des sciences de l'URSS, haut fonctionnaire soviétique chargé des questions nucléaires, se suicidait en voyant la manière dont l'accident avait été géré par les autorités, après avoir publié à titre posthume un article, dans la *Pravda*, où se trouve la phrase :

« Tout ce système de décision, dépourvu d'un collaborateur scientifique répondant personnellement de la qualité des appareils et des opérations, conduit à une absence totale de sens des responsabilités. L'accident a été le paroxysme, le triomphe de toute cette mauvaise gestion qui régnait dans notre pays depuis des dizaines d'années [6]. »

---

6. http://www.dissident-media.org/infonucleaire/testament_legassov.html.

CHAPITRE 8

LA CATASTROPHE DE FUKUSHIMA

8.1 L'ACCIDENT : LES PREMIÈRES SEMAINES

APERÇU GÉNÉRAL

Figure 8.1 – Site de la centrale de Fukushima Daiichi, construite sur le littoral. On voit de droite à gauche, sur la deuxième rangée, les bâtiments des réacteurs n°s 1, 2, 3 et 4 de forme parallélépipédique. (DR)

LA CATASTROPHE nucléaire de Fukushima résulte d'une suite de pannes et d'avaries des appareils, de fusions de cœurs et d'émissions de substances radioactives qui se sont produites dans la centrale nucléaire de Fukushima I (Daiichi), à la suite du séisme du Tohoku survenu le 11 mars 2011 à 14 h 46, puis du tsunami qu'il a provoqué et qui a atteint la centrale 55 minutes plus tard.

La centrale comportait six réacteurs à eau bouillante, REB, construits par General Electric, et exploités par Tokyo Electric Power Company

(Tepco) sur les communes d'Okuma et Futaba, dans la préfecture de Fukushima au nord-est du Japon. C'était l'une des plus importantes du monde, avec six réacteurs d'une puissance totale de 4,7 gigawatts électriques.

Cet accident est le plus important depuis la catastrophe de Tchernobyl. Il est probablement encore plus grave pour deux raisons. D'une part, sa cause est un phénomène naturel, il ne provient ni d'un malheureux concours de circonstances ni d'une absurdité bureaucratique. D'autre part, il est plus complexe, plus total : il a impliqué plusieurs réacteurs ainsi que les piscines de refroidissement du combustible usagé. Des dégâts de moindre importance, causés par le même séisme, ont eu lieu aux centrales de Fukushima II (Daini, incident de niveau 3) et d'Onagawa (incident de niveau 1).

La disposition des quatre réacteurs les plus concernés par la catastrophe se voit sur la figure (8.1). Au moment du séisme, les réacteurs n⁰ˢ 1, 2 et 3 étaient en marche. Le réacteur n° 4 était arrêté pour sa maintenance annuelle, son combustible retiré et installé dans la piscine de refroidissement. Les réacteurs n⁰ˢ 5 et 6, construits sur la falaise, dix mètre plus haut, étaient arrêtés pour leur maintenance ; ils ont été peu affectés par l'accident. Le séisme a provoqué l'arrêt automatique d'urgence des trois réacteurs en marche, et la mise en route de générateurs électriques, situés au sous-sol, qui devaient assurer le fonctionnement du système informatique ainsi que la mise en marche de pompes d'eau de refroidissement.

Selon les premières déclarations officielles, l'inondation par le tsunami a provoqué une panne d'électricité générale. Cette panne a entraîné l'arrêt des circuits de refroidissement des réacteurs. La hausse de la température a ensuite engendré une série de dommages graves, dont des fusions de cœurs.

Les quatre réacteurs ainsi que la totalité de l'installation les contenant ont été complètement submergés par la vague du tsunami, haute de quinze mètres. Cette inondation a envahi et endommagé les groupes électrogènes dans les sous-sols ainsi que les pompes externes d'eau de mer, ce qui a empêché l'évacuation de la chaleur des réacteurs dans la mer. Les lignes électriques ont été détruites, ce qui a coupé la connexion avec le réseau électrique extérieur.

Par conséquent, toute possibilité de refroidir les réacteurs a disparu. Les réacteurs se sont mis à chauffer rapidement à cause de la radioactivité des fragments de fission contenus dans les éléments combustibles. Cela vaut pour le combustible installé dans les cuves des réacteurs comme pour celui entreposé dans les piscines de refroidissement.

Dans les heures et quelques jours suivants, les cœurs des réacteurs n⁰ˢ 1, 2 et 3 ont subi une fusion totale. On pense, par exemple, que la partie supérieure du cœur du réacteur n° 1 a fondu et s'est effondrée sur le quart inférieur le 12 mars à 15 h 10. Des explosions d'hydrogène ont détruit les toits des bâtiments abritant les réacteurs n⁰ˢ 1, 3 et 4. Les explosions des réacteurs n⁰ˢ 1 et 3 ont endommagé l'enceinte secondaire du réacteur n° 2, et plusieurs incendies se sont déclarés dans le réacteur n° 4.

De l'eau de refroidissement a continué de fuir depuis la cuve endommagée du réacteur n° 1 pendant plus de trois mois. Les deux autres cœurs fondus ont donné lieu au même phénomène.

Les barreaux de combustible entreposés dans les piscines de refroidissement de chaque bâtiment se sont mis à surchauffer à cause de l'abaissement du niveau de l'eau par fuite ou évaporation.

La crainte de l'émission de substances radioactives dans l'atmosphère a entraîné l'évacuation de la population dans un rayon de vingt kilomètres autour de la centrale. Les intervenants sur le site, exposés à de fortes doses de radioactivité, ne pouvaient travailler que peu de temps. Ils étaient remplacés, voire évacués, régulièrement.

Un groupe électrogène a redémarré le 17 mars sur le réacteur n° 6, ce qui a permis de refroidir les piscines des réacteurs n⁰ˢ 5 et 6, beaucoup moins touchés. La connexion de la centrale au réseau électrique a été rétablie le 20 mars, mais les systèmes de protection des quatre réacteurs les plus touchés, trop atteints par les feux, les explosions et les inondations, n'ont pas pu être remis en route. Les inondations par de l'eau chargée de boues radioactives empêchaient d'accéder aux sous-sols pour effectuer les réparations nécessaires. C'est le 5 mai seulement que l'on a pu pénétrer dans les bâtiments des réacteurs pour la première fois depuis l'accident.

Les mesures des émissions de substances radioactives ont révélé des taux de césium 137 (de demi-vie de 30 ans) inquiétants. Les produits alimentaires provenant de la région ont été interdits. Les taux observés d'iode 131 (de demi-vie de 8 jours) et de césium 137 étaient du même ordre que ceux observés lors de l'explosion de Tchernobyl. La municipalité de Tokyo a recommandé de ne pas faire ingérer l'eau du robinet aux enfants en bas âge. On a détecté une contamination au plutonium en deux endroits du site de la centrale.

Au début, les instances japonaises ont classé l'accident au niveau 4 de l'échelle INES, mais cette estimation a été rapidement revue à la hausse : niveau 5, puis 7, le plus haut. La presse internationale a été extrêmement critique tant à l'égard de la communication des événements au public qu'en ce qui concerne l'amateurisme et le manque de coordination des efforts d'intervention et de lutte contre la contamination.

VÉCU DES PREMIÈRES SEMAINES

1. Samedi 12 mars 2011.

   Une explosion dans le bâtiment abritant le réacteur n° 1 de la centrale de Fukushima Daiichi détruit le toit et la structure supérieure de ce bâtiment. Une hausse de la radioactivité est déjà mesurée aux alentours du site, causée par les vapeurs et les gaz relâchés par mesure de sécurité, pour éviter l'explosion des bâtiments par surpression intérieure.

   On saura vite que la fusion du cœur a provoqué la formation d'hydrogène, qui a explosé au contact de l'oxygène atmosphérique.

2. Lundi 14 et mardi 15 mars 2011.

   – De la même façon, la structure du réacteur n° 3 explose le 14 et celle du réacteur n° 2 le 15. On sait à ce moment que les réacteurs n°s 1, 2 et 3 restent dans un état critique en l'absence de source de refroidissement.

   – Un dégagement, non expliqué, de fumée noire sur le bâtiment du réacteur n° 3 apparaît dans l'après-midi du 21 mars, à 16 h et s'arrête à 18 h. À 18 h 20, une vapeur blanche est observée s'échappant du toit du réacteur n° 2. On saura plus tard que cette émission soudaine et importante de fumée indiquait que le corium était bel et bien en contact avec l'eau souterraine. Des pluies noires se produisent.

3. Lundi 21 mars 2011.

   – Sur le réacteur n° 2, l'alimentation électrique est redevenue disponible.

   – Le réacteur n° 1 est réalimenté à partir du réseau électrique commun aux réacteurs 1 et 2, mais aucun équipement ne peut être mis en marche.

– Tepco examine la possibilité de mettre en œuvre un système d'appoint en eau de la piscine du réacteur n° 1, autrement que par des lances à incendie.

Un appoint de l'ordre de 40 tonnes d'eau de mer est déversé directement dans la piscine du réacteur n° 2.

Près de 3 200 tonnes d'eau sont projetées sur le bâtiment de la piscine du réacteur n° 3. 180 tonnes d'eau sont projetées sur le bâtiment de la piscine du réacteur n° 4.

4. Mardi 22 mars 2011.

– Dans l'océan Pacifique, on détecte un taux d'iode 131 d'un niveau cent fois supérieur à la limite fixée par le gouvernement. Les pouvoirs publics nippons annoncent un renforcement des contrôles sur les poissons et fruits de mer pêchés le long des côtes.

– On commence à se préoccuper du risque de cristallisation du sel injecté avec l'eau de mer dans les cuves des réacteurs (corrosion, impact sur le refroidissement des cœurs, risque de blocage de soupapes…).

5. Vendredi 25 mars 2011.

– Le secrétaire général de l'ONU, Ban Ki-moon, invite les États à « tirer des leçons » de la crise nucléaire en cours dans le nord-est du Japon.

– Un nouveau relevé d'iode 131 est rendu public. « Si vous buvez cinquante centilitres d'eau avec cette concentration d'iode, vous atteignez d'un coup la limite annuelle que vous pouvez absorber. C'est un niveau relativement élevé », explique un porte-parole de l'agence japonaise de sûreté nucléaire.

– Tepco mesure une concentration de césium 137 presque quatre-vingts fois supérieure à la limite légale (s'il n'y a pas de dilution, il faudra deux cents ans pour revenir à un taux « légal »).

– Deux semaines après que le séisme et le tsunami ont paralysé la centrale nucléaire de Fukushima, la situation reste « imprévisible », déclare le Premier ministre Naoto Kan.

6. Samedi 26 mars 2011.

  – État des réacteurs (Tepco).

  Les quatre premiers réacteurs de la centrale sont gravement accidentés.

  – Réacteur n° 1 : 70 % du cœur aurait fondu.

  – Réacteur n° 2 : un tiers du cœur aurait fondu.

  – Réacteur n° 3 : une explosion a soufflé le toit et certaines parois du bâtiment extérieur. Le cœur du réacteur est partiellement fondu et l'eau de la piscine dans laquelle sont entreposés des combustibles usés serait en ébullition. L'armée a été appelée en renfort jeudi pour larguer de l'eau par hélicoptère et canon à eau.

  – Réacteur n° 4 : sous l'effet de la chaleur, une partie du combustible n'est plus recouverte et les autorités essayent de larguer de l'eau pour empêcher une fusion.

  – Comment refroidir les réacteurs ?

  Depuis le 26 mars, des camions-citernes pompent de l'eau de mer – au lieu de l'eau douce normalement utilisée – et l'injectent dans les cuves.

7. Lundi 28 mars 2011.

  – On annonce un taux d'iode 131 mille fois supérieur à la normale dans l'océan au voisinage immédiat de la centrale. Le gouvernement japonais déclare que des fuites de plutonium nettement plus importantes que la veille ont été relevées.

  – Dans une interview au journal *Le Monde*, l'ancien gouverneur de la préfecture de Fukushima, Eisaku Sato, fait des révélations accablantes à propos de Tokyo Electric Power Company, propriétaire et exploitant de la centrale de Fukushima. Il dit notamment qu'en 2002, Tepco avait reconnu avoir falsifié le contenu de rapports d'inspection concernant des dégâts détectés sur l'enveloppe du cœur de deux réacteurs à Fukushima Daiichi. Il ajoute : « Ce que je redoutais s'est révélé exact. (...) La catastrophe a été provoquée par l'imprudence des hommes due à une dégradation progressive du processus de décision politique. »

– On annonce que du plutonium a été trouvé, lundi, dans le sol de la centrale accidentée : « [cinq] échantillons ont mis en évidence la présence de plutonium 238, 239 et 240. » La présence de plutonium autour de la centrale de Fukushima est inquiétante, car elle prouve l'existence de fuites dans le cœur d'un réacteur.

– L'ONG Greenpeace plaide pour l'extension du périmètre d'évacuation autour de la centrale, mais l'agence japonaise de sûreté nucléaire déclare que ses mesures ne sont pas fiables.

– Tepco demande l'appui de groupes industriels publics français pour faire face à la crise sur le site. Ni EDF ni Areva ne sont en mesure de préciser dans l'immédiat la nature exacte de cet appui.

– Le journal *Mainichi Shimbun* rapporte que le PDG de Tepco a été malade et alité pendant une partie de la crise. Masataka Shimizu, 66 ans, malade le 16 mars, a pris une semaine de congé maladie.

– Alerte, car la concentration en produits radioactifs, notamment en césium 137, peut contaminer les produits de la mer dont les Japonais sont friands.

8. Mercredi 30 mars 2011.

– Le gouvernement japonais ordonne un contrôle urgent des cinquante réacteurs nucléaires du pays, afin de s'assurer qu'ils ne rencontrent pas un jour les mêmes avaries que celles subies par la centrale de Fukushima. Le ministre Banri Kaieda déclare qu'une révision globale de la politique énergétique japonaise est nécessaire

– On apprend qu'en 2009, des géologues japonais avaient mis en garde contre le risque d'un tsunami majeur : ils rappelaient qu'en 1896 et en 1933, des vagues de 38 m et de 29 m s'étaient abattues sur la côte est du Japon.

Lors de la construction, il n'avait été tenu aucun compte de cet avertissement. Le mur de protection de la centrale, de 5,5 mètres de haut, avait été édifié en prenant comme référence un tsunami survenu au Chili en 1956. (La vague de mars 2011 avait 15 mètres de haut.)

9. Jeudi 31 mars 2011.

- L'Autorité de sûreté nucléaire (ASN) étudie après l'accident de Fukushima l'hypothèse d'un éventuel moratoire sur l'EPR de Flamanville, dans la Manche, seule centrale en construction en France. « C'est un questionnement, une réflexion. On n'est pas sûr. Cela fait partie du champ des hypothèses », indique Thomas Houdré, à la tête de la direction des centrales de l'ASN.

- En raison des fuites de plutonium, on pose la question du MOX fourni par Areva pour alimenter le réacteur 3. Celui-ci fait partie de la quarantaine de réacteurs dans le monde alimentés par le combustible MOX dont Areva est un des principaux fabricants.

  Interrogé à ce sujet, Areva se montre embarrassé. Le plutonium retrouvé autour de Fukushima provient-il du MOX présent dans le réacteur 3 ? Tepco a annoncé le lundi 28 mars avoir trouvé du plutonium 238, 239 et 240 en cinq endroits dans le sol de la centrale. À ce stade, il est impossible d'en déterminer l'origine exacte : si tous les regards se tournent vers le MOX chargé dans le réacteur 3, les experts soulignent que du plutonium peut également se trouver dans les réacteurs non moxés, provenant de l'absorption de neutrons par l'uranium 238.

10. Vendredi 1er avril 2011.

- Les nouvelles à propos du travail des « liquidateurs » de la centrale de Fukushima sont alarmantes. Six cents personnes travaillent dans les décombres des réacteurs, où l'on ne parle que de radioactivité élevée et de chaleur insoutenable. Dix-sept d'entre elles auraient été gravement irradiées.

  Plusieurs de ces travailleurs ont mené leurs activités sans avoir été équipés de dosimètres leur indiquant la dose de radiation reçue en temps réel. Encore une fois, le ministère de la Santé décide d'examiner les modes opératoires de la compagnie Tepco. Les travailleurs dorment dans des salles de réunion ou dans les couloirs, s'enveloppant de couvertures contenant du plomb pour limiter l'exposition aux radiations.

- Les hôpitaux de Tokyo demandent à être approvisionnés

en cellules souches hématopoïétiques pour leur en injecter éventuellement.

- Dans la zone d'exclusion de vingt kilomètres, dont l'extension fait débat, les policiers chargés de ramasser les corps des victimes du tsunami du 11 mars travaillent en combinaison de protection. Ils doivent parfois renoncer, en raison de niveaux trop élevés de radioactivité. Ces corps sont irradiés à un niveau tel qu'il est recommandé de ne pas les incinérer, car les fumées et les cendres transportent les particules radioactives.

11. Samedi 2 avril 2011.

- Tepco annonce la découverte d'une fissure sur une structure en béton du réacteur n° 2 et indique que de l'eau radioactive s'écoule dans la mer. La radioactivité mesurée à cet endroit est de 1 000 millisieverts par heure.

12. Dimanche 3 avril 2011.

- Les ouvriers de la centrale tentent de colmater la fuite d'eau contaminée dans l'océan Pacifique. Une tentative de colmatage avec du ciment a échoué. On s'est rabattu sur un mélange de polymères, de papier et de sciure de bois.

- Un problème grave est celui de l'eau contaminée qui inonde les bâtiments des réacteurs 1, 2, 3 et 4, jusqu'à 1,5 m de hauteur. Elle provient principalement des fuites et des débordements de l'eau de mer injectée par les pompiers, dans les réacteurs et les deux piscines. Elle s'écoule dans la mer et s'infiltre dans les sols, polluant la nappe phréatique.

- Une plateforme flottante de 136 mètres de long et de 46 mètres de large doit arriver prochainement pour tenter d'évacuer l'eau contaminée de la centrale.

13. *Quelques mois plus tard.*

On sait maintenant que trois cœurs ont fondu, deux subissant une fusion totale avec percement des cuves et des soubassements : le *melt-through* et le *melt-out* redoutés.

Samedi 9 juillet : le Premier ministre japonais, Naoto Kan, est consterné. Il déclare qu'« un grand nombre d'habitants ont été contraints d'évacuer la zone », et que la fusion des trois cœurs est la pire catastrophe du nucléaire civil : « Il faudra plusieurs décennies

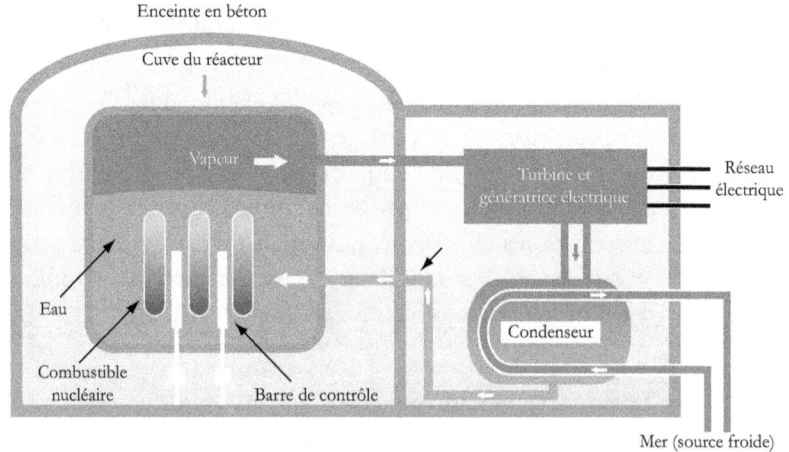

Figure 8.2 – Schéma très simplifié d'un réacteur REB de Fukushima.

pour remédier aux conséquences de l'accident », dit-il. Le vendredi 26 août, Naoto Kan annonce sa démission. Il avait été vivement critiqué, tant par l'opposition que dans son propre parti, pour ses hésitations et maladresses.

8.2 Installations de Fukushima

Pour la compréhension du déroulement de l'accident, et sa transformation en une catastrophe, il est utile de donner une description des installations, notamment des réacteurs, avec des comparaisons entre les deux technologies. Comme 60 % du parc nucléaire japonais, les réacteurs sont différents des réacteurs à eau pressurisée. Ce sont des réacteurs « à eau bouillante » (REB).

Schéma général d'un réacteur à eau bouillante

Un réacteur à eau bouillante fonctionne avec de l'eau comme caloporteur et comme modérateur, mais, à la différence d'un réacteur à eau sous pression, un REB n'a qu'un seul circuit d'eau. La chaleur produite par les réactions de fission fait bouillir l'eau et produit de la vapeur. Cette dernière entraîne la turbine, puis se liquéfie dans un condenseur et est réinjectée dans le cœur du réacteur. Un schéma très simple en est donné sur la figure (8.2). L'eau et la vapeur en circulation sont « primaires », en ce sens que c'est le même corps, sous deux phases différentes, qui traverse le cœur et actionne les turbines électriques.

Le fluide caloporteur est maintenu à une pression de 75 bars, moitié moindre que dans un REP (où la pression est de 155 à 160 bars), et bout dans le cœur à une température de 285 °C.

À la sortie du condenseur, refroidi par l'eau de la mer dans les réacteurs japonais, l'eau est injectée à la base de la cuve du réacteur. Compte tenu de l'ébullition au sommet de la cuve, cela produit un effet de pression qui participe de façon notable à la circulation de l'eau dans l'ensemble de l'appareil et contribue donc au pompage dans le circuit.

En cas de perte de réfrigérant (perte d'eau primaire), il est nécessaire d'injecter de l'eau dans la cuve pour noyer le combustible et prévenir sa dégradation (pouvant aller jusqu'à sa fusion). Dans le cas des REB, cette injection d'eau dans la cuve est, en premier lieu, faite par les pompes d'alimentation de l'installation qui sont en fonctionnement, donc contrôlées, en permanence.

Outre les systèmes en fonctionnement en situation normale (dans le cas des REB, l'eau du circuit et sa vapeur constituent par elles-mêmes en permanence un système d'injection d'eau de sécurité dans la cuve), il existe, dans les REP comme dans les REB, des systèmes de secours d'injection d'eau dans la cuve.

Une différence importante entre les cœurs REB et REP provient du système de contrôle neutronique du cœur. Dans un REP, les mécanismes de manœuvre des grappes de contrôle de la réaction nucléaire sont placés au-dessus du cœur, alors que, dans un REB, les mécanismes de manœuvre sont au-dessous du cœur, pour des raisons d'architecture générale du système (de nombreuses opérations ont lieu en haut de la cuve).

TURBINES

Puisqu'il n'y a qu'un seul circuit, l'eau d'un REB contient toujours des traces d'éléments radioactifs. Par conséquent, pendant son fonctionnement, la turbine doit être sous protection radiologique, et lors des opérations de maintenance, on opère sous protection. En fait, la plus grosse part de la contamination radioactive en fonctionnement normal est due à de l'azote 16, d'une demi-vie de sept secondes, et on peut pénétrer dans le hall peu de temps après l'arrêt.

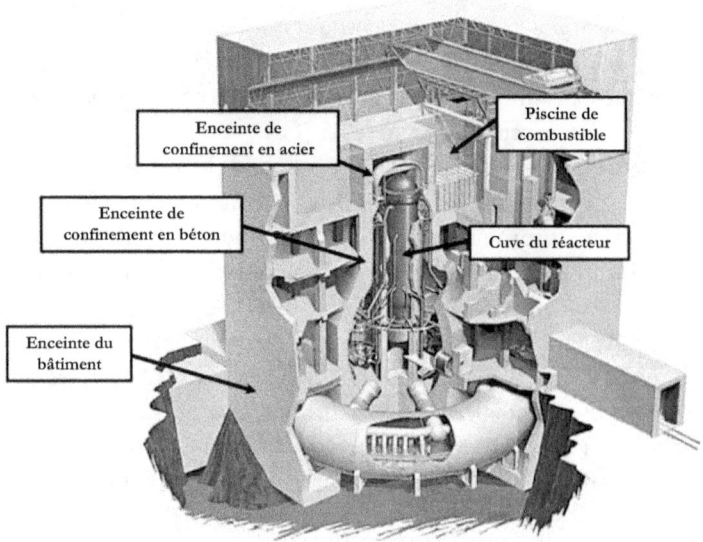

Figure 8.3 – Barrières de protection du réacteur.

Renouvellement du combustible, piscines

Les barreaux de combustible sont remplacés périodiquement. On les retire par le haut de la cuve sous l'eau et par des grues. C'est pour cela que les piscines de refroidissement se trouvent au-dessus des réacteurs dans ces installations. À Fukushima, cette disposition est devenue problématique en raison des fissures dans les parois des piscines et des fuites d'eau.

Tore de sécurité

Un schéma éclaté d'un REB de Fukushima est montré sur la figure (8.3). On y voit l'emplacement de la cuve, contenant le cœur, celui de la piscine de refroidissement, et les enceintes de confinement. On remarque un élément caractéristique de cette génération de réacteurs : le tore autour de la base de la cuve. La fonction de ce tore est de contrôler la pression, de dépressuriser en cas de besoin et d'injecter de l'eau.

Le radier

Notons, et c'est important, que le radier, c'est-à-dire la chape de béton sur laquelle repose l'enceinte de confinement de la cuve, a une épaisseur de trois mètres, alors que, sur les REP du parc français, l'épaisseur correspondante n'est que d'un mètre.

REFROIDISSEMENT DU RÉACTEUR À L'ARRÊT, FUSION DU CŒUR

Lorsque le réacteur est à l'arrêt et que les réactions nucléaires de fission sont stoppées, le combustible usé continue à dégager de la chaleur due à la radioactivité des produits de fission. Dans les REB de Fukushima, cette puissance résiduelle est de l'ordre d'une quinzaine de mégawatts un jour après l'arrêt, et de quelques mégawatts au bout d'un mois.

AVANTAGES ET INCONVÉNIENTS DES REB

Par rapport aux REP qui équipent le parc français, les REB présentent les principales différences suivantes.

1. **Avantages**
   - La pression dans la cuve est notablement plus faible dans un REB, *grosso modo* moitié moindre. La température de l'eau est plus faible, celle du combustible nucléaire également.
   - La cuve est soumise à une irradiation neutronique plus faible que dans un REP, ce qui la rendrait plutôt moins fragile.
   - Sans entrer dans des détails d'ingénierie, il y a nettement moins de composants, notamment de circuits et de vannes, sans compter l'absence de générateur de vapeur. Les REB possèdent des systèmes de refroidissement d'urgence du cœur actionnés par la vapeur, des turbopompes, sans intervention de générateurs électriques, ce que n'ont évidemment pas les REP.

2. **Inconvénients**
   - L'existence d'un seul et unique circuit de caloporteur est un facteur de danger. Toute contamination anormale au voisinage du cœur se propage immédiatement dans le circuit et vers la turbine. En cas de fissure ou de fuite, c'est un danger de contamination notable.
   - Le fait que l'insertion de barres de contrôle ait lieu par le bas est évidemment un inconvénient. L'arrêt d'urgence du réacteur nécessite une action mécanique (en l'occurrence, un accumulateur hydraulique à haute pression) alors que, dans

un REP, la simple interruption d'un circuit électrique suffit à faire tomber ces barres, actionnées par des systèmes d'électro-aimants.

8.3 DÉROULEMENT DE L'ACCIDENT

Il existe plusieurs rapports sur la catastrophe de Fukushima Daiichi, rédigés à des dates différentes, donc à partir de données qui évoluent sensiblement avec le temps.

Le déroulement des opérations et l'état de la centrale au 29 avril a été parfaitement décrit dans un article du *New York Times* [1].

Quelques jours après la catastrophe, le professeur Kanazawa, président du *Science Council of Japan* (SCJ) a adressé à ses collègues présidents des académies des sciences étrangères le message suivant : « Le 11 mars 2011, le district nord-est du Japon a été frappé par un tremblement de terre massif, suivi d'un tsunami majeur et d'une série d'accidents à la centrale nucléaire de Fukushima avec fuites d'éléments radioactifs. » Il ajoutait qu'il nourrissait l'espoir que « ces académies continueraient dans le futur à aider à la réhabilitation nécessaire ».

Le 7 juin, dans un rapport destiné à l'ONU, le gouvernement japonais reconnaît que le combustible des trois réacteurs n°s 1, 2 et 3 a fondu et a traversé l'assise des enceintes de confinement. En signant ce rapport de 750 pages, le Premier ministre Naoto Kan déclare : « avant tout, il importe d'informer la communauté internationale avec une transparence totale afin qu'elle recouvre sa confiance dans le Japon. »

Un *Rapport d'étape du groupe de travail de l'Académie des sciences,* « *Solidarité Japon* » [2] a été présenté le 28 juin 2011 par Alain Carpentier, président de l'Académie des sciences, qui comporte le *Rapport du sous-groupe Nucléaire « L'accident majeur de Fukushima Dai-Ichi »,* complété par de nombreux appendices, rédigé sous la direction d'Édouard Brézin, ancien président de l'Académie des sciences.

Une commission gouvernementale d'enquête, présidée par le professeur Yotaro Hatamura, a été constituée par le gouvernement japonais pour étudier la catastrophe de Fukushima dans tous ses détails. Son premier rapport d'étape est publié le 26 décembre 2011.

---

1. http://www.nytimes.com/interactive/2011/03/16/world/asia/reactors-status.html.

2. http://www.academie-sciences.fr/activite/rapport/rads0611.htm.

Le 6 décembre 2011, Yotaro Hatamura, président de cette commission, révèle que c'est le séisme et non le tsunami résultant qui a causé le désastre [3].

DÉBUT DE L'ACCIDENT

Le 11 mars 2011 à 14 h 46, un séisme de magnitude 9 a frappé la centrale nucléaire japonaise de Fukushima Daiichi, entraînant l'arrêt automatique des trois réacteurs en fonctionnement.

Les événements précis ne seront réellement connus que dans longtemps, voire dans plusieurs années, comme cela a été le cas à Three Mile Island.

Le tremblement de terre a entraîné :

- la perte des alimentations électriques externes (au site) des réacteurs, et le démarrage des alimentations électriques internes (au site), c'est-à-dire des groupes électrogènes de secours à moteur diesel, pour faire fonctionner des pompes de refroidissement ;

- l'arrêt automatique des réacteurs par insertion des grappes de contrôle dans les cœurs, étouffant les réactions de fission par absorption des neutrons ;

- des dommages importants aux réacteurs : on le saura plus tard, le séisme lui-même a endommagé les réacteurs et les circuits. Un signal d'alerte aux radiations s'est déclenché sur le site avant l'arrivée du tsunami [4]. De nombreux témoignages de personnes présentes sur le site l'attestent. Le détecteur, réglé sur des taux de radiation élevés, était situé à environ 1,5 km du réacteur n° 1 et s'est mis en marche à 15 h 29, plusieurs minutes avant l'inondation par le tsunami.

Ces faits ont été connus des autorités, qui les ont volontairement passés sous silence.

Le tsunami a eu pour conséquences premières :

- l'endommagement des prises d'eau en mer, ce qui a conduit à la perte de la source froide, nécessaire pour évacuer en permanence la chaleur produite par les réacteurs ;

---

3. http://ajw.asahi.com/article/0311disaster/fukushima/AJ201112060052.

4. Yuji Okada, Tsuyoshi Inajima et Shunichi Ozasa, *Japan's Fukushima Reactor May Have Leaked Radiation Before Tsunami Struck*, Bloomberg, 19 mai 2011.

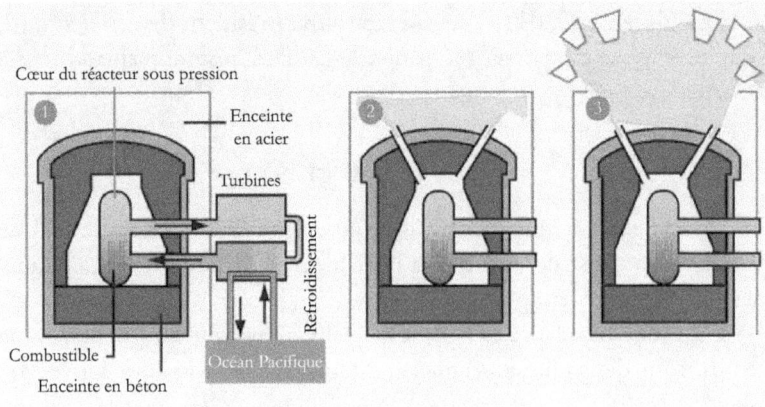

Figure 8.4 – Principales étapes de l'accident de Fukushima : 1) montée en pression, 2) décompression par les opérateurs, 3) explosion de l'hydrogène.

- la perte des groupes électrogènes de secours des réacteurs 1 à 4 ;
- la coupure des moyens de refroidissement de secours ;
- l'arrêt du refroidissement des cœurs des réacteurs, avec pour conséquence l'ébullition de l'eau dans les cuves, la diminution du niveau d'eau dans les cuves.

ÉCHAUFFEMENT DES CŒURS

Les cœurs des réacteurs 1, 2 et 3 et les assemblages de combustible usé entreposés dans les piscines de ces réacteurs ainsi que dans celle du réacteur 4 n'étant plus refroidis, le scénario de la fusion s'est déroulé. Cela a produit de l'hydrogène explosif et a relâché des produits radioactifs dans les circuits.

MONTÉE EN PRESSION DES ENCEINTES DE CONFINEMENT

Un schéma des événements à ce stade est montré sur la figure (8.4).

Dans la cuve des réacteurs 1, 2 et 3, la production de vapeur d'eau a entraîné la baisse du niveau d'eau et l'augmentation de la pression. Un système permet de décompresser la cuve en déchargeant la vapeur de la cuve dans les tores annulaires situés à l'extérieur des enceintes de confinement (voir figure (8.3)). Mais cela n'a pas été suffisant. En l'absence de refroidissement, l'eau contenue dans ces tores a été portée à ébullition et la pression a augmenté jusqu'à dépasser la valeur de sécurité.

Décompressions du réacteur, explosion de l'hydrogène

Entre le 11 et le 15 mars, des décompressions volontaires ont été effectuées pour maîtriser la pression au sein des tores et éviter leur endommagement. Ces décompressions – faites malheureusement trop tard, comme l'a reconnu le gouvernement japonais – ont entraîné des rejets par bouffées de produits radioactifs et d'hydrogène. La conséquence a été une suite d'explosions de l'hydrogène au contact de l'oxygène de l'air, successivement dans le réacteur 1 (le 12/03), le réacteur 3 (le 14/03) et le réacteur 2 (le 15/03). Le monde entier a vu ces explosions à la télévision. Elles peuvent avoir eu lieu dans l'enceinte de confinement comme dans le bâtiment du réacteur.

Localisation des piscines d'entreposage du combustible

Le combustible usé entreposé dans les piscines de combustible devait également être refroidi.

C'est la piscine du réacteur 4 qui était la plus remplie, avec plus de 1 300 assemblages déchargés des cœurs. L'échauffement du combustible usé a créé une élévation de la température de l'eau des piscines et une baisse de son niveau par évaporation. En outre, on pense que les parois des piscines ont été fissurées. Les conditions ont été réunies pour la fusion du combustible, accompagnée de rejets importants de produits radioactifs, notamment de césium (les combustibles déchargés des cœurs depuis plusieurs mois ne contiennent plus d'iode 131, du fait de sa courte demi-vie).

Le 15 mars, un incendie d'origine inconnue s'est déclaré dans le bâtiment du réacteur 4, suivi d'une explosion d'une origine également inconnue, qui a fortement endommagé la structure du bâtiment.

Conséquences sanitaires

L'accident a entraîné des rejets radioactifs atmosphériques qui ont conduit les autorités japonaises à évacuer, quelques heures après le début de l'accident, 80 000 personnes dans une zone d'un rayon de 20 km autour de la centrale, et tenter de mettre à l'abri les personnes situées dans la zone de 20 à 30 km de rayon. On a d'abord estimé que les rejets étaient de l'ordre de grandeur d'un cinquième de ceux survenus à Tchernobyl.

Des mesures réalisées à l'aide d'une sonde héliportée ont permis de tracer des cartes assez précises de la contamination et d'évaluer les doses d'irradiation auxquelles aurait été exposée la population si elle était demeurée sur place. Environ 70 000 personnes résidant dans cette zone auraient été exposées à des doses annuelles supérieures à 10 mSv si elles étaient restées sur place.

8.4 FUSION DES CŒURS

Le facteur nucléaire essentiel de la catastrophe de Fukushima est la fusion des cœurs. De fait, lorsque l'on parcourt le déroulement des phénomènes avec du recul, tous les événements importants ont résulté de la défaillance des dispositifs de refroidissement, de l'échauffement des cœurs qui s'en est suivi et de leur fusion.

Pour la simplicité de l'exposé, nous ferons usage des termes anglais *melt-through* et *melt-out* pour désigner le percement de la cuve, la traversée des enceintes inférieures et l'épanchement du corium dans l'environnement.

Nous avons décrit le phénomène au chapitre 5. Les explosions ont entraîné des rejets radioactifs importants. Ces rejets ont d'abord été atmosphériques, puis, par écoulement d'eau fortement contaminée, dans le milieu marin, et, après percement des cuves et radiers, dans le sol et les nappes phréatiques.

Le bilan complet ne sera connu que dans plusieurs années. À Three Mile Island, il a fallu six ans pour que la température baisse suffisamment et que l'on puisse faire pénétrer une caméra à l'intérieur de la cuve. Ici, l'accident a conduit à la fusion des cœurs des réacteurs 1, 2 et 3 et au percement de la cuve et des soubassements de certains d'entre eux. On s'interroge cependant sur le nombre exact de fusions. En effet, toutes les circonstances étaient réunies pour que les assemblages présents dans les piscines, notamment celles du réacteur 4, surchargées, subissent aussi une fusion. Potentiellement, on aurait pu faire face à une vingtaine de fusions.

Le 16 mai, Hiroki Ogawa[5] a fait remarquer que la fusion d'une « grande partie » du cœur du réacteur n° 1 avait été confirmée par les techniciens de Tepco, qu'il était très probable qu'elle se poursuivrait par un *melt-out* au travers du socle en béton. Ce qui est surprenant, dit

---

5. « A Fukushima Update », *The Diplomat*, 16/5/2011.

Hiroki Ogawa, c'est que cette information a été connue dès le début des événements.

Le 24 mai, Junichi Matsumoto, porte-parole de Tepco, a confirmé qu'en effet la fusion du cœur s'était produite dans trois réacteurs. Les cœurs des réacteurs 2 et 3 étaient pratiquement entièrement fondus.

Le 7 juin, dans un rapport de 750 pages destiné à l'ONU, le gouvernement japonais a reconnu que le combustible des trois réacteurs n°s 1, 2 et 3 avait fondu et traversé l'assise des enceintes de confinement.

Le 8 juin, d'après le journal *Le Monde*, Tokyo a reconnu avoir minimisé la gravité de l'accident de Fukushima. Ce même jour, le *Guardian*[6] a dit que le scénario était encore plus sérieux qu'une simple fusion des cœurs, et que le Japon n'était pas préparé à un accident de cette gravité.

Le 16 juin, Al Jazeera a diffusé une interview d'Arnold Gundersen, ingénieur nucléaire qui avait enquêté sur Three Mile Island. Celui-ci y affirme : « Il y a à Fukushima trois cœurs de réacteurs et quatre piscines exposés à un défaut de refroidissement. C'est probablement l'équivalent de vingt cœurs de réacteurs, en raison du contenu des piscines, qui ont un besoin urgent d'un refroidissement qui fait défaut. » Gundersen ajoute : « Ils sont en train de déverser des tonnes d'eau, sans savoir ce qu'ils vont faire de l'eau qui ressort du système contaminée en produits de fission, en uranium et en plutonium. »

Le 22 juin, Hiroaki Koide, professeur à l'université de Kyoto, a exprimé dans le *Mainichi Daily News* son inquiétude devant la pénétration du corium dans le sol. Le gouvernement japonais s'est appuyé sur ces déclarations pour demander à Tepco de construire une barrière en ciment sous les réacteurs pour stopper l'effusion du corium qui a atteint les nappes phréatiques et menace l'océan. Tepco a refusé en prétextant la lenteur de la diffusion, le coût de l'opération et le risque de voir sa cotation en Bourse s'effondrer.

Le 29 juin, Édouard Brézin, responsable du volet nucléaire du rapport de l'Académie des sciences, déclarait à Mediapart que « l'accident nucléaire majeur de Fukushima Daiichi, classé au niveau 7 de l'échelle INES, a provoqué la fusion du cœur et le percement de la cuve de trois réacteurs, deux explosions d'hydrogène, a rendu 500 kilomètres carrés inhabitables pour une durée encore inconnue, a produit 100 000 tonnes d'eau contaminée qu'il faut retraiter, et a tué trois employés de la centrale ». Il ajoutait : « Il

---

6. http://www.guardian.co.uk/world/2011/jun/08/fukushima-nuclear-plant-melt-through.

est évident que cet événement va changer le point de vue sur l'industrie nucléaire, sa sûreté et peut-être la façon de la conduire. »

Le 21 juillet 2011, paraissait sur Internet[7] un long reportage traduit par Marielle Ikeme à partir d'un article paru en japonais le 8 juillet 2011[8] dans l'hebdomadaire *Friday*. Sous le titre : « Fukushima : après le *melt-through*, le *melt-out* : le corium attaque les nappes phréatiques », on lit, dans ce reportage, que le combustible des réacteurs fondus (*melt-down*) s'échappe des cuves de pressurisation (*melt-through*) et s'infiltre dans l'environnement (*melt-out*). Hiroaki Koide y déclarait : « La situation de la centrale de Fukushima est désespérée [...] Je pense que le corium, mélange fondu à base d'uranium, a endommagé le fond des cuves et qu'il s'infiltre au travers du béton et se diffuse dans la terre. Le combustible du cœur des réacteurs ne fond pas à moins de 2 800 degrés (la radioactivité empêche la mesure de la température actuelle). Il y a à peu près cent tonnes de corium. Les cuves de pressurisation et les métaux utilisés pour l'enceinte du bâtiment fondent à 1 500 degrés. Il est donc probable que le corium soit tombé au fond des cuves, qu'une partie ait attaqué le sol et qu'une autre partie se soit mélangée avec l'eau contaminée, entraînant la fonte des murs. [...] Si le corium attaque les nappes phréatiques, on aura beau refroidir, cela n'empêchera pas la radioactivité de s'étendre avec une ampleur imprévisible. »

8.5 La cause du désastre : séisme ou tsunami ?

Le séisme lui-même a causé des dommages importants aux réacteurs et aux circuits. On saura qu'un signal d'alerte aux radiations s'est déclenché sur le site avant l'arrivée du tsunami. De nombreux témoignages de personnes présentes sur le site l'attestent[9].

Cette question est d'une extrême importance pour Tepco. L'affirmation que seul le tsunami, d'une force exceptionnelle, était responsable du désastre a tout de suite constitué un dogme pour la compagnie. En effet, l'hypothèse que le séisme lui-même aurait pu jouer un rôle important, sans le déclenchement du tsunami, aurait suscité une méfiance sévère sur la fiabilité et la sécurité non seulement de Fukushima 1, la centrale la plus

---

7. http://fukushima.over-blog.fr/article-fukushima-apres-le-melt-through-le-melt-out-le-corium-attaque-les-nappes-phreatiques-79905647.html.

8. http://gendai.ismedia.jp/articles/-/11152.

9. Yuji Okada, Tsuyoshi Inajima et Shunichi Ozasa, *Japan's Fukushima Reactor May Have Leaked Radiation Before Tsunami Struck, Bloomberg*, 19 mai 2011.

ancienne et la plus vétuste, mais sur toutes les centrales de la compagnie. Dans un rapport d'étape, dévoilé le vendredi 2 décembre et reposant sur une reconstitution par ordinateur de la catastrophe à partir de la chronologie, mesurée, des événements, Tepco affirme pouvoir attribuer la cause directe du drame au tsunami. La vague aurait « fait perdre simultanément de multiples fonctions de sûreté, et empêché le bon fonctionnement des opérations de refroidissement des réacteurs ».

Les autorités gouvernementales elles-mêmes ont admis qu'il fallait éviter d'annoncer qu'un tremblement de terre pouvait endommager un réacteur nucléaire. Cela aurait déclenché une vague de méfiance, voire de panique, au Japon, pays doté de cinquante réacteurs nucléaires et sujet à des séismes fréquents (10 % des séismes du monde sont enregistrés au Japon).

Le 17 mai, dans le *New Scientist*[10], Paul Marks expose les raisons que l'on avait de penser que le séisme avait détruit le système de refroidissement des réacteurs de Fukushima bien avant l'arrivée du tsunami.

Longtemps a persisté l'idée *a priori* que le tsunami était responsable de la catastrophe. On peut lire dans le rapport de l'Académie des sciences présenté à Paris le 28 juin 2011 le paragraphe suivant : « Néanmoins on peut dire que, vraisemblablement, le séisme du 11 mars 2011 à 14 h 46, malgré sa magnitude 9, supérieure aux limites retenues pour la conception des réacteurs de la centrale de Fukushima, n'aurait pas eu de conséquences très dommageables pour l'environnement ou la santé, s'il n'avait été suivi du tsunami. Il est possible que les tuyauteries reliant les vannes de dépressurisation des enceintes de confinement aux cheminées d'évacuation dans l'atmosphère aient pu être endommagées par le séisme. C'est peut-être cet endommagement qui a conduit aux explosions d'hydrogène dans les bâtiments réacteurs et donc à mettre en danger les piscines d'entreposage de combustible usé, par ailleurs non refroidies. L'analyse est encore incertaine et elle dépend d'investigations plus approfondies de l'état des réacteurs qui nécessiteront beaucoup de temps. »

Le 19 août, Andy Coghlan, dans le *New Scientist*[11], présente les raisons pour lesquelles on peut se poser la question de l'importance relative du séisme et du tsunami.

---

10. http://www.newscientist.com/blogs/shortsharpscience/2011/05/megaquake-took-out-fukushimas.html.

11. http://www.newscientist.com/article/dn20811-did-quake-or-tsunami-cause-fukushima-meltdown.html.

La commission gouvernementale d'enquête présidée par Yotaro Hatamura, professeur émérite de l'université de Tokyo [12], a été constituée par le gouvernement japonais pour étudier la catastrophe de Fukushima dans tous ses détails. Cette comission comporte dix membres, de disciplines différentes, et deux conseillers techniques. Sa première réunion a eu lieu le 7 juin.

Avant même que le rapport de la commission gouvernementales d'enquête ne soit publié, plusieurs membres de cette commission d'enquête ont exprimé leur sentiment sur la question de l'importance respective du séisme et du tsunami dans la catastrophe nucléaire, comme le rapportent, le 6 décembre 2011, le journal *Asahi Shimbun Weekly* et le journal *Le Monde*. Beaucoup de membres de cette commission sont sceptiques quant à l'affirmation de Tepco que cet accident soit dû à un tsunami sans précédent. « L'affirmation selon laquelle le tsunami a été la seule cause de l'accident n'est rien qu'une hypothèse », a affirmé, le 6 décembre, Hitoshi Yoshioka, vice-président de l'université Kyushu et membre de la commission, qui a ajouté : « Je crois qu'une majorité de membres de la commission sont de cet avis. Je pense que c'est un avis presque unanime que l'on ne devrait pas faire confiance à l'analyse de Tepco et à sa conclusion que le tsunami était la cause de l'accident. » Les membres de la commission estiment apparemment qu'il faut prendre en compte la possibilité que la tuyauterie principale de la centrale ait été gravement endommagée par le tremblement de terre avant même que le tsunami ne frappe l'installation.

Il apparaît que la seule secousse du 11 mars qui ait dépassé des normes antisismiques était la secousse est-ouest des réacteurs n° 2 et n° 3. La secousse enregistrée au niveau du réacteur n° 1 était dans les normes. C'est pourtant dans le réacteur n° 1 que la première explosion hydrogène s'est produite, projetant des substances radioactives dans l'atmosphère.

Une raison majeure de ces doutes provient d'une analyse faite par Mitsuhiko Tanaka, ancien ingénieur de conception de centrale nucléaire qui a participé à celle de l'équipement de pressurisation du réacteur n° 4. Dans cette analyse, publiée dans l'édition de septembre du magazine *Kagaku* (« La science ») Tanaka critique la simulation informatique conduite par Tepco. Il pense aussi que la tuyauterie de la centrale de Fukushima a été endommagée par le tremblement de terre avant que le tsunami ne l'ait atteinte. Pour Tanaka, le défaut majeur dans l'analyse de Tepco provient

---

12. Connu, notamment, pour son ouvrage sur les causes des accidents : *Learning from Design Failures*, Springer, 2008, (édition anglaise).

de ce que les temps utilisés dans la simulation informatique pour les changements de niveaux d'eau dans l'équipement sous pression principal et les changements de la pression dans la cuve n'étaient pas ceux enregistrés en temps réel pendant le déroulement de l'accident. Il y a eu tricherie. La simulation de Tepco a été sciemment falsifiée par des données contraires à la réalité : les temps utilisés dans cette simulation diffèrent énormément des temps réels mesurés. Ces derniers mènent à une forte probabilité qu'une partie importante de la tuyauterie ait été endommagée par le tremblement de terre avant que le tsunami n'arrive.

Un premier rapport d'étape de 507 pages a été publié le 26 décembre 2011. Après avoir auditionné plus de 400 personnes, la commission a souligné les difficultés de sa tâche. Elle remarque les sévères défaillances de Tepco. Le rapport définitif est prévu pour le milieu de 2012.

8.6 BILAN GLOBAL ACTUEL

8.6.1 EFFETS RADIOLOGIQUES ET ENVIRONNEMENTAUX

L'estimation de la quantité de radioactivité dégagée par l'accident a doublé lors du rapport remis par le gouvernement japonais à l'ONU. Au début du mois d'avril, on annonçait que 370 000 térabecquerels s'étaient échappés de la centrale. Ce nombre est finalement monté à 770 000 térabecquerels. Ces chiffres peuvent être comparés à l'estimation de l'émission totale de radioactivité atmosphérique à Tchernobyl de 4 millions de térabecquerels [13], soit cinq fois plus, ce qui est supérieur mais d'un ordre de grandeur comparable. Bien entendu, cela ne tient pas compte de la radioactivité en sous-sol et dans l'océan, ni du fait que la contamination radioactive chemine et se poursuit à Fukushima.

Le 27 octobre 2011, le journal *Le Monde* a annoncé que, d'après l'Institut de radioprotection et de sûreté nucléaire, une très forte contamination radioactive du milieu marin s'est produite après l'accident dans la centrale de Fukushima, avec des rejets de césium 137 estimés à 27 000 térabecquerels. « Ce rejet radioactif en mer représente le plus important apport ponctuel de radionucléides artificiels pour le milieu marin jamais observé. [Il est] vingt fois plus important que l'estimation faite par l'opérateur japonais Tepco, publiée en juin. » Dans la globalité du Pacifique, cette quantité de césium serait deux fois supérieure aux retombées des essais nucléaires atmosphériques des années 1960. Mais cette pollution n'aurait

---

13. http://hyperphysics.phy-astr.gsu.edu/hbase/nucene/cherno2.html.

pas de répercussion significative sur la faune et la flore marines, hormis au voisinage des côtes japonaises.

En revanche, le désastre de la contamination du sol, du sous-sol, des nappes phréatiques et, par conséquent, de tout le système de circulation d'eau douce par le césium 137, est unique en son genre. On y a porté relativement peu d'attention, mais cela signifie qu'une fraction notable de l'eau douce peut rester impropre à la consommation comme à l'agriculture pendant plus de deux siècles. C'est peut-être là la partie la plus importante du désastre. Elle va peser lourd dans le bilan final.

On a beaucoup insisté, dans la presse internationale, sur le retard de trois mois avec lequel le gouvernement japonais a mis à annoncer la fusion totale des cœurs à Fukushima. La dissimulation de la vérité, tant au public qu'à la communauté scientifique, a été très mal perçue.

Il est certain que tous les pays vont devoir mettre sur pied des politiques draconiennes de sécurité et de vérification. Cela vaut pour ce qui concerne les installations, les centrales et la formation des personnels. Mais c'est aussi vrai et important, bien entendu, en ce qui concerne l'information du public.

8.6.2 MESURES D'INTERVENTION

Un problème urgent est de savoir comment se débarrasser de l'eau polluée hautement radioactive qui s'est accumulée dans les bâtiments des réacteurs, les sous-sols et les fossés. On estime à environ 100 000 tonnes la quantité d'eau contaminée employée pour refroidir les réacteurs en surchauffe.

On est frappé par le degré d'amateurisme et d'improvisation de l'organisation des secours et des mesures de sécurité face à l'accident et son développement. Cela contraste avec l'attitude légendaire du peuple japonais vis-à-vis des tremblements de terre et des tsunamis. Le fait qu'il n'existe aucun protocole d'intervention bien défini, comme il en existe pour les incendies, les catastrophes ferroviaires ou dans l'industrie chimique, est révélateur. Cette remarque vaut pour pratiquement tous les pays équipés d'installations nucléaires, sans quoi des propositions d'aide auraient été faites.

8.6.3 CET ACCIDENT EST-IL COMPARABLE À CELUI DE TCHERNOBYL ?

Dans l'accident de Tchernobyl, une réaction en chaîne non maîtrisée a provoqué un emballement du réacteur et donc sa surchauffe, conduisant à une explosion de vapeur ou d'hydrogène. Celle-ci a libéré des produits de fission, propulsés jusqu'à plus de 3 000 mètres dans l'atmosphère. Il n'y avait pas d'enceinte de confinement supérieure ni de cuve pour contenir les restes du cœur.

À Fukushima, la réaction en chaîne s'est arrêtée automatiquement au moment du séisme et la puissance avec laquelle les produits de fission ont été libérés dans l'atmosphère a été beaucoup plus faible. Cependant, la structure des soubassements de Tchernobyl a évité (par miracle) que le cœur en fusion ne la transperce. À Fukushima, le cœur en fusion a traversé les cuves et les enceintes pour pénétrer dans le sol.

On peut comparer les quantités de combustible susceptibles de contaminer l'environnement dans les deux cas. Dans la revue *Science* du 17 mars 2011, Eliot Marshall et Sara Reardon, sous le titre « How Much Fuel Is at Risk at Fukushima ? [14] », ont estimé, en se référant à des informations de Tepco, que la centrale Dai-ichi comportait en tout 1 760 tonnes de combustible propre ou usagé. Le réacteur 3, le plus endommagé, contenait 90 tonnes de combustible, et la piscine du réacteur 4, 135 tonnes. Cela doit être comparé aux 30 tonnes du réacteur de Three Mile Island, et aux 180 tonnes de celui de Tchernobyl.

Une analyse plus fine montre que la réalité est plus grave. D'après l'agence *Associated Press*, il y avait, au moment du séisme et du tsunami, 3 400 tonnes de combustible usagé dans sept piscines et 877 tonnes de combustible en fonctionnement dans les réacteurs. Cela représente un total de 4 277 tonnes de combustible nucléaire à Fukushima, soit 24 fois plus qu'à Tchernobyl. Selon ce critère, Tchernobyl serait un « nain » en comparaison de Fukushima. Bien entendu, les circonstances sont sans rapport. La quantité de radioactivité atmosphérique dégagée par l'accident selon le gouvernement japonais est environ cinq fois moindre qu'à Tchernobyl.

---

14. http://news.sciencemag.org/scienceinsider/2011/03/how-much-fuel-is-at-risk-at-fukushima.html?rss=1.

8.6.4 MAÎTRISE DES INSTALLATIONS

À l'heure où ces lignes sont écrites [15], la procédure d'« arrêt à froid » des réacteurs de la centrale a été menée à bien, comme l'a annoncé le 16 décembre 2011 le Premier ministre Yoshihiko Noda, et l'émission radioactive dans la centrale est considérée comme maîtrisée [16]. Toutefois, les dégâts causés à l'environnement sont loin d'être identifiés et circonscrits.

---

15. Décembre 2011.
16. Agence Reuters, AFP, *The Telegraph*, le 16 décembre 2011.

CHAPITRE 9

QUE PENSER ET QUE FAIRE APRÈS FUKUSHIMA ?

9.1 Naissance et évolution de l'électronucléaire

Dès ses premiers instants, l'énergie nucléaire civile a été marquée au fer de la guerre et de l'horreur de deux bombes atomiques. Le 8 décembre 1953, le président Eisenhower faisait à l'ONU un discours resté célèbre : *Atoms for Peace*, « Des atomes pour la paix », où il se déclarait résolu à trouver une voie par laquelle « la merveilleuse inventivité de l'homme ne serait pas consacrée à sa mort, mais consacrée à sa vie [1] ». Quelque temps plus tard, le 6 septembre 1954, en inaugurant la première centrale nucléaire civile, celle de Shippingport, il déclarait : « Mes amis, (...) je crois profondément que l'atome ne va pas se consacrer seulement à être le destructeur de l'homme, mais qu'il va être son serviteur puissant, fidèle et infatigable. » On peut, sur un mode différent, comparer ces mots avec la fin du discours prononcé par Pierre Curie à l'Académie des Sciences de Suède le 6 juin 1905, un demi-siècle plus tôt : « On peut concevoir encore que dans des mains criminelles le radium puisse devenir très dangereux, et ici on peut se demander si l'humanité a avantage à connaître les secrets de la nature, si elle est mûre pour en profiter ou si cette connaissance ne lui sera pas nuisible. L'exemple des découvertes de Nobel est caractéristique, les explosifs puissants ont permis aux hommes de faire des travaux admirables. Ils sont aussi un moyen terrible de destruction entre les mains des grands criminels qui entraînent les peuples vers la guerre. Je suis de ceux qui pensent, avec Nobel, que l'humanité tirera plus de bien que de mal des découvertes nouvelles. »

Le réacteur de Shippingport, d'une puissance de 60 mégawatts, avait été précédé par des réacteurs militaires. La première centrale nucléaire

---

1. Dans le même temps, il lançait un programme de dissuasion nucléaire visant à augmenter l'arsenal des États-Unis.

du monde a été l'*Experimental Breeder Reactor I* (EBR-I), construite au laboratoire national de l'Idaho aux États-Unis, entrée en service le 20 décembre 1951. Elle servait à produire du plutonium militaire, mais fournissait de quoi alimenter quatre ampoules électriques de 200 watts. Le 27 juin 1954, une centrale nucléaire civile fut connectée au réseau électrique à Obninsk en Union soviétique, avec une puissance électrique de cinq mégawatts. Les centrales nucléaires suivantes furent celles de Marcoule en Provence le 7 janvier 1956 et celle de Sellafield au Royaume-Uni, connectée au réseau en 1956, toutes deux à destination militaire. Les travaux de construction du premier réacteur à usage civil en France (EDF1) démarrèrent à la centrale nucléaire de Chinon en 1956.

Ces réacteurs avaient tous été précédés d'une série de catastrophes survenues dans diverses installations nucléaires militaires pendant la décennie qui avait suivi l'accomplissement du projet Manhattan.

La première manifestation sérieuse de réticence, sinon d'opposition, au développement de centrales nucléaires civiles est tout simplement venue d'une épreuve de force dans la société capitaliste américaine. Les dangers potentiels de l'énergie nucléaire ne pouvaient pas être totalement passés sous silence. Les compagnies d'assurances privées n'acceptaient d'assurer les centrales nucléaires que jusqu'à un plafond de 65 millions de dollars (de l'époque). Cela fut estimé, en 1956, être le dixième du coût d'un éventuel accident nucléaire. Cependant, les constructeurs et les exploitants se refusaient à construire et exploiter des centrales sans une couverture plus complète.

Le président Eisenhower décida alors de mêler le Congrès à l'affaire. La loi Price-Anderson, votée en 1957, créa un système d'assurance fédérale pour l'industrie nucléaire, au-delà d'un certain plafond (actuellement de 10 milliards de dollars).

Dans le demi-siècle qui a suivi, les Américains ont eu une attitude vis-à-vis des risques du nucléaire civil qui a oscillé entre de sérieuses préoccupations et une totale indifférence. Les préoccupations ont connu un pic après la fusion partielle du cœur du réacteur de Three Mile Island, et un autre au moment de la catastrophe de Tchernobyl. Puis elles se sont atténuées, avec un nouveau pic au moment du 11 septembre 2001, et ont régressé au point que de nombreux industriels se sont mis à évoquer une possible « renaissance nucléaire. » Ce terme a été utilisé en référence à une reprise de l'industrie électronucléaire, suscitée par les prix croissants des combustibles fossiles et de nouvelles interrogations quant à la possibilité d'atteindre les limites d'émission de gaz à effet de serre.

En 2011, 433 réacteurs fonctionnaient dans 31 pays dans le monde, dont 58 réacteurs en France, soit un total de 367 gigawatts produisant environ 14 % de l'électricité mondiale. Il y avait 65 réacteurs en construction, dont 27 en Chine, pour une puissance totale de 63 gigawatts. La catastrophe de Tchernobyl a conduit à plusieurs moratoires. La baisse des prix du pétrole durant les années 1990 a renforcé cette tendance, conduisant à construire moins de nouveaux réacteurs dans le monde. Parallèlement, les centrales ont vieilli. En 2011, la majorité des réacteurs avaient de 15 à 37 ans, 24 avaient 40 ans ou plus. À partir du milieu de la décennie 2000, la remontée des prix des énergies, tirés par les hydrocarbures, et le problème des gaz à effet de serre ont conduit à de nouvelles constructions de réacteurs. La Finlande, par exemple, s'est engagée dans la construction d'un réacteur EPR à Olkiluoto depuis 2003, la construction d'un EPR à Flamanville (France) est en cours depuis 2007 et 27 réacteurs sont aussi en construction en Chine, dont deux EPR.

Le Forum de la génération IV des réacteurs du futur, dont nous dirons quelques mots dans le chapitre 10, a été créé par les États-Unis en 2001. Il comporte neuf membres fondateurs : l'Argentine, le Brésil, le Canada, la France, le Japon, le Royaume-Uni, la Corée du Sud, l'Afrique du Sud, signataires de l'accord en juillet 2001, auxquels se sont joints la Suisse en 2002, l'Euratom en 2003, la Chine et la Russie, toutes deux en 2006.

En même temps, diverses barrières à une renaissance nucléaire ont été identifiées. Parmi celles-ci : une économie d'investissements défavorable comparée à d'autres sources d'énergie, une certaine lenteur dans la façon de relever le défi du changement climatique, des goulots d'étranglement industriels et des manques en personnel dans le secteur nucléaire, ainsi que la question non résolue des déchets nucléaires. Il y a aussi des préoccupations concernant l'augmentation des accidents nucléaires, la sécurité et la prolifération d'armes nucléaires.

En avril 2011, le président Obama, qui s'est fait l'avocat d'une « nouvelle génération de centrales nucléaires, sûres et propres », a demandé au Congrès une garantie fédérale de 36 milliards de dollars pour l'étude et la construction de nouveaux réacteurs.

Il faut maintenant reporter la date de la renaissance.

La catastrophe de Fukushima Daiichi a changé les éléments du dossier. Elle a incité les principaux pays consommateurs d'énergie à passer en revue la sécurité de leurs réacteurs existants et elle a remis en question le développement de cette source d'énergie dans le monde entier. La Chine, l'Allemagne, la Suisse, Israël, la Malaisie, la Thaïlande, le Royaume-Uni, l'Italie et les Philippines revoient ou annulent leurs programmes d'équipement nucléaire. Après les accidents de Fukushima, l'Agence internationale de l'énergie a divisé par deux son estimation de construction de nouvelles centrales avant 2035. Dans un délai relativement court, trente centrales nucléaires devraient être fermées dans le monde entier, dont celles situées dans des zones sismiques ou près des frontières nationales. Les analystes internationaux pensent que même un pays pronucléaire comme la France devra fermer au moins les deux réacteurs de Fessenheim pour retrouver l'acceptation par le public de l'électronucléaire, car les événements de Fukushima ont mis en doute l'idée qu'une économie, même avancée, puisse garantir la sécurité nucléaire[2]. En septembre 2011, le géant allemand Siemens a annoncé qu'il allait se retirer entièrement de l'industrie nucléaire, au vu du désastre de Fukushima[3].

9.2 AU CŒUR DES ACCIDENTS

9.2.1 LE VÉRITABLE DANGER

Contrairement aux idées de l'après-Seconde Guerre mondiale, le danger grave que peut représenter le nucléaire civil ne provient pas de tel ou tel risque d'explosion nucléaire, comme on le pensait à la fin des années 1950, mais des effets dévastateurs et imparables de la contamination radioactive.

Parmi tous les déchets produits qui sont disséminés dans l'environnement (atmosphère, sol, eau douce, mer), deux éléments sont, à notre échelle, terriblement redoutables : le césium 137, d'une demi-vie de 30 ans, et le strontium 90, d'une demi-vie de 29 ans. Ces éléments diffusent notamment dans les nappes phréatiques et polluent l'eau douce, notre bien le plus précieux. Or il faudra attendre 300 ans pour qu'une quantité émise soit réduite à un millième de sa valeur initiale. Autrement dit, la région contaminée sera invivable pendant des générations.

Ces éléments ont été produits dans tous les accidents nucléaires, qui, sur ce point, ne diffèrent que par les quantités émises.

---

2. « Nucléaire : une trentaine de réacteurs dans le monde risquent d'être fermés », *Les Échos*, 12 avril 2011, analyse des experts de la banque suisse UBS.
3. « Siemens to quit nuclear industry », *BBC News*, 18 septembre 2011.

9.2.2 Similitude des accidents

A priori les trois accidents de Three Mile Island, Tchernobyl et Fukushima paraissent très différents, ne serait-ce que par leur origine.

Tchernobyl est avant tout un accident de la stupidité bureaucratique. Il n'aurait pas eu lieu si des physiciens et ingénieurs du nucléaire avaient été consultés ou avaient pris part à l'expérimentation hasardeuse qui a déclenché le désastre. Une simulation numérique du test envisagé était possible, et en tout état de cause, le maniement prévu d'un réacteur nucléaire méritait l'avis et le contrôle d'experts qui ne manquaient pas.

À Fukushima, l'accident a été causé par une succession de deux catastrophes naturelles d'intensité inhabituelle : un tremblement de terre de magnitude 9 provoquant lui-même un tsunami dont la vague d'une hauteur de quinze mètres a déferlé une heure après la secousse.

Il existe des analogies entre Fukushima et Three Mile Island dans la mesure où il s'est agi de lutter contre la fusion de cœurs de réacteurs. Mais les circonstances étaient très différentes : la panne d'électricité de Fukushima a paralysé les possibilités de refroidissement des réacteurs et des piscines, alors que les opérateurs ont eu les coudées franches sur ce plan à Three Mile Island.

Mais, à y regarder de près, on ne peut que constater que le « démon » à combattre était le même dans les trois cas !

Même si ce qui a le plus frappé les esprits est marqué du nom du « nuage de Tchernobyl », tentons de mettre entre parenthèses le début des événements de Tchernobyl et l'explosion du réacteur, que nous qualifions d'accident bureaucratique (on peut imaginer un scénario semblable dans une usine d'explosifs ou de produits chimiques ; il s'en est produit). Certes, on souhaite à l'humanité que pareille sottise ne se reproduise pas, mais elle est imprévisible et incontrôlable.

Comme nous l'avons décrit au chapitre 7, la principale préoccupation des physiciens et ingénieurs nucléaires (ex-)soviétiques a été de contenir la fusion du cœur du réacteur, qui risquait d'avoir des conséquences bien pires que la première explosion.

Le professeur Vassili Nesterenko, scientifique nucléaire biélorusse, a fait le diagnostic que si le cœur en fusion avait atteint l'importante nappe d'eau qui existait sous le réacteur, une explosion de vapeur beaucoup plus forte aurait pu se produire et disséminer des éléments radioactifs à une très grande distance, couvrant l'Europe entière. Trois volontaires parvinrent à vider l'eau. En 1988, grâce à des forages, on a su que le fond du réacteur avait cédé d'un coup. Le cœur, fondu en corium liquide, s'était écoulé puis définitivement solidifié vingt mètres plus bas dans les infrastructures.

C'est pour cela que l'on peut avancer que si l'accident de Tchernobyl n'a pas été dramatiquement plus grave, c'est grâce au courage de quelques-uns, mais surtout grâce à la chance.

L'accident de Three Mile Island est l'archétype de ce que Charles Perrow nomme les « accidents normaux des systèmes complexes » : des formes d'accidents qui sont inévitables, quelle que soit l'efficacité des systèmes de sécurité conventionnels. En l'occurrence, la conjonction temporelle de pannes de quelques robinets et de soupapes complètement indépendants dans leur rôle propre, qui, au travers de la complexité du système, devient un accident grave. Là aussi, la chance a fait que la fusion du cœur n'a pas atteint le *melt-through*, ce que l'on a su très vite par les mesures extérieures, mais qui n'a été visionné que six ans après l'accident. Le refroidissement externe du réacteur s'est trouvé être suffisant pour éviter le pire.

L'accident de Fukushima ressemble, en évidemment plus catastrophique, à ce dernier. Il y a polémique sur la part respective du séisme et du tsunami dans la détérioration des divers systèmes (réacteurs et alimentation d'électricité). Mais peu importe : on ne peut pas nier que le désastre provient de la défaillance des systèmes de refroidissement, de la fusion de cœurs et du *melt-out* dévastateur qui en est résulté dans l'environnement.

9.2.3 LA CATASTROPHE DE KYCHTYM

Nous n'avons pas encore évoqué la catastrophe de Kychtym qui s'est produite le 29 septembre 1957 au complexe nucléaire Maïak, dans l'actuelle Russie, dans l'Oural. La raison en est simple : ce n'est pas l'accident d'un réacteur nucléaire, mais celui d'un dépôt de déchets.

Cette catastrophe a été estimée de niveau 6 sur l'échelle INES. C'est, après les catastrophes de Tchernobyl et de Fukushima, l'accident nucléaire le plus grave jamais survenu. Les Soviétiques ont maintenu le secret défense sur lui.

Les Soviétiques avaient construit un site d'entreposage pour déchets nucléaires liquides en 1953. Il comprenait des réservoirs en acier enveloppés de béton, le tout enterré à 8 mètres de profondeur. À cause du taux élevé de radiations, les déchets avaient une température élevée. Un système de refroidissement était installé autour de chaque ensemble de vingt réservoirs.

En septembre 1957, le système de refroidissement de l'un des réservoirs, qui contenait entre 70 et 80 tonnes de déchets nucléaires, tomba en panne. La température du réservoir s'éleva, ce qui provoqua une explosion chimique (de nitrate d'ammonium et d'acétates). L'explosion, dont la puissance estimée équivaut à celle de l'explosion de 70 à 100 tonnes de TNT, projeta en l'air le couvercle en béton, d'une masse de 160 tonnes. La radioactivité répandue par l'explosion a été estimée à entre 2 et 50 MCi (entre 74 et 1 850 pétaBq).

Dans les dix à onze heures suivantes, un nuage radioactif se déplaça vers le nord-est jusqu'à une distance de 300 à 350 kilomètres du lieu de l'explosion. Les retombées radioactives provoquèrent la contamination à long terme d'une région d'une superficie de 800 km². Les retombées radioactives comportaient surtout du césium 137 et du strontium 90. Dix mille personnes furent évacuées, mais aucune raison officielle n'en fut donnée. Un témoin raconte que les personnes « devenaient de plus en plus hystériques à propos des conséquences d'un mal mystérieux qui les frappaient. Les victimes perdaient la peau de leur visage, de leurs mains et d'autres parties exposées. »

Sans être une fusion du cœur d'un réacteur, cette catastrophe a la même cause : la défaillance de refroidissement d'un système contenant de grandes quantités de substances radioactives.

9.2.4   Autres cas de fusion de cœurs

Les trois accidents majeurs ne sont pas les seuls cas où s'est produite une fusion de cœurs. Le 17 octobre 1969, 50 kg d'uranium sont entrés en fusion au cœur du réacteur lors d'une opération de chargement du réacteur graphite-gaz n° 1, dans l'ancienne centrale de Saint-Laurent-des-Eaux. La contamination aurait été limitée au site, mais aucune information n'a été révélée à la population. À l'époque, cet accident nucléaire de niveau 4 sur l'échelle INES a été qualifié d'incident par EDF.

Le 13 mars 1980, dans la même centrale, un accident a conduit à la fusion de 20 kg d'uranium dans le réacteur graphite-gaz n° 2. Gravement endommagé, le réacteur fut indisponible pendant trois ans et demi environ. Cet accident nucléaire, porté au niveau 4 de l'échelle INES, est le plus grave jamais répertorié sur un réacteur en France. Par la suite, une campagne de prélèvements de sédiments en Loire a établi la présence de traces de plutonium depuis Saint-Laurent jusqu'à l'estuaire, dont l'origine est à imputer soit à l'accident de 1980 soit à celui de 1969.

La centrale nucléaire de Lucens située dans le canton de Vaud, en Suisse, fut arrêtée suite à un accident nucléaire en 1969. Il s'agissait d'un réacteur à eau lourde refroidi par du dioxyde de carbone et installé dans une caverne de 25 mètres de haut et 20 mètres de diamètre. Il fournissait 30 MW de puissance thermique, qui généraient 6 MW d'électricité. Le 21 janvier 1969, lors d'un démarrage, un problème de refroidissement entraîna une fusion partielle du cœur et une contamination radioactive massive de la caverne. Un rapport de 1979 conclut que la cause de l'accident était la corrosion due à l'humidité régnant dans la caverne.

L'accident a été classé au niveau 4 sur l'échelle INES, et, en 2009, il était considéré comme l'un des dix plus sérieux dans le domaine du nucléaire civil dans le monde. Ni le personnel ni la population ne subirent d'irradiation : les mesures de radioactivité effectuées dans le voisinage établirent qu'il n'y avait pas eu de dépassement des niveaux naturels. La caverne, sévèrement contaminée, fut décontaminée et le réacteur démantelé au cours des années suivantes.

Il s'est produit divers autres accidents de ce genre, de niveau INES relativement bas.

9.3 RÉPERCUSSIONS DE L'ACCIDENT DE FUKUSHIMA

Le désastre de Fukushima a eu, bien entendu, des conséquences sur les politiques énergétiques de nombreux pays, qui ont été amenés à reconsidérer la part, voire l'existence même, du nucléaire dans leur production énergétique nationale, ainsi que la fiabilité des équipements en cas d'accident.

9.3.1 LE JAPON

Le premier pays concerné est évidemment le Japon. Doté de 54 réacteurs au moment de la catastrophe, et situé dans une zone sismique s'il en est, ses dirigeants ont été obligés de prendre des mesures d'urgence et à long terme.

Au vu des expertises et des témoignages divers dont nous avons parlé, il est malheureusement probable que le maintien du parc nucléaire japonais dans l'état actuel de sa technologie a de fortes chances de transformer le pays en un vaste marécage radioactif avant la fin du siècle.

L'État japonais a décidé en avril 2011 de geler toute nouvelle construction de centrale nucléaire avant la prise en compte de mesures complémentaires à la suite de l'analyse complète de l'accident.

Cependant, le dogme officiel affiché était que le tsunami était la cause majeure. Comme la vérification des installations antisismiques est une opération de routine, elle a d'abord été mise au second plan. Cela a retardé la prise de décisions appropriées.

Le Premier ministre a annoncé « des efforts pour promouvoir les énergies renouvelables ».

Le gouvernement japonais prévoyait de réviser à la baisse la part de l'électricité produite à partir du nucléaire dans un scénario qui doit être publié à l'été 2012. Après l'annonce faite par l'ancien Premier ministre, Naoto Kan, le 13 juillet 2011, de la possibilité à terme d'un abandon total du nucléaire sur le sol nippon, le Premier ministre actuel, Noda, a infléchi cette position, en visant « une réduction aussi forte que possible de la dépendance à l'énergie nucléaire à moyen ou long terme ». Il a annoncé le retour à l'exploitation de celles des centrales existantes qui auront passé les tests de sécurité. Il a précisé que la construction de nouvelles usines « serait difficile », et que le sort des usines prévues ou en construction serait à envisager au cas par cas. En juillet 2011, 16 des 54 réacteurs du Japon étaient en activité.

Les conclusions du rapport présenté le 26 décembre 2011 par la commission d'enquête présidée par Y. Hatamura sont sévères à l'égard de Tepco pour ce qui concerne l'appréciation de l'accident, sa gestion sur place et son manque de respect des règlements élémentaires. Les mesures antitsunamis sont vivement critiquées. Les conclusions sont également sévères quant à la gestion du désastre par le gouvernement. La vacuité de la réglementation en matière d'exploitation électronucléaire et l'absence de protocoles d'intervention d'urgence sont sévèrement soulignées.

9.3.2 L'ALLEMAGNE

À la mi-mars, par la voix d'Angela Merkel, l'Allemagne décidait d'arrêter les sept réacteurs les plus anciens sur les dix-sept réacteurs en service dans l'attente du résultat d'un audit commandité par la chancelière. L'État allemand décidait ensuite, mi-avril 2011, de ne pas les remettre en service et de sortir complètement du nucléaire d'ici 2022, en engageant des investissements de plusieurs milliards d'euros en direction des énergies alternatives durables et des économies d'énergie afin de compenser les

22 % de ses besoins en électricité actuellement couverts par ses centrales nucléaires. La demande de la chancelière fut suivie par le Parlement : après le Bundestag, le Bundesrat, chambre haute du Parlement allemand, approuvait, le 8 juillet, la loi faisant de l'Allemagne la plus grande puissance économique à renoncer à l'atome à ce jour. L'arrêt des neuf réacteurs les plus récents se fera avant 2022.

Pour établir une comparaison avec la situation de la France, quelques données sont nécessaires. En France, 44 % de la consommation d'énergie est d'origine électrique, dont 75 % nucléaire (le reste étant hydroélectrique et thermique à flamme), et 31 % de pétrole, 15 % de gaz naturel, 4 % de charbon, seulement 5 % d'énergies renouvelables (surtout du bois et de l'hydraulique).

En Allemagne, l'électricité provient pour 22 % du nucléaire, pour 14 % du thermique à gaz, pour 43 % du charbon (dont elle possède de grosses réserves) et 21 % des énergies propres renouvelables (ce qui est un record mondial). Globalement, les Allemands consomment 35 % de pétrole, 14 % d'énergie nucléaire, 28 % de charbon, 9 % de gaz, 14 % d'énergies renouvelables !

Les situations respectives des deux pays ne sont pas comparables. Pour l'Allemagne, la sortie du nucléaire constitue un effort de très moyenne ampleur, qui peut être accompagné temporairement par une utilisation accrue de charbon, donc une contribution accrue à l'effet de serre, compensée à terme par un très gros effort du côté des énergies renouvelables : solaire et éolien.

L'ÉNERGIE VERTE

Selon un nouveau rapport de l'Association allemande de l'énergie et des industries de l'eau (BDEW), le secteur de l'énergie renouvelable en Allemagne a établi des records dans la première moitié de 2011, représentant 20,8 % de la production d'énergie du pays. C'est remarquable : aux États-Unis, par comparaison, l'énergie renouvelable constituait, en 2011, 11,7 % de l'approvisionnement en électricité ; au Japon, c'était environ 9 %.

Pourtant, l'Allemagne n'est pas l'endroit rêvé pour les énergies renouvelables. Il n'y a pas de volcans comme en Islande pour produire de l'énergie géothermique, de longues côtes avec des vents forts comme en Irlande ou en Grande-Bretagne, ou autant de soleil qu'en Espagne ou en Californie.

La source la plus importante d'énergie renouvelable en Allemagne est l'énergie éolienne avec 7,5 %, suivie par la biomasse (5,6 %), le solaire (3,5 %) et l'hydro-électricité (3,3 %).

L'Allemagne a obtenu ce résultat par le fait d'une volonté politique. La Deutsche Bank a favorisé les investissements dans ce secteur, on a créé des primes pour divers tarifs (les droits de douane, par exemple) afin de réduire au minimum les frais des investisseurs, etc. La politique allemande a été motivée par un désir des politiciens d'agir contre le changement climatique et de réduire l'émission de carbone du pays. La croissance du secteur renouvelable a apporté d'autres avantages, comme la création d'emplois. Il y a certainement des différences de points de vue entre les partis politiques en Allemagne au sujet des énergies renouvelables, mais ils sont relativement mineurs. Le gouvernement actuel de la chancelière Angela Merkel a fixé l'objectif d'atteindre au moins 35 % de production d'énergies renouvelables avant 2020. Les partis d'opposition prétendent que 40 % ou même plus est un objectif réaliste.

L'apport d'énergies renouvelables se traduit par des factures d'électricité plus élevées. Mais les Allemands semblent accepter les augmentations, comprenant que les avantages d'un approvisionnement croissant en énergies renouvelables dépassent de beaucoup le prix qu'ils payent pour cela. Selon une enquête récente, 94 % des Allemands voient le développement de sources d'énergies renouvelables comme important ou très important. 79 % considèrent le prix actuel de l'électricité comme raisonnable ou trop bas et seulement 15 % trouvent qu'il est trop haut.

La concurrence de la Chine augmente la pression dans ce domaine. Nous l'avons évoquée au chapitre 1. En 2010, la Chine est devenue le leader mondial des investissements en énergies renouvelables avec un total de 48 milliards de dollars (en augmentation de 28 % par rapport à l'année précédente). Le prix des modules photovoltaïques par mégawatt a diminué de 60 % depuis 2008 et a mis pour la première fois l'électricité photovoltaïque à un niveau compétitif dans les pays à bon ensoleillement.

La Chine a ainsi pu attirer des investisseurs dans les énergies renouvelables pendant deux années consécutives pour un total de 49 milliards de dollars. Ceci comprend un accroissement massif dans l'éolien. La Chine a ainsi installé 17 gigawatts supplémentaires de sources d'énergie renouvelables, autrement dit l'équivalent de dix à douze centrales nucléaires. À l'heure actuelle, la Chine possède le parc éolien le plus important du monde, dix fois plus important que celui du Danemark, un pionnier de cette technologie[4].

Mais ce serait très réducteur que de limiter à cela la diversification des sources d'énergie, notamment des énergies propres, au solaire et à l'éolien. Il y a beaucoup de sources alternatives d'énergie : solaire, éolienne, géothermique, biomasse, et, *last but not least*, la cessation du gaspillage dans les pays riches, source indirecte. Nous avons mentionné au chapitre 1 les travaux importants qui sont entrepris pour exploiter le potentiel géothermique du sous-sol de la vallée du Rift, lié à l'activité volcanique. Énergie propre capable également de produire de la chaleur ou de l'eau chaude, la géothermie est moins chère que l'énergie éolienne et – à la différence de celle-ci – disponible en permanence. Le Kenya a installé 170 MW d'énergie électrique d'origine géothermique, soit 11 % de sa capacité électrique. Le gouvernement kenyan envisagerait de porter cela à 5 000 MW dans les prochaines années. De même, l'Éthiopie fonde de gros espoirs sur le site de Tendaho, à environ 650 km au nord-est d'Addis-Abeba, dont la puissance serait entre 75 et 100 MW, ce qui est considérable pour ce pays.

9.3.3 LA POLITIQUE DE LA FRANCE

Dans la continuité de ce qui précède, considérons une affirmation inexacte qui fausse terriblement les débats sur le nucléaire : le nucléaire peut-il combattre l'effet de serre ? Quatre académiciens ont, après la publication du rapport du 28 juillet, justifié leur appui à l'énergie nucléaire par le fait que c'était là un moyen sûr et efficace de lutter contre l'effet de serre et le réchauffement climatique[5].

La vérité, simple à établir, est qu'aujourd'hui, la puissance nucléaire installée dans le monde est de 373 gigawatts, soit environ 3 % de l'énergie dégagée dans le monde. Pour réduire de 50 % l'émission de gaz carbonique, il faudrait passer de 3 % à 50 %, c'est-à-dire construire plusieurs milliers de nouveaux réacteurs. Ceux-ci épuiseraient les réserves mondiales d'uranium en moins de cinq ans et produiraient annuellement 150 000 tonnes de déchets radioactifs, dont 1 500 tonnes de plutonium. Or le monde a déjà d'énormes difficultés à caser les quelques milliers

---

4. Syed Mansur Hashim, « China leads in renewable energy », *The Financial Express*, 25 novembre 2011.

5. Michel de Pracontal, « Fukushima : les académiciens autopsient la catastrophe », *Mediapart*, lundi 25 juillet 2011.

de tonnes de déchets actuels. De plus, ce surcroît de puissance nucléaire serait largement inutile, dans la mesure où 27 % de la dépense énergétique concerne les transports, routier et aérien, pour lesquels la combustion du pétrole est indispensable. C'est une contre-vérité accablante que d'utiliser le désastre imminent du réchauffement climatique pour en justifier un autre.

Après Fukushima, aucun débat, ni à l'Assemblée nationale ni populaire, n'a été organisé par le gouvernement français, qui rejetait également toute idée de moratoire. Nicolas Sarkozy annonçait le 24 mars 2011 que le choix de l'énergie nucléaire n'était pas remis en question[6].

Le gouvernement a depuis chargé une commission d'étudier des scénarios incluant une « sortie progressive » du nucléaire à l'horizon 2040. Le gouvernement a également lancé un plan de développement des énergies renouvelables, notamment l'éolien en mer.

Le Premier ministre, à la suite d'une déclaration le 15 mars à l'Assemblée nationale, a décidé de réaliser un audit sur les installations nucléaires françaises, en en confiant la réalisation à l'ASN dans un courrier en date du 23 mars 2011. Cet audit a porté sur les risques d'inondation, de séisme, de perte des alimentations électriques et de perte du système de refroidissement ainsi que sur la gestion opérationnelle des situations accidentelles. Nous en avons parlé ci-dessus. Des propositions d'améliorations ont été faites par l'ASN le 17 novembre 2011. Le président d'EDF a ainsi déclaré le 29 juillet 2011 que « EDF va doubler ses investissements dans les centrales nucléaires françaises[7] ».

L'Assemblée nationale française et le Sénat français ont chargé l'Office parlementaire d'évaluation des choix scientifiques et technologiques (OPECST) d'un rapport parlementaire sur « la sécurité nucléaire, la place de la filière et son avenir ». Ce rapport préconise une réduction progressive de la part du nucléaire dans la production d'électricité française, d'environ 75 % aujourd'hui à « 50 ou 60 % vers 2050, et 30 % vers 2100 ». Il n'empêche que le 25 juillet, les présidents d'EDF et d'Areva, qui s'étaient réunis à Saint-Marcel (Saône-et-Loire), signaient un accord stipulant notamment : « Ainsi, si le gouvernement français a fixé à 23 % la part d'énergie renouvelable dans la consommation nationale d'ici 2020,

---

6. LCP, Assemblée nationale, 24 mars 2011.
7. Journal *Le Monde* et AFP, 29 juillet 2011.

Grenelle de l'environnement oblige, le nucléaire conserve de belles perspectives de croissance [8]. »

En parallèle, RTE, le gestionnaire du réseau électrique de haute tension, explore un scénario avec une réduction de la part du nucléaire de 75 à 50 % à l'horizon 2030.

Ajoutons qu'un sondage Ifop sorti le 6 juin indique que 77 % des Français souhaitent une sortie plus ou moins rapide du nucléaire.

Le cas de la centrale de Fessenheim est l'exemple de ce que doit être une décision politique. Le dimanche 20 mars, une manifestation de 10 000 personnes à Chalampé (Haut-Rhin) a demandé la fermeture de la centrale nucléaire de Fessenheim. En Allemagne, des membres de la Commission locale d'information et de surveillance (CLIS), dont deux représentants CDU du district de Fribourg, ont déposé le 21 mars une demande de moratoire pour Fessenheim. La France n'a pas répondu à cette demande de gel de l'activité de la centrale.

À l'issue de sa troisième visite décennale, le 4 juillet 2011, l'ASN a donné un avis technique favorable à la prolongation du réacteur n° 1 pour dix ans, avec les conditions expresses de 1) renforcer le radier du réacteur avant le 30 juin 2013, afin d'augmenter sa résistance au corium en cas d'accident grave avec percement de la cuve, et 2) installer avant le 31 décembre 2012 des dispositions techniques de secours permettant d'évacuer durablement la puissance résiduelle en cas de perte de la source froide. Or il s'agit de l'installation nucléaire la plus ancienne du parc français (le général de Gaulle avait voulu y implanter un réacteur graphite-gaz !). Elle est située sur une faille en zone sismique (l'implantation la plus dangereuse de France à cet égard). Elle s'alimente en eau froide dans le grand canal d'Alsace. Elle est située à l'aplomb de la plus grande nappe phréatique de France, d'une capacité de 35 milliards de m^3 sur sa partie alsacienne seulement. Elle est, tout comme une autre, exposée au risque d'un « accident normal des systèmes complexes » de Charles Perrow. Et, pour corser le tout, elle est également à l'aplomb de la vallée du Rhin qui, entre Bâle et Rotterdam, est la région la plus peuplée, active, industrielle de l'Europe, surnommée la « banane bleue ». Un accident avec fusion du cœur y serait une catastrophe dramatique pour toute l'Europe.

---

8. http://lenergeek.com/2011/08/12/areva-et-edf-une-nouvelle-equipe-nucleaire-francaise/.

C'est donc une décision *politique* de première urgence et de première importance que d'arrêter cette centrale, ce qui, à l'instar de l'arrêt des centrales allemandes, ne provoquerait qu'une petite perturbation dans l'alimentation électrique européenne. Le contraire serait incompréhensible. Un collègue japonais me disait un jour : « Si EDF et Areva sont tellement sûres de leurs centrales, pourquoi ne pas en installer une sous la place de la Concorde ? Grâce à la cogénération, cela permettrait d'améliorer considérablement le chauffage urbain à Paris. »

Il apparaît, dans l'évolution des débats de la campagne présidentielle, que, dans la production d'électricité en France, l'objectif de réduire la part du nucléaire de 75 % à *grosso modo* 50 % d'ici à 2025 ou 2030 est parfaitement tenable. Cela inclut, bien entendu, le remplacement d'anciens réacteurs par des réacteurs EPR. Le futur du nucléaire sera, ensuite, beaucoup plus indécis. Il est tout à fait possible qu'oubliant la renaissance et devant l'essor des énergies renouvelables, le nucléaire s'estompe progressivement. Il est aussi possible qu'après un creux, il reparte de plus belle avec des réacteurs de la génération 4 (ou 5, pourquoi pas). Encore une fois : personne ne peut prévoir ce que sera la physique dans soixante ans !

9.4   LE DROIT À LA SÉCURITÉ

9.4.1   REVOIR L'ARCHITECTURE DES RÉACTEURS

Le danger grave du nucléaire civil réside pratiquement entièrement dans la fusion des cœurs ou, de façon équivalente, dans la sécurité et la fiabilité des systèmes de refroidissement et de contrôle éventuel du corium. C'est la cause de la contamination radioactive grave de l'environnement et des personnes.

Cette observation devient encore plus importante si l'on songe à l'avenir. La question du stockage des déchets est loin d'être résolue, ni quant à sa technique ni quant à son prix. De façon inexorable, les déchets s'accumulent dans des piscines aux alentours des réacteurs ou dans des dépôts de fûts vitrifiés. La catastrophe de Kychtym parle d'elle-même sur ce point.

Une façon radicale de supprimer un symptôme est d'en supprimer la cause. La sortie pure et simple du nucléaire est une solution à ce problème. Il apparaît de plus en plus vraisemblable que, pour un temps, c'est la seule.

Elle aura un coût, mais ce coût sera inférieur à celui de la persévérance dans le danger.

Nos sociétés ne sont pas mûres pour utiliser l'électronucléaire dans les conditions technologiques actuelles, c'est-à-dire avec les réacteurs REP ou REB actuellement en service dans le monde. Il faut atteindre le plus rapidement possible un niveau de sécurité acceptable, ou renoncer.

Dans un pays comme le nôtre, pour de multiples raisons techniques et économiques, il est impossible d'arrêter purement et simplement 58 réacteurs en quelques années. Les réacteurs de génération 3, dont les EPR sont l'exemple, constituent un pas en avant incontestable, nous l'avons évoqué au chapitre 5, section 5.7. Il faut que, rapidement, ils remplacent bon nombre de réacteurs actuels.

Toutefois, la véritable sécurité, si elle existe, ne se trouvera que dans les réacteurs de génération 4, brièvement décrits au chapitre 10. Les réacteurs à caloporteur hélium bénéficient de l'incapacité qu'a cet élément à former des déchets radioactifs. De la même façon, dans les réacteurs nucléaires à sels fondus (RSF) (en anglais, *molten salt reactor* : MSR), le combustible nucléaire se présente sous forme de sel à bas point de fusion. Le sel fondu joue à la fois le rôle de combustible et de caloporteur. Le réacteur est modéré par du graphite. Il n'y a tout simplement plus de système de refroidissement par de l'eau. En un sens, le « cœur » est fondu par avance, mais à une température raisonnable. On s'est débarrassé d'une des causes des accidents !

Cela semble miraculeux ! Mais il faut tempérer cela par l'estimation que les RSF ont « une date prévisionnelle d'industrialisation plus éloignée que les autres concepts étudiés ». De fait, tous ces réacteurs, comme d'ailleurs les faibles espoirs que l'on peut encore avoir sur la fusion, ne verront le jour, s'ils le voient, que dans plusieurs décennies.

Gageons qu'à cette époque, la physique aura connu des avancées inattendues. Songeons qu'il y a un siècle, si la triode venait d'être inventée par Lee De Forest en 1906, ni électronique, ni le transistor, ni *a fortiori* l'informatique n'étaient imaginables.

Nous devons nous contenter, pour le moment, des technologies actuelles (ce qui inclut les EPR) et exiger une sécurité acceptable tant que les installations électronucléaires seront en service.

9.4.2 LA PROTECTION DES RÉACTEURS

Notons, au passage, la louable recommandation du président de l'ASN, dans un rapport de 500 pages rendu public le 17 novembre 2011, d'installer une protection renforcée des systèmes de sauvegarde des centrales face aux risques de séisme et de crue « parfois sous-évalués ». Il déclare notamment que « la mise en conformité avec de nouvelles normes nécessitera des investissements massifs ». Parmi les sites français visés dans cette recommandation figurent notamment, pour le risque de séisme, les réacteurs de Fessenheim (Haut-Rhin), Bugey (Ain) et Civeaux (Vienne).

C'est tout à fait pertinent, mais est-ce vraiment nouveau ? Certes, Fukushima nous apprend l'importance de la prise en compte des phénomènes catastrophiques naturels – séisme et tsunami, au Japon – dans la construction de dispositifs aussi fragiles, délicats et potentiellement périlleux que des centrales nucléaires. Mais le souvenir récent des ravages de la tempête de 1999 en France, des inondations catastrophiques et meurtrières de Vaison-la-Romaine le 22 septembre 1992, et, très récemment, les ravages causés par la tempête Xynthia, entre le 26 février et le 1ᵉʳ mars 2010, en Aquitaine et en Poitou-Charentes, notamment à La Faute-sur-Mer, montrent que ces facteurs ne peuvent pas être négligés sous le prétexte qu'ils sont « imprévisibles » (*sic*) comme l'ont largement déclaré les représentants des pouvoirs publics. À La Faute-sur-Mer, où vingt-neuf personnes ont perdu la vie, on a découvert que des permis de construire avaient été accordés en des lieux situés au-dessous du niveau de la mer, sans que l'on se soit assuré de l'existence de systèmes de protection adéquats. Ce type de considération s'applique à d'autres constructions comme les barrages et les étendues d'éoliennes.

9.4.3 LA PROTECTION DE L'ENVIRONNEMENT ET DES POPULATIONS

Et puis, pour le nucléaire, est-ce vraiment l'investissement le plus important ? Répétons que les dispositifs intrinsèques de sûreté des réacteurs face aux questions du refroidissement d'urgence et de la lutte contre la fusion du cœur couvrent une étendue de causes de désastres infiniment plus large que le contenu de tout un catalogue forcément incomplet.

En cette matière, et à court ou moyen terme, la seule action raisonnable est d'installer sur les réacteurs « récupérables » du parc français des dispositifs de sécurité s'inspirant de ceux des réacteurs EPR.

Tout d'abord, des protections contre le *melt-out* du corium, qui permettent à celui-ci de se refroidir en s'épanchant latéralement, sur une assise épaisse et de grande étendue latérale. C'est, de fait, ce qui s'est créé par hasard à Tchernobyl et qui a mené, le 6 mai 1986, à une réduction massive inattendue de l'émission du réacteur en moins de vingt minutes, comme nous l'avons décrit en section 7.3. Le corium s'était écoulé puis définitivement solidifié vingt mètres plus bas dans les infrastructures, dont la piscine de sécurité, heureusement vidée. Ces opérations peuvent se révéler difficiles à effectuer si le réacteur est en fonctionnement. Elles sont indispensables.

Ensuite, adapter des dispositifs puissants et autonomes de refroidissement d'urgence en cas de panne des systèmes prévus à cet effet.

Ces deux adjonctions, certainement coûteuses, aux réacteurs déjà existants constituent un minimum indispensable. Si une raison quelconque empêche de les mener à bien, il faut arrêter le réacteur correspondant et procéder à son démantèlement. Financièrement, il est très probable qu'elles vont *doubler* le prix « initial » du réacteur (en euros constants). C'est plus faible que le coût d'un EPR neuf, mais la répercussion sur le coût de revient du kWh produit sera importante : on peut s'attendre au minimum à une multiplication par deux.

9.4.4 LE PRIX DE LA SÛRETÉ, VÉRITABLE COÛT DU NUCLÉAIRE

Une question rarement abordée, et pourtant diablement pertinente, est celle du coût de l'électricité.

EDF facture l'électricité à tout un chacun à un prix voisin de 12 à 13 c/kWh (centimes d'euros par kilowatt-heure).

Notons, et c'est un fait souvent omis dans les diverses sources d'information, que le prix de l'électricité en France est un des plus bas, sinon le plus bas, de l'Union européenne. À titre de comparaison, le coût moyen dans la zone euro est de 18 c/kWh. Celui pratiqué en Allemagne est de 24 c/kWh, en Belgique et en Suède de 20 c/kWh, en Italie de 19 c/kWh[9]. Les Allemands ne se plaignent pas trop du prix de l'électricité.

Le prix de revient de l'électricité produite par des centrales thermiques au fioul est de 9 c/kWh. Compte tenu du bénéfice de l'exploitant, nous

---

9. http://ec.europa.eu/eurostat.

payons donc l'électricité au prix qu'elle a lorsqu'elle est produite par du pétrole.

Les prix de revient de l'électricité nucléaire sont de l'ordre de :

- nucléaire français : trois centimes par kilowatt-heure pour une centrale neuve, un centime pour une centrale amortie ;
- moyenne de l'Union européenne : 5 à 5,5 c/kWh.

Ce coût est comparable à celui d'un kWh produit à partir du gaz, lorsque celui-ci est à son prix le plus bas, et bien inférieur à ceux des autres modes de production.

Où passe la différence ? « Il faut bien que l'exploitant fasse des bénéfices. En outre, l'État perçoit des taxes. »

Alors que le prix de revient du kWh produit par le gaz varie très fortement en fonction du prix de celui-ci, le kWh nucléaire est très stable vis-à-vis de celui de l'uranium. Il dépend donc peu des conditions des marchés des matières premières.

Lorsqu'une centrale est amortie, le prix de revient du kWh nucléaire devient très bas (un peu supérieur à 1 centime d'euro). D'où la tendance en cours à allonger la durée d'exploitation des centrales (aux États-Unis comme en Europe).

L'industrie nucléaire envisage néanmoins de nouvelles commandes de centrales et a pour objectif de maintenir le niveau de l'investissement par kW installé, malgré l'introduction dans les nouveaux modèles de nombreuses améliorations, tant en matière de sûreté qu'en termes de fiabilité.

Au vu des chiffres ci-dessus, il semble que l'on ne peut que se rallier à cette idée. Supposons que pour rendre une centrale « sûre », on doive doubler le prix de cette centrale – comme nous l'avons évoqué ci-dessus –, alors le prix de l'électricité nucléaire grimpera à 6 centimes/kWh, ce qui est encore bien en deçà des 12 c/kWh de notre facture !

Malheureusement, cet argument est complètement faux ! En effet, dans ses prix, EDF ne provisionne ni le démantèlement des réacteurs en fin de vie ni, surtout, le stockage des déchets. Cette constatation a été faite par la Cour des comptes dans un long rapport très documenté en 2005. Un nouveau rapport a été demandé à la Cour des comptes par le président de la République pour janvier 2012. Nous l'avons dit au chapitre 6, tous les spécialistes indépendants sont d'accord sur le fait que ces coûts dépasseront largement l'investissement de construction des réacteurs. On ignore le coût exact du démantèlement. Le stockage des déchets n'a pour l'instant aucune solution, son prix peut devenir le coût majeur de toute l'industrie électronucléaire, bien supérieur à celui des installations.

Là encore, il faut se reposer sur l'inventivité des physiciens et les efforts de recherche. Nous en avons donné quelques exemples au chapitre 6 : les projets INCA du CEA, et ceux de réacteurs hybrides de Carlo Rubbia sont à l'évidence des exemples porteurs d'espoir dans ce secteur très obscurci. C'est, répétons-le, une question inéluctable : elle ne dépend d'aucune façon du fait de décider que l'on sorte ou non du nucléaire.

En se basant sur les estimations américaines du coût du démantèlement, qui vont de 300 à 1 000 millions de dollars par réacteur, et sur un doublement, hors tout, du coût de l'aventure nucléaire en raison du stockage, on atteindrait un « prix de revient » de l'électronucléaire supérieur au prix actuel du kilowatt-heure photovoltaïque – qui, lui, plonge vers le bas – et qui deviendrait de cinq à dix fois plus élevé que toute source classique : gaz, charbon, pétrole. Il est probable qu'une arithmétique comptable banale transformera bientôt l'électronucléaire en un équipement de luxe réservé aux vaisseaux spatiaux, mais inabordable pour les terriens avant le XXIIe siècle.

9.5 LE MENSONGE ET L'IRRESPONSABILITÉ

La décision des autorités françaises de vérifier tout le parc nucléaire français est certainement opportune.

Il existe, dans l'opinion publique, le sentiment que des informations importantes lui sont dissimulées. Un effort de transparence est indispensable. Nous sommes tous en droit d'avoir accès à la vérité pour pouvoir nous prononcer en pleine connaissance de cause sur des choix de société qui sont actuellement traités dans une rhétorique politicienne inadmissible.

On pourra trouver des explications à cela dans le fait que le développement du nucléaire, en France comme aux États-Unis, a d'abord été militaire, donc couvert par le secret. Une mentalité s'est ainsi créée de couvrir du secret tout ce que l'on faisait. Cela vaut d'autant plus qu'en France, le CEA (maintenant devenu CEAEA, Commissariat à l'énergie atomique et énergies alternatives) avait le monopole tant des applications militaires que des applications civiles.

Dans la première semaine d'avril 2011, un émoi considérable est apparu au sujet de la pollution radioactive de l'océan et des produits alimentaires marins autour de Fukushima. C'est particulièrement cruel pour les Japonais, on le devine. C'est, en effet, la première catastrophe « civile » qui se soit développée au contact de la mer ! L'évolution et l'issue de cet aspect des choses sont d'une importance primordiale. Cet aspect avait été négligé, on le comprend, dans les bombardements d'Hiroshima et de Nagasaki. Mais on ne sait rien sur ce plan quant aux essais nucléaires français dans le Pacifique, à Mururoa et Fangataufa, hormis le fait que même Tahiti aurait été touchée le 17 juillet 1974 par l'essai Centaure (avec des taux de radioactivité de six à sept fois supérieurs à la normale) et que de nombreux récifs coralliens ont été atteints par une pollution radioactive.

Les dissimulations de la vérité sont insupportables. Quantité d'incidents dans des centrales restent sans explication de la part des responsables, ce qui donne lieu à toutes les hypothèses possibles dans la presse.

« Confiance aveugle, secret et absence de débat sont liés, se renforcent mutuellement et caractérisent depuis ses origines le développement nucléaire français. Pour le reste, circulez, dispersez-vous, irradiez-vous, le nucléaire est trop important pour être discuté », écrivait Jean-Philippe Colson dans *Le Monde* du 14 septembre 2011.

Le 30 septembre, le journal *Le Midi libre* écrivait, à propos d'une explosion qui s'était produite le 12 septembre à Marcoule en faisant un mort et quatre blessés, que « selon un communiqué publié jeudi par l'Autorité de sûreté nucléaire (ASN), ses vérifications ont démontré que le four contenait près de 500 fois plus de radioactivité que l'exploitant, une filiale d'EDF, ne l'avait déclaré initialement ». La Commission de recherche et d'information indépendante sur la radioactivité (Criirad) a décidé de porter plainte. Cela faisait suite à une enquête menée par *Le Canard enchaîné* qui démontrait effectivement qu'un taux de radioactivité avait été 500 fois plus fort que sa valeur déclarée.

Le 22 juin 2011, Mediapart rapportait : « Fuites à répétition, rejets de gaz radioactif, déclenchements de balises d'alertes contaminations de travailleurs : depuis plus d'un mois, l'une des plus grosses centrales nucléaires françaises, le site de Paluel, en Haute-Normandie, connaît des dysfonctionnements en série. » La section locale de la CGT écrivait : « Centrale de Paluel : EDF sur les traces de Tepco [10] ? »

---

10. http://www.cgt-dieppe.fr/article-centrale-de-paluel-edf-sur-les-traces-de-tepco-76915016.html.

Bien entendu, tant à Fukushima qu'à Tchernobyl, on trouve maints exemples de telles dissimulations et de tels mensonges, jusqu'au niveau gouvernemental.

L'ancien gouverneur de la préfecture de Fukushima, Eisaku Sato, a fait des révélations accablantes au sujet de Tokyo Electric Power Company (Tepco), propriétaire et exploitant de la centrale de Fukushima. Il a dit notamment qu'en 2002, Tepco avait reconnu avoir falsifié le contenu de rapports d'inspection concernant des dégâts détectés sur l'enveloppe du cœur de deux réacteurs de Fukushima Daiichi. Il a ajouté : « Ce que je redoutais s'est révélé exact.(...) La catastrophe a été provoquée par l'imprudence des hommes due à une dégradation progressive du processus de décision politique. »

Rappelons, de même, la phrase du physicien Valeri Legassov, membre de l'Académie des sciences de l'URSS, haut fonctionnaire soviétique chargé des questions nucléaires, qui, le 27 avril 1988, s'est suicidé en voyant la manière dont l'accident de Tchernobyl avait été géré par les autorités, en ayant publié à titre posthume un article, dans la *Pravda*, où l'on lit : « Tout ce système de décision, dépourvu d'un collaborateur scientifique répondant personnellement de la qualité des appareils et des opérations, conduit à une absence totale de sens des responsabilités. L'accident était le paroxysme, le triomphe de toute cette mauvaise gestion qui avait régné dans notre pays depuis des dizaines d'années. »

Tout cela doit être effacé dans une société civilisée. Il faut lire et relire ces paroles. Il faut, par tous les moyens, chasser ces comportements.

9.6   L'HOMME ET LA PLANÈTE

Dans le chapitre 1, nous avons vu que les habitants des pays développés consomment des quantités d'énergie considérablement plus élevées que les pays émergents ou en voie de l'être. La comparaison de l'Asie ou de l'Afrique avec l'Amérique du Nord ou l'Europe est impressionnante dans sa disproportion.

On ne peut pas admettre que les habitants de la planète n'accèdent pas tous, le plus rapidement possible, à un confort de vie équivalent.

Bien entendu, si l'on se bornait à dire qu'il faut atteindre une consommation d'énergie par habitant égale à celle de l'Europe pour tous les habitants de notre planète, on aboutirait vite à une situation catastrophique, en termes de pollution comme de ressources. Il est essentiel que tous les pays acceptent de gérer en commun les ressources énergétiques et l'équilibre de la planète Terre. Les conférences de Kyoto, Rio, Johannesburg et Stockholm, malgré l'échec de Durban, doivent avoir des suites et aboutir.

La question des ressources en énergie et de leur utilisation reste et restera longtemps une question de première importance, comme l'est celle du réchauffement climatique. Dans tous les pays industrialisés, il faut mettre en place d'urgence des mesures réalistes et utiles. En premier lieu, des mesures draconiennes contre le gaspillage. Le développement des technologies de piégeage du CO_2 est faisable. Cela augmentera le coût de l'électricité dans les centrales thermiques de deux ou trois centimes par kWh, mais le jeu en vaut la chandelle. Il faut diversifier les sources d'énergie : énergie solaire, géothermie, biomasse, éoliennes, piles à combustible, etc., et adapter ces sources aux diverses régions.

La planète Terre est exceptionnelle. Par son emplacement dans le système solaire, par sa taille, sa température, par ses océans et son atmosphère, cette planète unique a permis l'éclosion de la vie. On ne sait pas très bien ce qu'est la vie, mais elle est là !

L'homme peut-il détruire la planète ? À l'échelle astrophysique, non. Quoi qu'on fasse, la Terre continuera d'exister pendant encore 4 milliards d'années, sous une forme qui, vue du cosmos, sera pratiquement la même.

Mais la vie a transformé la planète Terre. Il y a 4,5 milliards d'années, l'atmosphère était différente : de l'eau, du dioxyde de carbone CO_2 et de l'azote, mais pas d'oxygène. Il y a 3,5 milliards d'années, l'eau s'est condensée dans les océans, il y avait de l'azote et du CO_2. Là, un miracle : la première forme de vie apparaît dans les océans. Les algues bleues unicellulaires ont mangé le CO_2 et l'ont transformé en oxygène par photosynthèse grâce à l'énergie solaire ! C'est alors que l'atmosphère est devenue respirable, formée à 80 % d'azote et 20 % d'oxygène, et que les êtres développés, consommateurs d'oxygène, ont pu apparaître, évoluer et devenir aussi beaux que nous. C'est un vrai miracle biochimique !

Si l'homme se met à modifier la composition de l'atmosphère et de l'océan aussi radicalement que l'ont fait les algues bleues il y a 3 milliards d'années, il se détruira lui-même, et plus rapidement.

Il faut maintenir la température, le climat, la stabilité des océans. Il faut maintenir en état le sol et le sous-sol. L'eau douce, l'eau potable sont indispensables ! La lutte contre la destruction des conditions de vie sur la planète est primordiale. C'est une question de civilisation, une discipline première à apprendre à l'école.

Quant au nucléaire, il faut briser un enchaînement de désastres.

L'homme pense, comprend le monde, conçoit des outils et les utilise pour son bien-être. Mais, depuis soixante ans, nos technologies altèrent notre milieu de vie. Ainsi, une fois passé l'émerveillement devant la puissance de l'énergie électronucléaire, nous ne cessons de nous heurter à des problèmes de sécurité qui perdureront des décennies, voire des siècles ou davantage.

À Three Mile Island, en 1979, une cascade de défaillances mène à la fusion du cœur du réacteur à 2 800 degrés. Le corium ne traverse pas la cuve. À Tchernobyl, en 1986, une déflagration disperse d'énormes nuages radioactifs. Le corium perce la cuve et menace les soubassements. Une explosion nucléaire grave sera évitée grâce au courage et à la chance. À Fukushima, en 2011, trois cœurs fondent. Deux subissent le *melt-out* redouté. La fusion des trois cœurs est la pire catastrophe du nucléaire civil, il faudra des décennies pour remédier aux conséquences de l'accident. La plus grave est la pénétration de masses radioactives dans les nappes d'eau souterraines et dans la mer à la suite du *melt-out*. La radioactivité s'épanche dans les nappes phréatiques. L'eau douce, l'eau potable, l'eau de l'agriculture, vont devenir radioactives pendant trois cents ans sur une étendue considérable !

Dans ce crescendo de désastres, que va nous réserver le prochain ? Quel « coup de chance » lors du précédent se transformera en une « malchance » dans le suivant ? Quels autres effets dramatiques surgiront ?

Il faut regarder les choses en face. Nos sociétés ne sont pas mûres pour utiliser l'électronucléaire dans les conditions technologiques actuelles. Si une sécurité acceptable voit le jour, ce sera dans longtemps. Le gouvernement et le Parlement allemands ont raison : il faut sortir rapidement du nucléaire actuel. Et pour cela, il est urgent de construire une politique énergétique européenne.

On s'émerveille devant l'apparition de la vie sur Terre et son évolution. La main de l'homme et sa pensée sont devenues des facteurs de cette évolution. Il faut que cette main et cette pensée deviennent des facteurs de progrès. Il faut que notre époque redevienne une époque d'humanisme et de lumières.

CHAPITRE 10

DOSSIER : RÉACTEURS DU FUTUR, FUSION THERMONUCLÉAIRE

NOUS DÉCRIRONS, dans ce dossier, un certain nombre de projets de réacteurs dits de génération 4, qui remplaceront les réacteurs actuels de génération 2 et 3 (EPR).

Avant de passer aux projets de génération 4, nous présenterons brièvement les surgénérateurs ainsi que les projets tout à fait novateurs que constituent les réacteurs hybrides, couplés à des accélérateurs de particules.

Nous présenterons les idées qui sous-tendent les réacteurs de génération 4, d'une échéance nettement plus longue, trente ou quarante ans au moins, et nous terminerons par l'état actuel des recherches sur la domestication de l'énergie de fusion thermonucléaire, notamment les projets ITER et Mégajoule en Europe, et le projet NIF aux États-Unis.

10.1 LES FILIÈRES DE RÉACTEURS À NEUTRONS RAPIDES

Les réacteurs à neutrons rapides peuvent être des surgénérateurs, c'est-à-dire pouvant produire plus de matière fissile qu'ils n'en consomment. Pour cela, on fait appel à un matériau fertile, comme l'uranium 238, qui donne, par absorption d'un neutron, un matériau fissile : le plutonium 239.

Le concept de surgénérateur est né dès les débuts de l'énergie nucléaire. Aux États-Unis, Enrico Fermi l'a proposé en 1945, et en 1946 un petit réacteur rapide américain, Clementine (refroidi au mercure), a été construit. En France, la construction de Rapsodie (20 MW thermiques) a été lancée en 1959, et ce réacteur a divergé en 1967.

En France, le parc de réacteurs à eau pressurisée (REP) devait permettre la constitution d'un stock de plutonium suffisant pour démarrer un parc de réacteurs à neutrons rapides surgénérateurs. La filière alors développée était celle des réacteurs à caloporteur sodium, tels que les réacteurs expérimentaux Phénix et Rapsodie, puis Superphénix.

Entre 1977 et 1982, le réacteur expérimental américain de faible puissance à spectre thermique de Shippingport a atteint un taux de surgénération supérieur à 100 % grâce à une optimisation poussée de la modération et à un combustible uranium 233-thorium 232. Mis en service en 1985, le réacteur français Superphénix a été démantelé sur décision gouvernementale en 1997.

Les acteurs de l'industrie nucléaire s'intéressent à ce concept pour répondre aux contraintes qui pourraient peser sur l'approvisionnement en uranium.

LE CHOIX DES NEUTRONS RAPIDES. Pour qu'il y ait surgénération, il faut que, dans le réacteur, la réaction en chaîne soit entretenue, et qu'il y ait création de matière fissile en quantité au moins égale à la matière consumée. L'ensemble de ces deux exigences se traduit par le fait que le nombre de neutrons secondaires doit être supérieur à 2. Nous avons vu que c'est toujours vrai dans le cas de neutrons rapides et si le matériau fissile est le plutonium 239.

LE CHOIX DU COUPLE FERTILE-FISSILE. Deux couples matière fertile–matière fissile sont *a priori* possibles : uranium 238 et plutonium 239, thorium 232 et uranium 233. Ce dernier couple intéresse fortement l'Inde, qui dispose de réserves importantes de thorium. L'industrie nucléaire s'est orientée vers le premier couple, car les réacteurs thermiques produisent du plutonium qui est séparé lors du retraitement. De plus, l'uranium appauvri, rejeté par les usines d'enrichissement, contient essentiellement de l'uranium 238, qui peut être ainsi valorisé comme matériau fertile dans les surgénérateurs. Le deuxième couple est l'objet d'études actuelles ; il présente notamment l'avantage de ne pas produire de transuraniens lourds et dangereux, comme l'américium ou le curium.

LES CONSÉQUENCES DE L'EMPLOI DES NEUTRONS RAPIDES. Avoir des neutrons rapides a essentiellement deux conséquences :

- d'une part, il faut éviter le ralentissement des neutrons. À ce titre, l'eau ne peut être utilisée comme fluide caloporteur ;
- de l'autre, une attention particulière doit être portée aux dommages causés aux matériaux, car les neutrons rapides provoquent des déplacements des atomes, et induisent des déformations de la structure des appareillages.

L'UTILISATION DU SODIUM. Les réacteurs à neutrons rapides doivent utiliser un bon fluide caloporteur qui n'agisse pas comme un ralentisseur de neutrons. Pour cette raison, l'eau est exclue et le choix s'est d'abord porté sur le sodium liquide. Ce métal fondu possède un très bon coefficient d'échange thermique, qui permet d'extraire des flux de chaleur élevés produits dans le cœur très compact des réacteurs à neutrons rapides. Par ailleurs, le sodium est liquide à 98 °C et bout à 882 °C. Sa température maximale d'utilisation dans le réacteur est de 550 °C. Il ne nécessite donc aucune mise en pression dans les circuits, ce qui constitue un élément favorable pour leur conception mécanique et pour la sûreté de l'installation. On notera ici – c'est important pour les études – que les propriétés hydrauliques du sodium sont très voisines de celles de l'eau à la température ordinaire ; c'est une heureuse coïncidence pour tester les matériels. À l'inverse, le sodium présente les gros inconvénients de s'enflammer spontanément dans l'air et de réagir avec l'eau pour donner de l'hydrogène et de la soude. Pour éviter ces risques, l'air est banni du réacteur et remplacé par de l'argon, gaz chimiquement inerte.

Dans les réacteurs de la génération 4, on envisage d'autres possibilités, notamment le plomb, ou bien un caloporteur d'hélium à haute température.

10.2 RÉACTEURS COUPLÉS À UN ACCÉLÉRATEUR, LE PROJET RUBBIA

Dans sa plus grande généralité, un réacteur hybride (couplé à un accélérateur) est formé :

– d'une cible de spallation ;

– d'une couverture sous-critique ;

– d'un accélérateur de particules.

LA CIBLE DE SPALLATION

L'interaction d'un proton de haute énergie (au-delà de plusieurs centaines de MeV) avec une cible suffisamment épaisse pour arrêter le faisceau, conduit à une émission importante de neutrons par réactions primaires et par réactions secondaires induites par l'ensemble des particules émises lors de leur transport dans la cible épaisse.

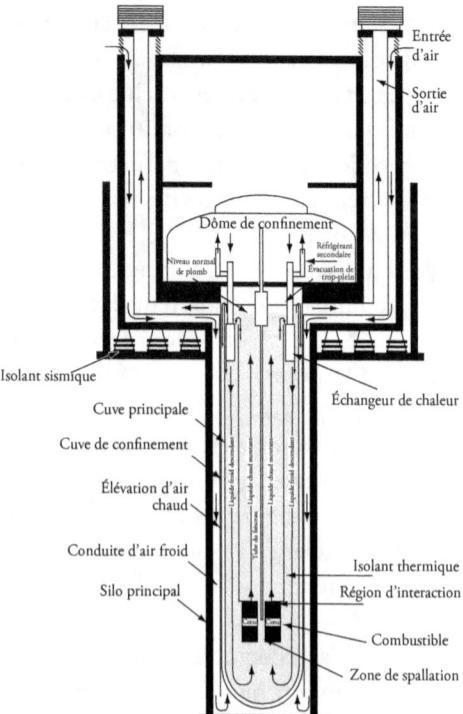

Figure 10.1 – Schéma de réacteur hybride.

L'interaction primaire consiste dans l'émission de toute une série de particules au cours du bombardement d'une cible mince par un faisceau de protons. Au-delà de plusieurs centaines de MeV d'énergie, l'interaction d'un proton avec un noyau donne lieu à une cascade, au cours de laquelle un certain nombre de neutrons (et d'autres particules) sont éjectés du noyau. Lors de tous ces processus, l'émission de neutrons est dominante, car elle est favorisée dans la spallation (ou cascade intranucléaire) par la neutralité électrique des neutrons.

Cette cascade est contenue dans un cylindre, constituant la cible, dont la longueur correspond en général à la distance d'arrêt du faisceau, et dont le diamètre doit être optimisé pour que le maximum de neutrons soient produits et puissent en sortir, afin d'interagir avec les déchets placés en couverture (typiquement 20 cm de diamètre).

Les caractéristiques principales des neutrons émis à partir d'une cible épaisse à prendre en considération pour la transmutation sont :

- le nombre de neutrons émis par proton incident, qui augmente avec l'énergie incidente (une règle empirique indique que ce nombre est égal à trente fois la valeur de l'énergie incidente exprimée en GeV) ; la valeur élevée de ce nombre (plusieurs dizaines) détermine la faisabilité « énergétique » de cette option de transmutation ;
- l'énergie des neutrons émis va de quelques keV à l'énergie du faisceau, selon l'origine de leur production (spallation, fission, évaporation). La partie basse énergie (1-2 MeV) est largement favorisée en cible épaisse.

L'ENSEMBLE SOUS-CRITIQUE

La cible épaisse est entourée d'un ensemble sous-critique, caractérisé par deux paramètres :

- le coefficient de multiplication k, inférieur à un ;
- le nombre moyen de neutrons émis lors d'une fission.

Les neutrons injectés dans l'ensemble sous-critique par le proton incident, sont ainsi succcessivement multipliés par k. Le calcul du nombre total de neutrons par proton incident est proportionnel à $1/(1-k)$ (k est inférieur à un). On notera à cet égard que plus k se rapproche de 1, plus la proportion de neutrons de fission sera importante dans le milieu sous-critique, à telle enseigne que le spectre de neutrons sera davantage déterminé par le milieu sous-critique lui-même que par l'origine des neutrons primaires.

On en déduit la puissance thermique dégagée par l'ensemble sous-critique (ou réacteur sous-critique). On constate que l'intensité de faisceau nécessaire pour obtenir une puissance de réacteur donnée est d'autant plus faible que l'on s'approche de la criticité $k = 1$. On peut également considérer que ce système est un amplificateur d'énergie avec un gain qui croît comme $1/(1-k)$.

CONDITION D'AUTOSUFFISANCE ÉNERGÉTIQUE

Le schéma de principe d'un réacteur sous-critique, assisté par un accélérateur est montré sur la figure (10.1). Ce système peut réaliser une condition d'autosuffisance énergétique, si la puissance électrique délivrée par le réacteur est supérieure à la puissance nécessaire pour faire fonctionner l'accélérateur (négligeant les autres besoins énergétiques tels que pompe, etc.). En effet, avec les puissances de faisceaux considérés, la quasi-totalité de la puissance fournie à l'accélérateur est absorbée par les faisceaux.

L'ACCÉLÉRATEUR DE HAUTE INTENSITÉ

La zone de variation de l'intensité d'un faisceau d'accélérateur de haute énergie donnant un système de puissance équivalente à un réacteur standard de 3 000 MW (th) se situe entre quelques mA et 360 mA. En conséquence, on doit considérer des accélérateurs capables de délivrer des protons de l'ordre de 1 GeV, avec des intensités comprises entre 10 et 300 mA. Deux types sont considérés :

- des accélérateurs linéaires (linacs) fonctionnant en mode continu, dont le cas de référence est celui de Los Alamos (800 MeV, 1 mA moyen) ;
- des cyclotrons, pour des intensités inférieures à 10-15 mA, dont le cas de référence est celui de PSI à Villigen (600 MeV, 0,8 mA).

La faisabilité technologique de ces accélérateurs à partir de ces deux cas de référence semble acquise, moyennant un important effort de R & D.

UN PROJET DE RÉACTEUR HYBRIDE : LE PROJET RUBBIA

La proposition de Carlo Rubbia [1] repose sur le cycle du thorium avec des neutrons rapides. Le matériau fertile est le thorium 232. Le matériau fissile est l'uranium 233. La proposition est appelée *amplificateur d'énergie*, car le gain visé est très grand ($k = 0.98$). L'espoir est de pouvoir utiliser le plomb fondu à la fois comme cible de spallation et comme réfrigérant, en se servant de la convexion naturelle pour le refroidissement. Le schéma est montré dans la figure (10.1). Les avantages d'un tel système sont les suivants :

- le cycle du thorium produit peu de plutonium et encore moins de trans-plutonium. Il est donc plus « propre » que le cycle de l'uranium et ne produit pas d'américium ou de curium ;
- le thorium est très abondant (au moins deux fois plus que l'uranium). Il ne nécessite pas de séparation isotopique ;
- si on maîtrise la technologie du plomb fondu, on évite les inconvénients du sodium liquide ;

---

1. http://cdsweb.cern.ch/record/289551.

- l'accélérateur introduit un meilleur contrôle de l'ensemble grâce à la vitesse de réaction (de l'ordre de la microseconde) comparée à la chute des barres (de l'ordre de la seconde) ;

- même si l'ensemble représente une technologie sophistiquée, on peut dire que c'est là un élément de sûreté. Si le personnel sait faire marcher l'accélérateur, il aura nécessairement une haute formation et le pilotage du réacteur ne devrait pas, comparativement, être trop compliqué.

Le dernier point, que nous évoquions au chapitre 6, est que ce type de dispositif présente le gros avantage de pouvoir également être dédié à la transmutation, et de constituer un *incinérateur de déchets nucléaires* moyennant, bien entendu, des modification appropriées.

10.3 LA GÉNÉRATION IV

La génération IV concerne des projets de réacteurs qui représentent une rupture technologique profonde. Ils pourraient entrer en service à l'horizon 2050. Nous renvoyons le lecteur au site Internet http://www.gen-4.org/. Six filières sont actuellement à l'étude :

- réacteur à très haute température (VHTR) ;

- réacteur à eau supercritique (SCWR) ;

- réacteur rapide à caloporteur gaz (GFR) ;

- réacteur à neutrons rapides à caloporteur sodium (SFR) ;

- réacteur rapide à caloporteur plomb (LFR) ;

- réacteur à sels fondus (MSR).

On note que les réacteurs à très haute température, comme les réacteurs à caloporteur gaz, font appel à de l'hélium 4 comme fluide caloporteur. Bien entendu, cela pose des problèmes d'ingénierie, notamment pour la conception des turbines. Mais l'énorme avantage, au point de vue de la sécurité, est que l'hélium 4 n'a pas d'activité nucléaire, il ne produit pas de déchets radioactifs (c'est un problème bien connu des astrophysiciens que la combustion nucléaire de l'hélium en carbone ou en oxygène dans les étoiles nécessite un processus complexe).

Les réacteurs à sels fondus ont une longue histoire. Il s'agit d'opérer directement avec des sels fondus d'uranium, terriblement corrosifs. Depuis une dizaine d'années, ces problèmes de corrosion ont fait de grands progrès. À l'origine, se trouvait un projet américain de moteur d'avion nucléaire. Le programme expérimental américain *US Aircraft Reactor Experiment* (ARE) a d'abord conçu un réacteur de 2,5 MW destiné à équiper un bombardier. Le combustible était du fluorure d'uranium (UF_4) fondu et le modérateur de l'oxyde de béryllium. Il a fonctionné (au banc d'essai) pendant mille heures avant d'être abandonné. En 1955, ce programme de recherche a abouti au moteur X-39, qui a subi des tests concluants. Si tout ce programme n'avait pas été abandonné, ce moteur aurait équipé l'avion Convair X-6, qui était lui-même en projet.

Bien entendu, les projets actuels ne concernent pas encore l'aéronautique.

Le forum international Génération IV lancé par les États-Unis en l'an 2000 promeut largement la filière surgénératrice avec quatre concepts sur six :

- réacteur rapide ou thermique à caloporteur gaz ;
- réacteur rapide à caloporteur sodium ;
- réacteur rapide à caloporteur plomb-bismuth ;
- réacteur à sels fondus.

10.4 LA FUSION THERMONUCLÉAIRE

Depuis toujours, la première source d'énergie sur Terre est la fusion, au travers de l'énergie solaire. Elle est pratiquement unique. Seuls les éléments lourds uranium et thorium, synthétisés lors de l'explosion de la supernova dont les fragments formèrent le système solaire, sont utilisés appréciablement depuis moins d'un siècle pour nos besoins énergétiques, ainsi que, dans une moindre proportion, la géothermie qui provient de la radioactivité du cœur terrestre.

Depuis l'explosion de la première bombe thermonucléaire en 1952, c'est un rêve de l'humanité que de maîtriser cette forme d'énergie, plus propre que la fission, dont les ressources sont inépuisables sur des temps historiques (dans 300 litres d'eau de mer, on trouve 1 gramme de deutérium ; l'eau de mer assurerait la consommation d'énergie de l'humanité sur des temps de l'ordre du milliard d'années). Il est particulièrement frustrant que, contrairement à la fission qui a été maîtrisée en quelques années après sa découverte, la fusion en soit encore au stade prospectif, soixante ans après sa première utilisation terrestre.

Réactions de fusion

La fusion de deux noyaux légers en un noyau plus lourd est fréquemment un processus exo-énergétique. Le mélange deutérium + tritium donne de l'hélium 4 et un neutron avec un dégagement d'énergie de 17,5 MeV.

Plus que dans un avantage énergétique, l'intérêt de la fusion réside, d'une part, dans la source intarissable des produits initiaux (hydrogène) et, de l'autre, dans l'absence de contraintes du type masse critique. Pour la même raison, un dispositif de fusion contrôlée ne présente pas les risques d'accident nucléaire d'un dispositif à fission.

Si la fusion n'est pas exploitée de nos jours dans des réacteurs à fusion contrôlée, c'est en raison des terribles problèmes techniques non résolus qu'elle présente.

Le combustible des réactions de fusion terrestres est principalement le mélange deutérium-tritium. Le tritium lui-même est instable. On le fabrique par irradiation du lithium par des neutrons, ce qui donne du tritium et de l'hélium 4. Il a une demi-vie de 12,4 ans et pose des problèmes de manipulation.

Barrière électrique, énergie thermonucléaire

La difficulté à résoudre est que les noyaux appelés à fusionner sont électriquement chargés et soumis à une répulsion électrique. Pour qu'ils interagissent, il est nécessaire qu'ils se rapprochent à une distance de moins de 10 fm, afin que les forces nucléaires puissent entrer en action.

Plus l'énergie de ces noyaux est élevée, plus la probabilité qu'ils se rapprochent à courte distance est grande. L'énergie que doivent avoir les noyaux pour que ces réactions commencent à se produire provient de leur agitation thermique, donc de la *température* du milieu où ils se trouvent placés. D'où le nom de réactions *thermonucléaires* pour les réactions de fusion.

Pour le mélange deutérium-tritium, le taux de réaction augmente d'un facteur 10^{16} (dix millions de milliards) si la température varie d'un million à cent millions de degrés. C'est colossal! L'intérêt d'une élévation de température est évident.

Chauffage et confinement du plasma

À ces hautes températures, il n'y a plus d'atomes, on a affaire à un *plasma* de particules chargées : noyaux et électrons. À une valeur donnée de la température pour augmenter le taux de réaction, il faut accroître les densités. Il y a donc intérêt à utiliser les réactifs sous forte densité. On cherche donc à obtenir une *forte température* (10 millions de degrés) et une *forte compression*.

Il y a trois types de confinements du plasma : le confinement gravitationnel, le confinement inertiel et le confinement magnétique.

Le confinement gravitationnel est réalisé naturellement dans les étoiles, comme le Soleil. Le plasma y est maintenu pendant un temps indéfini par sa propre gravitation.

Le confinement inertiel est utilisé dans les explosions thermonucléaires et dans la fusion induite par laser. Il se produit dans le cosmos lors de l'explosion de supernovae.

Mais, sur Terre, chauffer le plasma requiert un approvisionnement en énergie ! Le problème pratique fondamental de la fusion contrôlée est simple. Il faut parvenir à dépasser le *break-even*, c'est-à-dire le point où l'énergie produite par les réactions nucléaires est égale à l'énergie fournie aux installations au sein desquelles se produisent les réactions.

Un critère minimal, condition nécessaire, est le suivant.

Le *temps* τ durant lequel le plasma, après sa création, garde sa température T et sa cohésion, c'est-à-dire ses propriétés thermonucléaires, s'appelle *temps de confinement*. Ce temps est infini dans les étoiles.

Le réacteur fonctionnera si l'énergie dépensée pour son chauffage est inférieure à l'énergie électrique qu'il produit, c'est-à-dire si le produit de la densité n par le temps de confinement τ est supérieur à une limite, nommée « critère de Lawson ».

– Dans le confinement gravitationnel, le temps de confinement est infini : la réaction nucléaire se poursuit tant qu'il y a du combustible.

– Dans le confinement magnétique, le temps de confinement est de l'ordre de la seconde, la densité est faible, et la température de l'ordre de 12 à 24 millions de degrés, qui se situerait au seuil de l'ignition pour le projet international ITER (*International Thermonuclear Experimental Reactor*).

– Dans le confinement inertiel par laser, le temps de confinement est beaucoup plus court : $\tau \simeq 10^{-11}$ s. En revanche, la densité est beaucoup plus élevée. La température est comparable, de l'ordre de 12 millions de degrés.

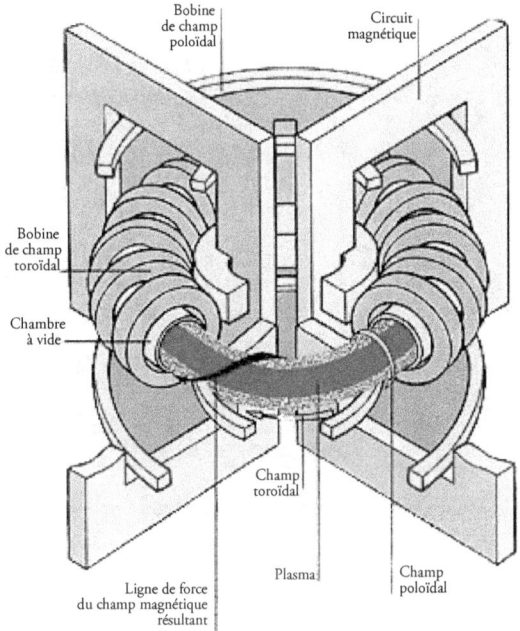

Figure 10.2 – Schéma d'un tokamak.

10.4.1 LA FUSION PAR CONFINEMENT MAGNÉTIQUE

La méthode de confinement magnétique utilise un champ magnétique pour contenir le plasma. Les tokamaks sont des dispositifs toroïdaux dans lesquels le plasma, confiné par un fort champ magnétique toroïdal qui le maintient dans le tube, superposé à un champ magnétique poloïdal qui le lie horizontalement, est chauffé par un champ électromagnétique.

Dans la configuration du tokamak montré sur la figure (10.2), le champ toroïdal est créé par des bobinages extérieurs. Le champ poloïdal provient d'un courant intense, plusieurs millions d'ampères, qui circule dans l'anneau du plasma.

LA CRÉATION ET LE CHAUFFAGE DU PLASMA

La configuration magnétique existe dans une enceinte étanche de forme toroïdale. Cette enceinte est alors remplie du mélange gazeux hydrogène-deutérium (puis tritium dans le réacteur) à la densité de particules souhaitée. Le gaz est complètement ionisé en quelques millisecondes.

Figure 10.3 – Vue de l'intérieur du JET (Joint European Torus).

Pour atteindre une température suffisante, diverses techniques sont employées. Elles sortent du cadre de cet exposé.

PERSPECTIVES DE LA FUSION PAR CONFINEMENT MAGNÉTIQUE

Depuis les premiers résultats significatifs obtenus par les Soviétiques en 1968 sur le tokamak T-3, une trentaine d'appareils de ce type, construits dans le monde, ont permis de progresser vers l'objectif du critère de Lawson.

Trois grands tokamaks, mis en service successivement entre 1982 et 1985, ont atteint leurs performances nominales : le TFTR (Tokamak Fusion Test Reactor) par les États-Unis au laboratoire de Princeton dans le New Jersey ; le JET (Joint European Torus), par la Communauté économique européenne, situé en Angleterre à Culham, près d'Oxford ; le JT-60 (Jaeri Tokamak), par le Japon, au laboratoire Jaeri à Naka, près de Kyoto. La zone du *break-even* a été approchée en 1991 par le JET et en 1993 par le JT-60.

Le successeur du JET est le projet ITER (International Thermonuclear Experimental Reactor). Celui-ci est gigantesque. On pourra se reporter au site www.itercad.org/projet.php.

Il s'agit d'un prototype de réacteur nucléaire à fusion actuellement en construction à proximité de Cadarache (France). Ce prototype est destiné

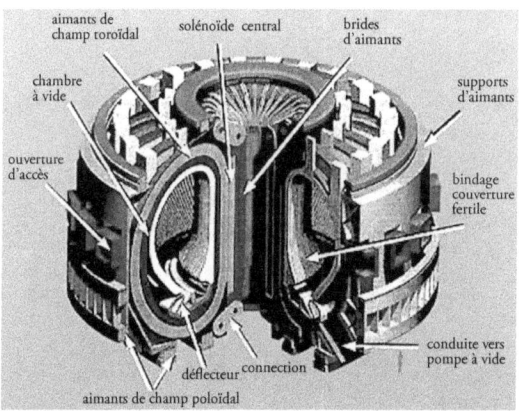

Figure 10.4 – Schéma du projet ITER ; noter la taille comparative.

à vérifier la « faisabilité scientifique et technique de la fusion nucléaire comme nouvelle source d'énergie ».

ITER, qui devait, selon ses concepteurs, être achevé en 2019, soit avec trois ans de retard sur l'agenda initial, va être à nouveau décalé en février 2020, les délais s'étant avérés trop optimistes. Le coût, initialement estimé à 10 milliards d'euros (50 % pour la construction et 50 % pour l'exploitation), va connaître une augmentation à 20 milliards. Le coût du projet a déjà doublé comparativement à l'estimation initiale, passant à 16 milliards de dollars, ce qui pourrait inciter les responsables du programme à revoir notablement sa taille. Le prototype ITER ne produira pas d'électricité, mais de la chaleur : il aura, selon ses concepteurs, une puissance thermique de 500 MW.

10.4.2 LE CONFINEMENT INERTIEL PAR LASER

Le principe du confinement inertiel par laser consiste à comprimer une petite sphère, de l'ordre du milligramme, de mélange deutérium-tritium, jusqu'à augmenter sa densité de dix mille, et à atteindre des températures de l'ordre de 12 millions de degrés. Le cœur de la sphère s'allume pendant un temps de l'ordre de 10^{-10}s, puis explose (voir Fig. (10.5)).

À l'origine, cette méthode était classifiée, ses applications étant militaires. Depuis 1993, les scientifiques y ont accès.

Le principe en est plus simple que celui des tokamaks. Les recherches sur cette méthode reçoivent des subsides en raison de la collaboration sur les simulations d'explosions thermonucléaires.

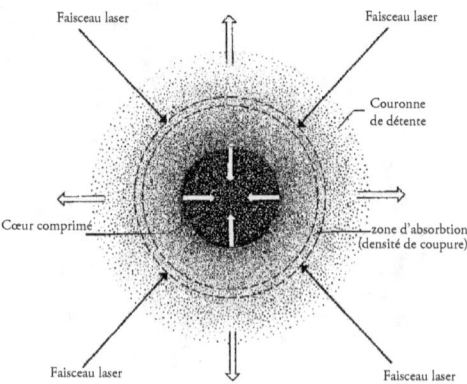

Figure 10.5 – Schéma de fusion induite par laser. La sphère de deutérium-tritium interagit avec les faisceaux laser et se vaporise superficiellement. Par réaction, la couronne comprime le cœur central.

PRINCIPE DE LA MÉTHODE

Le rayonnement d'un ensemble de faisceaux laser, délivrant une grande puissance (TW) pendant des temps très courts (ns), éclaire uniformément une sphère de l'ordre du mm^3 d'un mélange de deutérium et de tritium solide. Il se produit une ablation de la périphérie de la sphère et la formation d'une couronne de plasma.

Le faisceau laser pénètre dans le plasma jusqu'à une densité critique. Les électrons du milieu qui oscillent dans le champ laser transmettent de l'énergie au plasma par collisions avec les ions. Cette énergie se transporte vers les zones froides du centre de la cible grâce à la conduction thermique, aux électrons rapides et aux rayonnements X et UV. Simultanément à la création du front d'ablation et à sa détente vers l'extérieur, il se produit, par réaction, une onde de choc qui comprime et chauffe la partie centrale de la sphère de deutérium-tritium, qu'on appelle le *cœur*.

Soumis à cette implosion, le cœur est comprimé d'un facteur de mille à dix mille, et il est porté aux températures voulues. Dans ces conditions, la fusion des noyaux de deutérium et de tritium se produit abondamment. Le cœur brûle pendant un temps de l'ordre de 10^{-11} s, sa cohésion étant maintenue par inertie, puis il explose sous l'effet de l'énergie thermonucléaire libérée. L'énergie laser sert principalement à comprimer le mélange deutérium-tritium, l'énergie nécessaire à son chauffage étant, en majeure partie, prélevée sur l'énergie de fusion libérée.

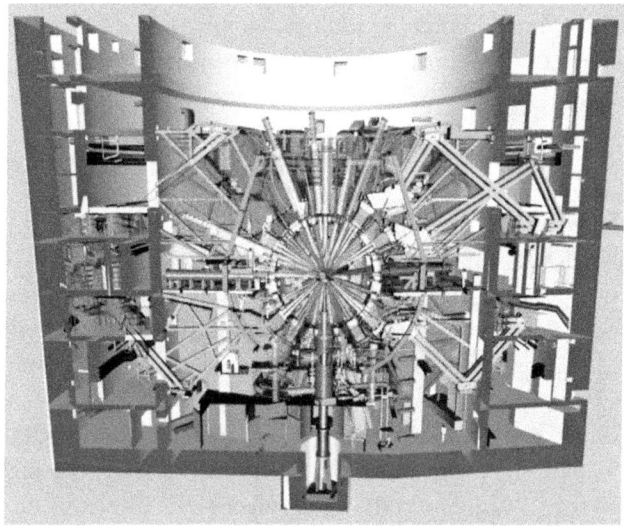

Figure 10.6 – Hall de Mégajoule, où 240 lasers mitrailleront une bille de deutérium et tritium d'un millimètre. On évaluera la taille en comparant avec l'opérateur figuré en bas à droite.

HISTORIQUE

Les applications militaires de la fusion par confinement inertiel, notamment en vue de la réalisation en laboratoire d'explosions thermonucléaires miniatures, constituent indiscutablement un atout financier pour son développement.

En 1972, aux États-Unis, le Lawrence Livermore National Laboratory (LLNL) déclassifiait le principe de la fusion par confinement inertiel. À Ann Arbor, le laboratoire KMS (du nom du fondateur, K.M. Siegel) fut le premier, vers 1973, à faire état de l'implosion de « microballons » en verre contenant du mélange deutérium-tritium gazeux, expérience reprise ensuite par d'autres laboratoires. Le laser Nova de 100 kJ du LLNL parvint à produire 10^{13} neutrons par impulsion.

Ces expériences ont entraîné un développement intense des diagnostics et de la simulation de l'implosion sur ordinateur : observation du rayonnement X et des neutrons émis par la cible, spectroscopie de traceurs contenus dans le deutérium-tritium, tels que l'argon et le néon, image des particules alpha produites par les réactions de fusion. Ces diagnostics permettent de vérifier le fait que l'émission neutronique est d'origine thermonucléaire.

Pour assurer l'uniformité de l'irradiation de la cible, on pratique l'attaque directe au moyen de dizaines de faisceaux laser se recouvrant les uns les autres.

PROJETS

Deux projets importants sont en cours.

Le projet NIF, aux États-Unis, comporte 192 faisceaux, il délivre une énergie de 1,8 MJ dans chaque impulsion de 1 ns. Sa mise en marche est prévue pour 2011, avec un coût estimé à 1 200 millions de dollars. En octobre 2011, quatorze tirs ont permis de conclure au bon fonctionnement de l'installation.

Le projet Laser Mégajoule (LMJ) en France, comportera 240 faisceaux laser. Il délivrera 1,8 MJ en 18 ns. Sa mise en service est actuellement prévue pour fin 2012. Son coût, initialement prévu d'un milliard d'euros, sera de 3 milliards d'euros pour l'installation elle-même, plus 3 milliards d'euros pour le coût de simulation. On ne sait pas si ce sera rentable de payer son électricité aussi cher.

Le schéma du grand hall où les 240 faisceaux laser vont fusiller une bille de deutérium et de tritium d'un millimètre est représenté sur la figure 10.6.

POUR EN SAVOIR PLUS

- Jean Adam, *La Fusion nucléaire*, Belin, coll. « Sciences d'avenir », 1993.
- Dossier « La Fusion nucléaire », *La Recherche*, n° 299, juin 1997.
- R. Dautray et J.P. Watteau (éd.), *La Fusion thermonucléaire inertielle par laser*, Eyrolles, Coll. du Commissariat à l'énergie atomique.
- Sites Internet :
  www.iter.org, www-cad.cea.fr, www-dsm.cea.fr, www.jet.uk.

CHAPITRE 11

DOSSIER : LA PROLIFÉRATION NUCLÉAIRE

*La statistique a démontré que la mortalité dans l'armée
augmente sensiblement en temps de guerre.*
ALPHONSE ALLAIS

11.1 FONCTIONNEMENT ET FABRICATION
D'UNE ARME NUCLÉAIRE

LES DIFFÉRENTS TYPES D'ARMES

LES ARMES À FISSION

IL EXISTE deux techniques d'armes à fission. La première est la méthode dite du tube-canon, encore appelée bombe à rapprochement, schématisée en figure 11.1. Deux masses sous-critiques d'uranium 235 sont placées à chaque extrémité d'un tube.

À l'aide d'un explosif conventionnel mis à feu en temps voulu, on projette les deux masses l'une contre l'autre de manière à obtenir une masse sur-critique. C'est ainsi qu'a fonctionné la bombe d'Hiroshima. Cette technique a l'avantage de ne nécessiter aucun essai préalable, ce qui est intéressant pour des pays cherchant à se doter d'une arme simple et bon marché. Son gros inconvénient est d'être irréalisable dans le cas du plutonium en raison de la présence de l'isotope 240, dont la fission

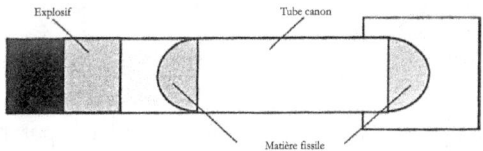

Figure 11.1 – Schéma d'une bombe à rapprochement.

spontanée peut perturber la réaction en chaîne. La puissance d'une telle bombe est donc limitée.

La seconde technique est la méthode par « implosion », schématisée en figure (11.2). Elle consiste à entourer une sphère de plutonium de densité sous-critique (par exemple, une sphère creuse) d'explosifs très puissants que l'on met à feu simultanément.

Ainsi, celle-ci est transformée par cette compression soudaine en une sphère pleine sur-critique. Cette bombe est plus rapide, plus efficace en termes d'énergie produite par masse, et nécessite donc une moins grande quantité de matière fissile. C'est la principale technique utilisée actuellement.

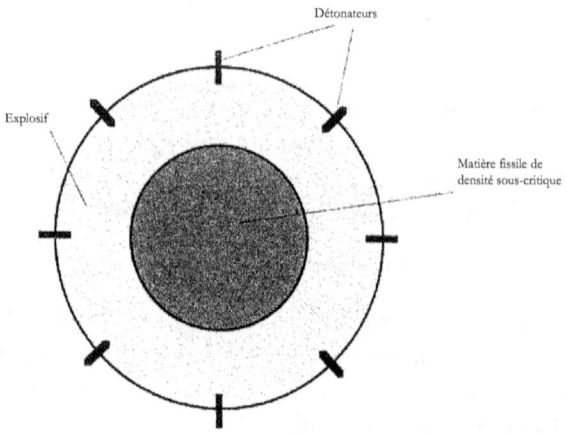

Figure 11.2 – Méthode par implosion.

LES ARMES À FUSION

D'une grande simplicité théorique, le principe de la fusion pose d'importantes difficultés de réalisation. La réaction de fusion utilise l'énergie libérée par le processus de fusion du deutérium et du tritium selon la réaction vue au chapitre 10 :

$$d + t \rightarrow {}^4He + n + 17,6\ MeV \quad .$$

En fait, comme ces deux éléments sont gazeux à température ambiante, et doivent donc être fortement refroidis pour être utilisables, et que le tritium s'altère assez rapidement, on leur préfère le deutérure de lithium

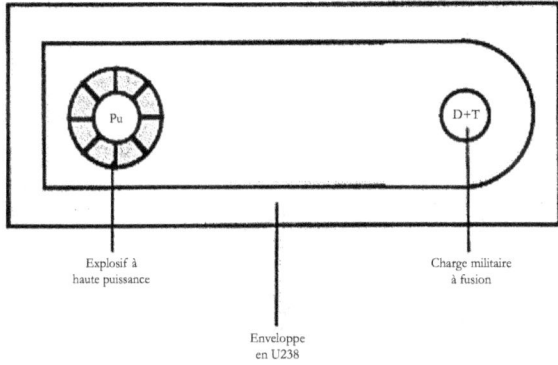

Figure 11.3 – Schéma d'une arme thermonucléaire.

(Li D), contenant du lithium 6 qui, sous l'impact d'un neutron produit par une fusion d+d, fissionne pour produire du tritium, ce qui accélère la réaction thermonucléaire.

La difficulté vient de ce que le démarrage d'une réaction de fusion exige simultanément une forte densité du mélange à faire fusionner, inaccessible par les moyens mécaniques classiques, et une température d'environ 50 millions de degrés. C'est donc l'explosion d'une bombe à fission installée à l'intérieur du compartiment contenant le deutérium et le tritium qui permet d'obtenir les températures requises. Le schéma du dispositif est représenté en figure 11.3.

L'énergie est apportée par la fission d'une petite masse de plutonium. Elle est transmise sous forme de rayons X mous se propageant suivant un processus de marche au hasard. Le matériau thermonucléaire est mis à feu par la fission d'un bouchon explosif inséré. En outre, les neutrons thermonucléaires peuvent être récupérés pour fissionner un élément adjacent d'uranium naturel ou enrichi, ce qui peut apporter jusqu'à 50 % de l'énergie totale.

C'est, pour ainsi dire, « l'arme de choix » : elle est sûre, légère, et consomme moins de matériau fissile. Elle peut être de puissance très variable, allant couramment de 20 kt[1] (à peu près comme la bombe d'Hiroshima) à 500 kt, le record à ce jour étant de 60 Mt.

Il existe un deuxième type d'armes utilisant la fusion : ce sont les armes dites à fission exaltée. Il est en effet possible, en incorporant une faible quantité de combustible thermonucléaire à proximité immédiate d'une

---

1. La puissance des armes nucléaires est mesurée en tonne d'équivalent TNT.

masse de fission (par exemple, à l'intérieur de la sphère de plutonium), de produire un effet dit d'exaltation. La fusion des noyaux émet une grande quantité de neutrons libres qui augmentent la quantité de fissions, donc l'énergie dégagée. Ces armes sont généralement un prélude à l'arme thermonucléaire. Cette voie n'est praticable que si l'on est en mesure de tâtonner grâce à un nombre relativement élevé d'essais. Elle recèle des « secrets ». Enfin, la grande quantité de neutrons émise par la fusion du deutérium et du tritium peut être utilisée pour réaliser une bombe à neutrons, dont l'objectif est de dégager non pas une forte énergie mais une grande quantité de neutrons. Une telle arme permet donc d'éliminer les êtres vivants sans altérer les infrastructures. Mais son efficacité réelle est limitée, car trois mètres d'eau ou un souterrain permettent d'arrêter le flux de neutrons.

LA BOMBE RADIOACTIVE

Cette arme est composée d'un explosif conventionnel couplé à un produit radioactif fortement contaminant tel que de l'uranium faiblement enrichi ou fortement enrichi, du plutonium séparé de déchets d'une centrale, des combustibles irradiés, du cobalt médical, des déchets vitrifiés, du césium 137, du cobalt 60, du strontium, etc. L'explosion d'une telle bombe disperserait ce produit dans l'air, l'eau, la nourriture, rendant la décontamination quasiment impossible et la zone touchée longtemps inhabitable (plusieurs dizaines d'années selon les normes actuelles). Cette arme est attractive pour les groupuscules terroristes, car elle ne nécessite aucune technologie et ses composants sont en vente libre. Cependant, elle reste très dangereuse à manipuler et pose de sérieux problèmes de transport.

MOYENS NÉCESSAIRES À LEUR RÉALISATION

LA MATIÈRE FISSILE

Le combustible le plus simple est l'uranium hautement enrichi (UHE), contenant plus de 90 % d'uranium 235. Il en faut 25 kg pour réaliser une arme nucléaire, sachant que la masse critique de l'uranium 235 à l'état métallique est de 22,8 kg. Il apparaît cependant que de l'uranium avec plus de 20 % d'uranium 235 est militairement utilisable.

Le plutonium 239 est un combustible plus élaboré. Sa masse critique est nettement inférieure (5,6 kg) et il suffit officiellement de 8 kg de plutonium pur pour fabriquer une arme nucléaire. En fait, 4 kg de plutonium et une technologie avancée suffisent pour une bombe de faible puissance. Bien que le plutonium dit de qualité militaire doive contenir plus de 99 % de plutonium 239, il semble que le plutonium obtenu par séparation des déchets d'une centrale nucléaire soit utilisable : ainsi, 7 kg de ce dernier suffisent. Son gros défaut est de contenir du plutonium 240 qui, du fait d'un fort taux de fissions spontanées productrices de neutrons, peut amorcer la réaction et provoquer une explosion incontrôlée produisant une puissance beaucoup plus faible (jusqu'à 20 fois moins que la bombe de Nagasaki). Ces fissions spontanées, également présentes dans l'isotope 239, provoquent de plus un dégagement de chaleur, ce qui peut poser un problème s'il y a des explosifs dans le voisinage.

Enfin, l'uranium 233, provenant de l'absorption d'un neutron par le thorium 232, peut théoriquement être utilisé comme combustible fissile : 8 kg suffisent pour fabriquer une arme nucléaire, et il possède l'avantage sur le plutonium de ne pas présenter de fission spontanée. Cependant, il est généralement accompagné d'uranium 232 en faible proportion (autour de 1 %), qui se transforme après six désintégrations alpha en thallium 208, fort émetteur de rayons gamma. Ainsi, après deux ans, un échantillon standard d'uranium 233 émet une dose létale de rayonnement en vingt minutes à un mètre de distance. En plus de le rendre très dangereux à manipuler, cela le rend facilement détectable, à moins de disposer d'un très fort blindage.

MOYENS TECHNIQUES ET FINANCIERS

La réalisation d'une bombe à « implosion » (voir figure 11.4) nécessite, outre la matière fissile, certains matériels bien spécifiques.

Le plus important est l'équipement électronique de synchronisation de la mise à feu. En effet, outre la quantité de combustible disponible, c'est bien le dispositif de déclenchement qui joue le rôle décisif pour l'efficacité réelle d'une arme nucléaire : si la synchronisation n'est pas assez précise, l'explosif fera « long feu » et l'explosion sera très peu rentable. On doit donc recourir à des horloges électroniques sophistiquées pour obtenir une chronométrie fiable.

Les autres équipements nécessaires sont : les explosifs chimiques provoquant la condensation, disponibles dans les poudreries militaires conventionnelles ; un générateur de neutrons, à base de deutérium et de tritium,

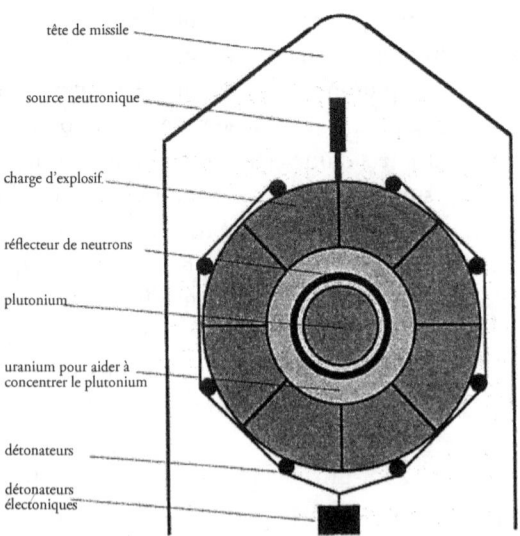

tête de missile

source neutronique

charge d'explosif

réflecteur de neutrons

plutonium

uranium pour aider à
concentrer le plutonium

détonateurs

détonateurs
électoniques

Figure 11.4 – Éléments d'une arme nucléaire rudimentaire.

provoquant la détonation à l'instant voulu, en vente libre du fait de son utilisation dans les forages pétroliers ; le réflecteur de neutrons, en uranium 238 ou le plus souvent en béryllium, pour focaliser l'onde de choc et les neutrons, lui aussi en vente libre ; enfin, le circuit de sécurité et de contrôle, et les matériaux composites de l'architecture, facilement disponibles. Il ne manque plus ensuite que le vecteur de la bombe.

De plus, la réalisation d'une telle arme nécessite une certaine technologie, en matière de détonique, de calcul des structures, de calcul de fission et de métallurgie en milieu protégé. Cependant, ce savoir-faire se trouve dans la littérature non classifiée, et est facilement accessible aux pays industriels.

Ainsi, en 1976, des experts estimaient que quelques ingénieurs isolés, disposant d'informations non classifiées et de 6,96 kg de plutonium, pouvaient fabriquer une bombe rudimentaire d'une puissance trois fois inférieure à celle d'Hiroshima. Aujourd'hui, avec 200 millions de dollars, on peut fabriquer une charge nucléaire de première génération, de type « tube-canon », sans essais nécessaires, à condition de disposer de la matière fissile et de ne rien dissimuler. En effet, le coût principal vient de la dissimulation de cette entreprise, ce qui peut la rendre dix à cinquante fois plus chère.

11.2 Les moyens de la prolifération – matières fissiles

Obtention des matières fissiles

L'uranium 235

L'uranium 235 de qualité militaire est obtenu par enrichissement de l'uranium naturel dans des usines de séparation isotopique spécialement conçues à cette fin. Les procédés d'enrichissement sont les mêmes que ceux utilisés pour obtenir l'uranium enrichi à 3 % employé dans les réacteurs à eau pressurisée.

Tous les procédés d'enrichissement de l'uranium reposent sur la différence de masse entre les noyaux des deux isotopes de l'uranium (235 et 238).

1. **Diffusion gazeuse**

   C'est la méthode la plus courante pour obtenir de l'uranium faiblement enrichi utilisable dans les réacteurs civils. Nous en avons parlé au chapitre 6.

2. **Centrifugation gazeuse**

   Cette méthode est basée sur la séparation des éléments suivant leur masse grâce à la force centrifuge. C'est une méthode très utilisée qui se satisfait d'unités de production de petite taille et qui consomme peu d'énergie. En outre, l'amélioration de la résistance des bols grâce à l'utilisation de matériaux composites autorise des vitesses extrêmement élevées. Cette voie a été explorée par l'Irak.

3. **Séparation électromagnétique, ou « calutron »**

   Dans le calutron, *California University Cyclotron*, les ions, déviés par un champ magnétique intense, suivent des trajectoires différentes suivant qu'ils sont légers ou lourds. Cette méthode a été utilisée pour la fabrication de la première bombe à uranium hautement enrichi, mais présente de nombreux inconvénients : grosse consommatrice d'électricité, génératrice de perturbations gênantes, elle requiert d'énormes installations chimiques.

4. **Séparation aérodynamique**

   Variante de la méthode précédente, elle recourt à l'écorçage de jets gazeux d'hexafluorure d'uranium convenablement orientés. Nommée « procédé Becker » en Allemagne, elle est utilisée en Afrique du Sud.

5. Enrichissement par échange chimique

Fondé sur le principe d'un échange d'ions de valence différente, ce procédé est employé par la France et par le Japon.

6. Enrichissement par laser

Étudié à Livermore (États-Unis) et à Saclay, ce procédé repose sur l'exploitation des différences de configuration électronique des atomes d'uranium 235 et 238. Cette technique demande un très haut niveau de recherche.

LE PLUTONIUM

1. Le plutonium de qualité militaire

Le plutonium utilisable est l'isotope 239. Pour un usage militaire, le plutonium doit contenir moins de 7 % d'isotopes Pu 240 et 242. Ces isotopes émettent des neutrons de façon spontanée, d'où un risque majeur d'amorce de réaction en chaîne incontrôlée.

2. Les réacteurs

Le plutonium est un sous-produit du cycle de combustion de l'uranium dans les réacteurs. Sa création varie suivant les réacteurs des diverses filières, mais on peut exploiter l'exemple d'un réacteur REP de 1 000 MW consommant 20 tonnes d'uranium faiblement enrichi par an. Au bout d'un an, il y a 200 kg de plutonium dans le réacteur (1 % du total), 12 % étant du plutonium 241 très radiotoxique (environ 40 fois plus que l'isotope 239). Son extraction des barres d'uranium fait appel au procédé PUREX.

Les diverses filières se prêtent de manière inégale à la prolifération :

- réacteurs CANDU : uranium naturel et eau lourde. Il est possible de remplacer les barres de combustible sans interrompre l'activité, et donc de prélever le plutonium 239 avant irradiation neutronique maximale (ex. : réacteur de Savannah River aux États-Unis, Cirrus en Inde) ;

- uranium naturel-graphite-CO_2 : traditionnellement considérée comme la plus proliférante, car le combustible n'est pas enrichi. Le réacteur peut être rechargé sans interruption d'activité (ex. : réacteur de Yongbyan en Corée du Nord) ;

- réacteurs de recherche : faible puissance et forte concentration en uranium 235 en général, ils permettent des détournements d'uranium 235 (ex. : Israël a un réacteur de recherche de 30 MW).

LES MATIÈRES FISSILES DISPONIBLES

La mise en place des accords START 1 et 2, qui visaient notamment à réduire des deux tiers les arsenaux américains et (ex-)soviétiques avant 2003 (date qui n'a pas été respectée), a entraîné un accroissement considérable des stocks de matières fissiles.

LES MATIÈRES MILITAIRES

1. **Les États-Unis** possèdent 550 tonnes d'uranium hautement enrichi (UHE), 112 tonnes de plutonium militaire, dont 44,9 tonnes dans les armes.

2. **La Russie** possède 720 tonnes d'UHE et 125 tonnes de plutonium.

3. **Il y a dans le monde en totalité** 1 500 tonnes d'UHE et 265 tonnes de plutonium, dont 6,5 tonnes en France, 11 tonnes au Royaume-Uni, 4 tonnes en Chine.

   Le désarmement des grandes puissances libérera, dans les vingt prochaines années, 200 tonnes de plutonium et 1 000 tonnes d'UHE, soit l'équivalent de quatre ans de consommation mondiale de matières nucléaires. D'après la Rand Corporation, le plutonium et l'UHE des armes démantelées permettraient de fabriquer 104 900 bombes primitives.

LES MATIÈRES CIVILES

Les combustibles irradiés extraits des centrales après utilisation sont riches en radioéléments et en isotopes utilisables militairement. Notons cependant que le plutonium civil est d'utilisation malaisée. La concentration en isotopes 240, 242, 244 obtenus après irradiation neutronique prolongée dans un réacteur civil est importante, et la séparation des isotopes du plutonium est très difficile, à l'inverse de l'uranium : la radiotoxicité du plutonium demande, en effet, des précautions excessivement importantes.

La récupération de l'uranium est chose plus aisée, dans des usines du type de celle d'Areva à La Hague, même si cela demande un haut niveau technologique.

Il y a actuellement 100 000 tonnes d'uranium hautement enrichi dans les combustibles irradiés, et environ 3 000 tonnes de plutonium. Les stocks de plutonium dans les combustibles irradiés s'accroissent de 140 tonnes par an environ.

NON-PROLIFÉRATION ET PAYS DU SEUIL

La lutte contre la prolifération nucléaire est devenue une nécessité dès 1946 pour les États-Unis. L'accession à l'indépendance de puissances comme l'Inde, le Pakistan, l'Iran, au cours des années 1950 et 1960, et la bipolarisation du monde ont favorisé les désirs et les tentatives de nombreux pays de maîtriser l'atome à des fins militaires.

LA LUTTE CONTRE LA PROLIFÉRATION

En 1956 a été créée l'AIEA (Agence internationale pour l'énergie atomique), à l'instigation des États-Unis et de l'URSS afin de contrôler les filières nucléaires civiles et les industries nucléaires utilisables à des fins militaires. Cette agence, efficace dans sa gestion, manque à la fois de moyens – nombre d'inspecteurs dérisoire – et de pouvoir de contrainte – les inspections doivent être autorisées et prévues longtemps à l'avance. Devant l'afflux de nouveaux arrivants dans le club nucléaire (Grande-Bretagne en 1958, France en 1960, Chine en 1964, Inde et Pakistan en 1998), les tensions dans certains pays pour se doter d'armes nucléaires ont poussé les États-Unis et l'URSS à geler la situation en 1968 au travers du traité de non-prolifération. Cinq membres étaient reconnus puissances nucléaires, et le traité, ratifié aujourd'hui par plus de 170 pays (à l'exception notable d'Israël, de l'Inde et du Pakistan ; la Corée du Nord s'est retirée du TNP en 2003), ouvrait la voie à une coopération accrue en matière de nucléaire civil en échange d'un abandon de la partie militaire. Globalement, le traité a été suivi et des pays s'étant un jour dotés de l'arme l'ont officiellement abandonnée (Afrique du Sud, Argentine, Brésil, Suède, Ukraine). Certains pays ont cependant poursuivi clandestinement un programme (Iran, Irak jusqu'en 1990, Libye jusqu'en 2003), ou se sont dotés d'un arsenal, n'étant pas partie prenante au traité, prolongé indéfiniment en 1995 (cas d'Israël, de l'Inde, du Pakistan et de la Corée du Nord).

L'URANIUM HAUTEMENT ENRICHI

L'élimination de l'UHE est possible et ne pose guère de problèmes. Il peut, tout d'abord, être utilisé comme combustible dans les sous-marins et les brise-glace nucléaires, ou alimenter les réacteurs de recherche. Mais la filière principale consiste à diluer l'UHE dans l'uranium naturel pour produire de l'UFE consommable en centrale électrique.

Les Américains le font déjà avec leur propre UHE. Si les Russes les imitaient, la quantité d'UFE obtenue ainsi permettrait de couvrir les besoins mondiaux des centrales de la prochaine décennie. Mais les Russes n'ont pas les moyens de financer une telle transformation. Or les 640 tonnes d'UHE dégagées par le démantèlement représentent 9 milliards de dollars au prix actuel du marché de 14 000 dollars le kilo, et bien plus au marché noir où le prix peut atteindre 500 000 dollars le kilo. C'est pourquoi les États-Unis se sont engagés à leur en racheter 500 tonnes à 24 000 dollars le kilo. Leur purification (élimination des traces de plutonium ou d'autres éléments radioactifs) et leur dilution prendront vingt ans, à raison de 10 tonnes d'UHE transformées chaque année en 310 tonnes d'UFE. Celui-ci est transféré aux États-Unis et utilisé dans les centrales nucléaires civiles américaines à un prix de revient inférieur à celui du marché. Tout cela doit, bien sûr, être effectué dans des conditions de sécurité optimales.

LE PLUTONIUM

Le plutonium militaire ne peut être utilisé directement sous forme de MOX (en le mélangeant avec de l'UFE), car il contient 1 % de plutonium 241, qui se transforme par désintégration bêta en américium 241, néfaste dans les centrales civiles. Il faut donc le débarrasser préalablement de cet américium. On peut ensuite transformer en MOX le plutonium purifié et le brûler dans les réacteurs à eau légère.

Cette transformation du plutonium militaire russe en MOX permettrait de récupérer l'équivalent de 200 millions de tonnes de pétrole, fournissant assez de combustible pour alimenter pendant cinq ans les réacteurs américains.

Cependant, l'usage du MOX se heurte à de nombreux obstacles. Il multiplie les risques de prolifération, car il nécessite des transports en grandes quantités, propices à un détournement. Par ailleurs, l'énergie ainsi produite serait hors de prix. Enfin, le MOX pose un sérieux problème de retraitement du combustible irradié, deux fois plus radiotoxique que les déchets ordinaires, intoxiquant les centrales et n'étant pas retraitable, donc à stocker.

Il semble donc plus rationnel, plus économique et moins risqué de mêler le plutonium militaire à des déchets ensuite stockés. Ce procédé, dont le coût s'élèverait à 1 000 dollars par kg, permettrait d'obtenir des déchets stockables et sûrs.

Certains suggèrent de laisser le plutonium dans les armes le plus longtemps possible, car c'est le système de stockage le moins dangereux et le moins coûteux. À l'avenir, certains proposent de l'irradier dans des réacteurs de type Rubbia pour augmenter la proportion des isotopes supérieurs, le rendant ainsi militairement inutilisable. Resterait alors à stocker le produit ainsi obtenu.

11.3 Cadre juridique de la lutte contre la prolifération

Le traité de non-prolifération

Élaboré en 1968, ce traité est entré en application en 1970 pour une période de vingt-cinq ans et a été prolongé indéfiniment en 1995 après de vives controverses et l'hostilité de pays comme l'Inde et l'Iran. Ce traité crée un clivage entre les pays dotés d'armes nucléaires et tous les autres pays, exclus de ce club. En 1967, les pays disposant d'armes nucléaires étaient les États-Unis, l'URSS, la Grande-Bretagne, la France et la Chine. Ce traité fut négocié entre les États-Unis et l'URSS pour contenir les désirs de nombreuses puissances régionales d'accéder à l'atome militaire.

Le traité stipule que les pays qui ne disposent pas de l'arme nucléaire y renoncent, en échange de quoi leur sera assurée une protection de la part des pays nucléaires et leur sera favorisé l'accès au nucléaire civil. Globalement, le traité a été efficace, puisqu'à l'aube du XXIe siècle, seuls quatre pays supplémentaires se sont dotés d'arsenaux nucléaires : l'Inde, le Pakistan, Israël et la Corée du Nord. Encore faut-il noter que ces pays ne sont pas (ou plus) signataires du TNP.

Les accords bilatéraux de désarmement

Les balbutiements des discussions sur le désarmement remontent au début des années 1960. Mais il a fallu attendre les accords SALT (*Strategic Arms*

Limitation Talks) et le traité ABM (*Anti Ballistic Missiles*) de 1972 pour enregistrer une véritable volonté de limiter ou de réduire les armements stratégiques. Le bond le plus spectaculaire fut réalisé en 1987 avec le traité dit « double option zéro », qui éliminait les armes à courte et moyenne portée (moins de 5 000 km) de l'espace européen. Ensuite, les accords START 1 et 2 (*Strategic Arms Reduction Talks*) des années 1991 et 1993 prévoyaient une diminution des deux tiers des arsenaux américains et soviétiques, ne laissant que 3 000 armes environ aux Américains et aux Russes, uniques héritiers de l'arsenal soviétique.

Le traité START 3 a finalement été signé le 8 avril 2010 à Prague, toujours entre la fédération de Russie et les États-Unis [2].

L'Agence internationale à l'énergie atomique

Agence créée en 1956 et placée sous l'égide de l'ONU, elle a pour tâche d'inspecter les sites nucléaires et de contrôler les transferts de matières fissiles et de technologies. Efficace, elle souffre cependant d'un manque de moyens et doit avoir l'autorisation des pays concernés pour effectuer des inspections, ce qui rend son action aléatoire pour les pays qui développent un programme clandestin.

Une question fréquemment débattue en ce moment concerne la politique nucléaire de l'Iran. Dans un compte rendu du 9 novembre 2011, mis à jour le 17 novembre, le journal *Le Monde* fait part des grandes lignes du rapport de l'Agence internationale de l'énergie atomique, remis mardi 8 novembre, concernant les travaux iraniens sur l'élaboration d'une arme nucléaire [3].

Traités divers relatifs aux essais nucléaires et aux zones dénucléarisées

Plusieurs traités locaux ont établi des zones dénucléarisées. Citons, par exemple, le traité de Rarotonga faisant du Pacifique Sud une zone exempte d'armes nucléaires. Des traités similaires ont été signés en Afrique, en Amérique du Sud, en Europe orientale. Toutefois, ces traités n'engagent guère que ceux qui les signent et restent des déclarations d'intention.

Depuis 1996, le traité d'interdiction totale des essais nucléaires clôt

---

2. www.armscontrol.org/factsheets/start3.

3. On peut trouver ce rapport sur le site internet : http://www.guardian.co.uk/world/interactive/2011/nov/09/iran-nuclear-programme-iaea-report.

un cycle de limitations ou de moratoires des essais débuté en 1963 par les États-Unis et l'URSS (interdiction des essais aériens à l'époque). Ce traité n'a cependant pas été signé par plusieurs pays, qui continuent leurs programmes d'expérimentation, tels la Chine, l'Inde, le Pakistan.

POUR EN SAVOIR PLUS

- *Ramsès 98*, Institut français des relations internationales.
- P. Moreau-Defarges, *Relations internationales*, Le Seuil, « Points Essais », 2010.

INDEX

Du même auteur

Le principe de moindre action et les principes variationnels en physique, Vuibert, 2010

Douze leçons de mécanique quantique, Vuibert, 2006

Lectures on Quantum Mechanics, Springer-Verlag, New York, 2007

Les mathématiques de la physique quantique, Vuibert, 2009

Variational Principles in Physics, Springer-Verlag, New York, 2007

Fundamentals in Nuclear Physics. From Nuclear Structure to Fusion and Cosmology, en collaboration avec Jim Rich et Michel Spiro, Springer-Verlag, New York, 2005

Quantum Mechanics, en collaboration avec Jean Dalibard, Springer-Verlag, Heidelberg, 2002, 2005

Problèmes quantiques, en collaboration avec Jean Dalibard, Éditions de l'École polytechnique, 2004

Énergie nucléaire, en collaboration avec Jim Rich et Michel Spiro, Éditions de l'École polytechnique, 2003

Mécanique quantique, en collaboration avec Jean Dalibard, Éditions de l'École polytechnique, 2003

The Quantum Mechanics Solver, en collaboration avec Jean Dalibard, Springer-Verlag, Heidelberg, 2000, 2005

Problèmes de mécanique quantique, Ellipses, 1996

Henri Becquerel à l'aube du XXe *siècle*, Éditions de l'École polytechnique, 1996

Mécanique quantique, Ellipses, 1986

Traduction de l'anglais et adaptation

John Barrow, *Cent choses fondamentales dont vous ignoriez que vous les ignoriez*, collection « Va savoir ! », Vuibert, 2010

Brian Hayes, *L'horloge de l'éternité*, collection « Va savoir ! », Vuibert, 2010

James A. Rich, *Cosmologie*, Vuibert, 2010

Thimothy Gowers, *Petite initiation aux mathématiques*, Vuibert, 2011